21世纪经济学系列教材

微观经济学

薛治龙 著

经济管理出版社

图书在版编目（CIP）数据

微观经济学/薛治龙著. —北京：经济管理出版社，
2009.5
ISBN 978-7-5096-0627-8

Ⅰ.微… Ⅱ.薛… Ⅲ.微观经济学 Ⅳ.F016

中国版本图书馆 CIP 数据核字（2009）第 071162 号

出版发行：**经济管理出版社**

北京市海淀区北蜂窝 8 号中雅大厦 11 层

电话：(010)51915602   邮编：100038

印刷：北京银祥印刷厂   经销：新华书店

选题策划：王光艳   责任编辑：王光艳 宋　娜
技术编辑：杨国强   责任校对：超　凡

720mm×1000mm/16   15.75 印张   291 千字
2009 年 5 月第 1 版   2009 年 5 月第 1 次印刷

定价：33.00 元

书号：ISBN 978-7-5096-0627-8

前　言

　　我国的改革开放和社会主义市场经济的发展已有 30 多年的历史，西方经济学引入到我国也有 20 多年。但是至今为止，学生们普遍感到西方经济学难学，往往花费了大量时间和精力，或者不得要领，或者收获甚少。这种状况的原因在于，一方面，西方经济学本身存在缺陷，西方经济思想的成果包含在一个唯心主义的认识体系中；另一方面，这种唯心主义认识体系又披上了现代数学语言的神秘包装。针对我国学生学习西方经济学的困难，我们编写了这套微观经济学和宏观经济学教材，力求用马克思唯物主义认识论批判地吸收西方经济学中科学合理的思想成果，剔除其中唯心主义的糟粕，帮助学生系统完整的掌握现代经济学的科学知识，为我国社会主义市场经济的发展培养实际有用的人才。

　　我国学生学习现代西方经济学的主要困难之一是难以掌握现代西方经济学的系统知识。这是因为西方学者由于颠倒了意识和存在、主体和客体的关系，至今概括不出经济学的研究对象。或者说，西方经济学至今还是一门连研究对象也说不清楚，杂乱无章，庞大"问题"堆积的学科。在这种状态下，建立清楚的经济学理论体系自然无从谈起。就连当代最著名的西方经济学家萨缪尔森，尽管他在许多方面对经济学做出了杰出贡献，在他最新版的《经济学》中，我们也能感到他由于没有解决这个问题，在理论体系的逻辑上所表现出的力不从心和无奈。本教材的第一大创新和特色就是概括出了西方经济学的研究对象是市场经济体系，这样我们就能将人类对市场经济体系的认识成果条理化，建立起逻辑严密、思路清晰、结构完整的经济学理论体系。

　　我国学生学习现代西方经济学的另一个主要困难是在价值理论及相关概念理解上的困难和混乱。这是因为价值理论是经济学的核心理论，也是充满争议的、最混乱的经济学难题。对于这个难题，回避是无济于事的。因为价值理论是经济学的核心理论，这个难题不解决，经济学的混乱状况就无法解决。本教材在回顾了亚当·斯密的价值理论（包括劳动价值论）、边际效用价值理论、马歇尔的均衡价格理论、凯恩斯的国民收入决定理论的基础上，分析了各种价值理论的片面性，吸收了各种价值理论中科学合理的思想成果，运用系统论和相对论的观点提出了系统价值理论学说。完成了人类对市场经济条件下的价值理论的认识。价值理论的突破，使现代经济学一改过去的混乱状态，变得清晰明了、通俗易懂了。这是本教材的第二大创新和特色。

本教材的第三大创新和特色是紧密联系现实生活。依据逻辑和历史相一致的唯物主义认识论原则，把经济理论思想的发展与经济社会发展的历史联系起来，使经济学成为一门与现实经济生活紧密联系的科学。存在决定意识。一方面，经济社会的不同发展阶段产生和决定不同阶段的经济理论和思想，它是对不同阶段的社会经济生活发展规律的认识和经验总结。另一方面，不同阶段的经济理论又对处在不同发展阶段和层次的经济社会的发展具有指导意义。理解了经济理论的发展与历史的联系，不仅有助于我们系统理解西方经济理论的逻辑联系，把经济理论与经济社会生活的发展联系起来，还有助于我们正确借鉴西方经济理论中科学合理的思想成果和经验，促进我国社会主义市场经济制度的成长和完善，避免犯历史唯心主义的错误。例如，我国政府几年来采用积极的财政政策和稳健的货币政策促进了我国经济的稳定增长，有的学者就说再实行积极的财政政策就会导致滞胀现象，这是典型的历史唯心主义观点。滞胀现象是资本深化终止、资本积累饱和、经济发展到后工业化阶段才会出现的现象，我国还处在工业化的初级到中级阶段，怎么会出现滞胀现象呢？在工业化的初级到中级阶段，凯恩斯主义的积极财政政策和货币政策都是行之有效的，而且不会出现滞胀现象。可见，不理解经济理论与历史的联系，生搬硬套西方的理论和经验也是要犯错误的。

本教材的第四大创新和特色是通过对一般均衡论唯心主义性质的分析，揭穿了数学语言的神话，使一百多年在黑暗中摸索的人们有可能见到光明，使经济学从梦想回到了现实。我们的观点是，数学在经济学中的科学应用具有非常重要的意义，萨缪尔森倡导的数学革命使经济学的发展取得了今天的成就。但同时，唯心主义认识论导致的数学在经济学中的滥用使经济学的发展受到严重损害。经济学的目的是为了客观、正确地揭示我们经济生活的规律，从而帮助人们更好地理解我们的现实经济生活，解决现实生活中的实际经济问题，促进经济社会的和谐发展。而不是为了编织"高深"的神话和梦想。

马克思说："工业较发达的国家向工业较不发达的国家所显示的，只是后者未来的景象。"世界各国有不同的历史和文明，但是市场经济社会却有着相同的发展规律，这就是经济社会发展的一般规律。我们看到凡是走市场经济道路的国家，不管它具有怎样不同的文化，都遵循了这些相同的发展规律，遇到了相同的社会问题和解决这些问题的探索和经验。西方理论经济学中科学合理的思想成果正是先走市场经济道路的国家对市场经济社会一般发展规律、对市场经济社会发展中遇到的矛盾和问题以及解决这些矛盾和问题的探索和经验总结。

这些思想成果对于后走市场经济道路的国家来说，具有宝贵的借鉴意义。这也是我们学习现代西方经济学的意义。

　　本教材是介绍以萨缪尔森为代表的现代西方主流经济学的一本著作。由于本书的上述特色，我们可以借用马歇尔的一句话，借助于我们时代的新著作，并且关系到我们时代的新需要，本书打算对旧的学说加以新的解释。它适合作为我国普通高校经济类和非经济类本科学生学习经济学的教材。

薛治龙

2009.5

目 录

第一章　导　论

导论是对经济学的思路和体系纲要做一个总的了解，为此目的，本章将说明现代经济学的源流、研究对象、内容体系和研究方法。

第一节　经济学的源流

本节我们要对经济学的发展做一个简要的历史回顾，以了解在这个领域里西方社会的人们主要探讨和思考了一些什么问题，他们是怎样理解社会经济生活的。这一节对理解现代经济学是至关重要和不可缺少的。

一、经济学的史前史——重商主义和重农主义

1. 重商主义的经济思想

15~17 世纪是西欧封建自然经济解体和资本主义商品经济萌芽时期。15~16 世纪，葡萄牙人和西班牙人先后完成了地理大发现，开辟了海上航路。新生的商人阶层怀着强烈的发财致富的愿望奔走于世界各地，从事贸易活动。商品经济迅速发展，商人日益积累了大量货币财富，成为当时社会上最富裕的阶层。到 17 世纪和 18 世纪初，荷兰人和英国人就先后建立了贸易网络遍布全球的商业帝国。伴随着这一历史进程，产生了商人阶层最初的经济思想：①唯有货币（金、银）是财富。②财富的源泉是商业和贸易。③国内贸易不能增加一国的货币量或财富。因为国内贸易中一个人赢利 200 万元，就意味着另一个人亏损 200 万元，二者相抵，一国的财富并没有增加。所以只有换回金、银的对外贸易才能增加一国的货币量或财富。④工业应为对外贸易服务。政府应以法令形式保护国内工商业，促进顺差的对外贸易发展，增加本国的财富。上述观点，经济学史上称为重商主义。安徒安·德·孟克烈钦（1575~1622）是法国早期重商

主义的理论家。1615 年他出版了《献给国王和王后的政治经济学》一书。这是在文献中第一次出现"政治经济学"的术语。它表示本书论述的已不是古希腊的家庭理财的"经济学",而是"社会的"、"国家的"、"经济学"问题。比如,如何促进一个国家的财富的增加,如何更好地分配这些财富以促进社会各方面的发展等。"政治"一词的本义是国家之事、社会之事。只是后来社会矛盾、阶级矛盾尖锐化了才引申出"斗争"之义。托马斯·曼（1571~1641）是英国晚期重商主义的突出代表。1621 年他出版了《论英国与东印度的贸易》一书。后来为了突出该书的主题,将书名改为《英国得自对外贸易的财富》,在他死后于 1664 年再版。在书中他提出顺差的对外贸易是增加一国社会财富的手段的思想,以及为保证贸易顺差的各种政策措施。这些理论至今对各国的外贸政策都有很大影响。马克思在评价此书时说"在 100 年之内,一直是重商主义的福音书,如果说重商主义具有一部划时代的著作……这就是托马斯·曼的著作"。[1] 尽管重商主义关于财富性质和源泉的观点是片面的和不成熟的,但它是人类对"现代生产方式最早的理论探讨"（马克思）。

2. 重农主义的经济思想

18 世纪产生于法国的重农主义反对重商主义财富来自贸易的观点。他们认为贸易遵循商品等价交换的原则,商品和货币都是财富,是财富存在的两种形式,财富和财富等价交换并不能产生财富,财富是生产出来的。而且只有农业是生产财富的唯一领域。这也是重农主义名称的来源。我们可以把重农主义关于财富来源的思想概括为以下两个观点:

（1）"纯产品"学说。重农主义认为"土地耕种者的劳动"和"土地"是一切财富的两个源泉。[2] 土地的产品在扣除土地耕种者的工资、种子、肥料等后的剩余是"纯产品",这是一个社会一年真正增加的财富。农业部门之所以能提供"纯产品",是因为土地的"自然力"参加了工作而不要求报偿。工业只是对农产品进行加工,只是产品形式的变化（比如小麦变成面包,棉花变成衣服）,并不增加社会财富。工人、企业主、商人等阶层的工资和利润是通过向农业部门提供日用消费品和工具等从土地耕种者和土地所有者那里获得的收入,也就是说,是从同农业部门的交换中获得的"纯产品"的一部分。

（2）财富的形成依赖于生产、流通（交换）、分配、消费的系统运作的思想。安·罗伯特·雅克·杜尔哥（1727~1781）是重农主义主要代表之一,1766 年

---

① 《马克思恩格斯选集》第 3 卷,人民出版社,1993 年版,第 271 页。
② 杜尔哥:《关于财富的形成和分配的考察》,商务印书馆,1961 年版,第 53 页。

写成《关于财富的形成和分配的考察》。在书中除上述论点外，他还阐述了分工产生商品交换，交换产生货币，一切商品从含有价值的意义上说都是货币，反过来，一切货币也都是商品。因此，**货币和商品不过是财富存在的两种不同形式**。货币本身具有价值，是流动的财富。货币的重要作用在于促进了商品流通和分工的发展。货币在各行业如农业、工业、商业由企业家作为"原预付"投入，就形成了资本。这些资本价值每年由企业家收回，作为继续经营企业的再度投资和新的预付，利润则供企业家生活。"正是这种资本的不断预付和不断收回，构成人们称之为货币流通的东西，可以把它和动物躯体内的血液循环相比拟"。货币流通为社会一切劳动和社会政治、经济生活提供生机和活力，一旦它发生紊乱，"以致企业家无法收回他们的预付资本和利润，那么，他们将不得不缩小他们的企业。这样一来，劳动的数量、土地产品的消费量、生产量及收入总额，都将按同等幅度缩减，贫穷将代替富裕"。可见，杜尔哥用朴素的语言描述了商品、货币、资本的历史产生过程。**特别是他已朦胧地意识到社会财富的形成依赖于生产、流通（交换）、分配、消费的系统运作，哪一个环节出问题都将导致财富的减少和社会的贫穷。**马克思说："在杜尔哥那里，重农主义体系发展到最高峰"。[1] **"实际上，重农主义体系是对资本主义生产的第一个系统的理解"。**[2] 弗朗斯瓦·魁奈（1694~1774）是重农主义的创始人。他最主要的贡献是1758 年发表的《经济表》。在该表中，他把社会财富的生产（农业部门的纯产品）、流通（各部门之间的产品交换）、分配（各阶级的收入）、消费（各阶级的支出）作为一个反复循环的再生产系统来理解，并做了初步尝试性的分析。马克思说："这个尝试是在十八世纪三十年代政治经济学幼年时期做出的，这是一个极有天才的思想。毫无疑问这是政治经济学至今所提出的一切思想中最有天才的思想。"[3] 尽管重农主义关于财富只来源于农业领域的观点是片面的，但他们将财富的来源转移到生产领域，认为社会财富的生产和增长依赖于生产、流通（交换）、分配、消费的系统正常运作的思想，反映了人类对现代社会经济生活理解和认识的深入和进步。

二、经济学的诞生——亚当·斯密和《国富论》

18 世纪末，英国发生工业革命。新机器的发明不断出现，手工业工场逐步向大工业过渡。新生的资本主义经济制度日益完善和确立起来。伴随这一历史

---

①《马克思恩格斯全集》第 26 卷 I，人民出版社，1972 年版，第 28 页。
②《马克思恩格斯全集》第 24 卷，人民出版社，1972 年版，第 39 页。
③《马克思恩格斯全集》第 26 卷 I，人民出版社，1972 年版，第 366 页。

进程，人类对现代社会经济生活的认识也比较成熟了，终于形成了比较完整的理论体系，其标志就是英国古典政治经济学的创始人亚当·斯密（A. Smith，1723~1790）于1776年出版的《国民财富的性质和原因的研究》，简称《国富论》。至此，经济学作为一门独立的社会科学诞生了。

该书的主题是两个问题：一个是什么是国民财富及其源泉。另一个是国民财富增长的原因是什么及如何促进国民财富的增长。斯密认为，政治经济学的任务就在于搞清楚国民财富的性质、源泉及增长的原因，以促进国民财富的增长，达到富国裕民的目的。

斯密的《国富论》作为经济学的奠基之作，表达了一些至今都有重要意义的经济思想。

1. 关于国民财富性质和源泉的学说（价值理论）

什么是国民财富的性质呢？重商主义认为，唯有货币是财富。重农主义认为，商品和货币都是财富，是财富存在的两种形式。但是，工业部门只能使财富形式发生变化，并不能增加社会财富，只有农业部门生产的"纯产品"才是一国真正增加的财富。而斯密认为，**国民财富就是一个国家所生产的商品总量，既包括农产品，也包括工业产品。商品和货币是国民财富存在的两种形式。衡量一国国民财富量的多少，是"商品的真实价格"，即商品的价值总量。什么是国民财富的源泉呢？斯密认为，一切生产部门的劳动（农业部门、工业部门和运输部门等）以及资本和土地是国民财富的三个源泉。**

应该说明，斯密对国民财富或价值源泉的探讨和论述中是有矛盾的。一方面，他认为一切生产部门的劳动都生产商品、创造价值，是国民财富和价值的源泉。商品的价值量是由生产商品时所消耗的劳动量决定的。利润和地租是资本所有者和土地所有者对劳动生产物的扣除（这个观点显然认为只有劳动创造价值，也即劳动价值论的观点）。但是另一方面，在分析商品价值（即真实价格）的构成上，斯密又认为，商品的价值是由工资、利润、地租三者构成的，因此，劳动、资本、土地是价值的三个源泉（这个观点又认为劳动、资本、土地共同创造价值，这显然与劳动价值论相矛盾）。斯密在国民财富或价值源泉论述中的两种矛盾的观点，马克思称之为价值二元论。尽管斯密在论述中时常矛盾，但他在总结关于国民财富或价值源泉的观点时说："在资本积累和土地私有尚未发生以前的初期野蛮社会，获取各种物品所需劳动量之间的比例，似乎是各种物品相互交换的唯一标准。"在资本积累和土地私有已发生的社会，即现代资本社会，"商品的真实价格"已不只是由生产商品时所消耗的劳动构成，而是由工资、利润、地租三者构成了。他说："在进步社会，这三者都或多或少地成为绝大部分商品价格的组成部分"。因此,"工资、利润和地租是一切收入和一切可交换价值的三个根本源泉"。[①]比如,"在农业上(土地的)自然力也和人一起劳动,自然的劳动虽无须代价,它的生产物却和最昂贵的工人生产物一样,有它的价值。……所以……地租可以说是地主借给农业资本家使用的自然力的产物"。[②]同样的道理,资本在生产上也作出了贡献。资本(机器)的机械力也和人一起劳动,它的生产物也有它的价值。利润则是资本机械力的产物。因此,**可以把斯密关于国民财富的源泉的观点概括如下:在现代资本社会,国民财富(价值)的源泉是劳动、资本和土地。在国民财富价值总量的构成中,劳动的贡献表现为工资,资本的贡献表现为利润,土地的贡献则表现为地租。这三者也是国民财富通过市场交换自然而然分配给各阶级的三种收入。**

斯密在国民财富源泉分析中的矛盾或二元论,使经济学以后的发展分为两大分支。马克思继承和发展了斯密劳动创造价值的理论,建立了以劳动价值论为核心的政治经济学体系。其他西方学者则继承了斯密劳动、资本、土地共同创造价值(或称三种收入、三项费用共同决定价值)的学说发展为现代西方经济学。而且在价值理论上的分歧和争论成为至今没有解决的经济学的世界性难题。

2. 关于国民财富增长的学说(资本积累、生产劳动和非生产劳动)

斯密认为,既然国民财富的源泉是劳动、资本和土地,那么国民财富增长的原因,或者说促进国民财富增长的途径有两个:一是增加生产性劳动者的数目;二是增加资本积累(因为土地的数量是固定的)。资本的增加(建立更多的工厂)一方面可以增加生产性劳动者的数量(吸收更多的劳动力);另一方面可以增加机器和工具而提高生产力,还可以通过改良土地、修建水利设施等提高土地的生产力。因此,资本积累对促进国民财富增长具有重要意义。为了说明资本积累的来源,斯密进一步提出生产性劳动和非生产性劳动的划分。斯密认为,凡是生产价值的劳动(如工业、农业、运输业的劳动)都是生产性劳动;凡是不生产价值的劳动(如国家的官员、警察、家仆等的劳动),不论其劳动多么重要,都是不生产国民财富的非生产劳动。而一国每年生产的国民财富的价值不论多少都是有限的,每年生产的国民财富扣除当年消费和消耗部分后的余额才能用于资本积累。如果社会供养的非生产劳动者消费的数量过多,那么用于资本积累的数量就会减少。因此,要促进国民财富的增长,社会就要尽量减少非生产劳动者的数量,把资金省下来,用于增加资本积累。**斯密关于生产劳**

---

① 亚当·斯密:《国民财富的性质和原因的研究》上卷,商务印书馆,1972年版,第47页。
② 亚当·斯密:《国民财富的性质和原因的研究》上卷,商务印书馆,1972年版,第333页。

动和非生产劳动的理论以及减少非生产劳动者的数量可以增加资本积累和促进国民财富的增长的学说，至今存在争论。但是，克林顿政府大规模精简政府机构和人员，消灭了美国前任历届政府积累的 60000 亿美元的财政赤字，促进了美国经济的强劲增长，却是不争的事实。

3. 经济自由主义政策（看不见的手）

影响国民财富增长的另一个重要方面是政府的政策。为此，斯密在本书中提出了经济自由主义思想和政策。斯密的经济自由主义思想源于魁奈的自然秩序学说。

（1）魁奈的自然秩序学说。魁奈认为，在人类社会中，同样存在着不以人的意志为转移的客观规律，这就是自然秩序。如果人们认识到自然秩序并按照自然秩序的准则制定人为秩序，社会便处于健康状态；反之，人为秩序违反自然秩序，社会便处于病态。**魁奈指出，自然秩序是从人的本性产生而又合乎人的本性的正常的社会秩序，是建立在个人自发的创造性、独立性和利己主义基础上的一种秩序。人身自由和私有财产是自然秩序所规定的人类的基本自然权利，是天赋人权。政府的法规、政策则是人为秩序。如果人为秩序符合自然秩序，社会经济生活就会正常运转，如果人为秩序与自然秩序发生矛盾，社会就处于病态。**

在魁奈的自然秩序学说中什么是人为秩序与自然秩序发生矛盾？什么是社会处于病态呢？我们举个例子来说明。比如，学雷锋问题。学雷锋问题是我们社会感受颇深的一个问题，种种矛盾其症结究竟在哪里呢？搞清这个症结就可以理解魁奈自然秩序学说的精髓，也能解释百思不得其解的种种社会矛盾现象，还能深入理解斯密经济自由主义思想的根源。

唯物主义历史观认为，存在决定意识。人们的生存条件决定人们的思想观念和本性。当年毛泽东号召学雷锋，表现了党和政府建设新社会的热情和理想。而且，学雷锋也确实培养了一支全心全意为人民服务的人民军队。这是因为，雷锋生活在军队，军队的生存条件是供给制。什么是供给制？通俗地讲就是吃饭穿衣不要钱，是免费供给的。或者说是各尽所能、按需分配。这种生存条件就决定和产生了雷锋大公无私的思想观念和无偿为他人服务的行为。这种生存条件也决定了雷锋精神可以在军队中发扬光大，开花结果。人民解放军在国家和人民危难时表现出的全心全意为人民服务和牺牲的精神常常令国人感动。2008 年的汶川大地震中，人民解放军的表现不仅感动了中国，而且感动了世界。

但是，在公民中开展学雷锋运动，却没有收到理想的效果，出现了种种矛盾的现象。为什么？因为普通公民不是生活在马克思设想的未来的生产力高度发展的人们各尽所能、按需分配的时代，而是生活在生产力发展水平还很低，人们靠劳动和工作挣得收入为自己谋生的时代。公民这种生存条件本身就决定了人的本性是利己主义者。为自己的生存考虑，人们为他人提供服务就要要求报酬，而不能无偿为他人服务，这是自然而然的道理。这就是魁奈讲的由人的本性产生的自然秩序。可是，政府号召学习雷锋，大公无私，向利己主义开战，也就是说倡导人为秩序。在现实中，这种政府倡导的人为秩序与人的本性决定的自然秩序发生了矛盾和冲突，而且**这种矛盾导致了一种社会病态：就是这个社会不诚实了。**不讲诚信一度成为社会的一种普遍现象，成了一个严重的社会问题。无论是在商、从政，还是在学校，造假、不诚实几乎无处不在，大家已习以为常，不觉得这是一种病态的行为。特别可怕的是在学校、学术上的造假。科学是神圣的，容不得半点虚假。假药假酒伤害的是部分人的生命，科学和学术上造假毁掉的是整个民族的精神和灵魂。因此，解决社会不诚实问题的根本出路是解决人为秩序与自然秩序的矛盾问题，这是社会种种矛盾的症结所在。政府倡导的人为秩序要符合人的本性决定的自然秩序。

魁奈的自然秩序学说认为，既然生存条件决定人的本性是利己主义，那么就必须承认这个事实。从这个事实出发，社会就应该认可人们为自己考虑，追求自身利益的行为是合情合理、无可指责、自然而然的行为，是自然秩序。因为公民既然要自己谋生，人身自由和财产私有就是两个必要的前提和条件，社会如果不能保障这两个条件，让公民自己如何去谋生呢？因此，社会不仅不能指责公民个人追求自身利益的行为是自私自利，而且还要认可和保护公民的人身自由和私有财产不可侵犯。因为这是从人的本性产生的人类的基本自然权利，是天赋人权。社会不能要求公民大公无私，但是可以鼓励公民在他们可能的情况下，关心一下他人和社会的利益。

什么是应该受到社会指责的自私行为呢？是担任社会公职的人利用公职的权力为自己牟取私利的行为。因为公职的权力是为公众利益服务的，利用公职的权力为自己牟取私利是损害公众利益的自私行为，是应该受到社会谴责的。如果要追求个人利益，就不要担任公职；如果要担任公职，就要学习雷锋，不能追求个人利益。对掌握权力的公职人员来讲，是全心全意为公众的利益服务并推动社会进步，还是利用公职的权力为自己谋求私利，是伟人和普通人的分水岭。对公民个人来讲，追求个人利益则是正当、合理的行为。这样，政府倡导的人为秩序就与人的本性产生的自然秩序相符合，公民就能诚实地生活，社会就能正常运转。

（2）**斯密的经济自由主义思想。**斯密继承了魁奈的思想，而且进一步认为，人都是利己主义者，每一个人都最关心他自己的利益并尽力追求他自己的利益，而社会则是由许多个人组成的，所以社会的利益便是这许多个人利益的总和。因而每个人愈是追求个人利益，社会的利益就愈大。斯密用哲学家的语言表达了他的著名的"看不见的手"的思想，即每个人都是最大限度地追求个人利益，但市场规律却像一只看不见的手引导人们在他们不自觉的情况下却最大限度地促进了社会利益。他说，"每个人都不断地努力为他自己所能支配的资本找到最有利的用途。固然，他所考虑的不是社会的利益，而是他自身的利益。但他对自身利益的研究自然会或者说必然会引导他选定最有利于社会的用途。……在这个场合，像在其他许多场合一样，他受着一只看不见的手的指导，去尽力达到一个并非他本意想要达到的目的。由于追逐他自己的利益，他经常促进了社会利益。其效果要比他真正想促进社会利益时所得到的效果为大"。① 因此，他认为，政府应该让每个人都有充分的经济自由，都能用他的劳动和资本去自由经营，自由竞争，而不可加以限制和干涉。政府的作用和职责是维护社会安全和秩序，除此以外不需要政府干涉经济生活，市场会解决一切经济问题。政府如果这样做了，市场规律就可以最大限度地发挥作用，促进国民财富的增长。这就是亚当·斯密的经济自由主义思想和自由放任的政策主张。

萨缪尔森在评价斯密的这一思想时指出，"亚当·斯密最伟大的贡献在于他在经济学的社会世界中抓住了牛顿在天空的物质世界中所观察到的东西，即自行调节的自然秩序。斯密所传达的福音是：你认为，通过动机良好的政府法令和干预手段你可以帮助经济制度运转，事实并非如此，利己的润滑油会使齿轮奇迹般地正常运转，不需要计划，不需要国家元首的统治，市场会解决一切问题"。②

当然，在斯密那个时代，他不可能认识到政府在宏观经济领域的重要作用和应该承担的责任，从这个角度讲，斯密的思想是有片面性的。但是，在微观经济领域，斯密反对政府干预市场经济的运转，主张自由放任的政策，即使从今天的观点来看，也是正确的。斯密那个时代，还是市场经济刚刚产生、发育和成长的时代，经济自由主义思想是市场经济发育和成长的理论武器，这是经济自由主义思想的意义所在。

魁奈的天赋人权和斯密的经济自由主义思想是反对封建专制主义的两面旗帜，从 18 世纪到今天一直对西方社会政治、经济生活有着很大的影响。

4. 萨伊法则

斯密的经济学说明确了劳动、资本、土地是价值或社会财富的三个源泉，

---

① 亚当·斯密：《国民财富的性质和原因的研究》下卷，商务印书馆，1972 年版，第 25 页。
② 萨缪尔森：《经济学》第 10 版，下册，商务印书馆，1982 年版，第 290 页。

为追求财富的人们指明了方向，极大地促进了资本主义生产的发展。斯密以后，英国的大卫·李嘉图（1772~1823）、法国的让·萨伊（1767~1832）、英国的约翰·穆勒（1806~1873）等人，从不同角度丰富和发展了斯密的经济学说，形成更完善的体系。其基本内容仍是以斯密的三种收入决定价值为核心，强调市场机制的作用，主张自由放任的政策。经济学史上称其为古典经济学。古典学派的注意力集中在生产、成本和供给上，而忽视了对消费和需求的研究。**萨伊认为生产和供给会自动创造需求。商品生产上的工资、利润（利息）、地租三项费用支出，一方面形成生产成本和商品的供给价格；另一方面又形成劳动所有者、资本所有者、土地所有者三大阶级的三项收入和货币需求能力。因此供求会自动平衡，不会出现生产过剩危机。这就是著名的萨伊法则。**但是，随着经济的发展，市场日益饱和，销售日益困难，特别是西方各国不断出现的生产过剩危机，向经济学提出了新的挑战（1825 年，英国首次爆发生产过剩的经济危机。这是工业革命以来，工业国家第一次出现经济危机。此后，一般每 8~10 年工业国家就会爆发一次生产过剩的经济危机）。生产过剩就意味着萨伊法则失灵，也意味着需求和消费出了问题。因为在经济学者看来，生产过剩，产品卖不出去，供给大于需求，是因为消费和需求不足，是消费和需求出了问题。这样经济学的注意力开始向消费和需求转移。其标志就是 19 世纪末经济学发生的"边际革命"。

　　三、"边际革命"

　　边际效用论的先驱者是德国经济学家戈森（1810~1858）。1854 年他出版了《人类交换诸法则及人类行为的规范》一书。在书中他从研究消费者行为出发，探讨消费和需求的规律。他认为人类行为的目的在于追求最大限度的享乐和尽可能避免痛苦。追求享乐的行为通常受两个规律的支配：**第一个规律是"边际效用递减规律"**，即随着某种需要的满足，消费者所感觉到的享乐程度逐渐递减，直到最后出现感受上的饱和状态。**第二个规律是"边际效用相等规律"**，即在边际效用递减规律的作用下，一个人如果要从一定量的财货中得到最大限度的满足，他就必须把它在不同用途间进行分配，而分配的方式必须使每一种用途上的财货的边际效用相等。这就是经济学史上著名的**"戈森两大定律"**。戈森定律在戈森生前并没有引起西方学者的重视。

　　戈森以后，奥地利经济学家门格尔（1840~1921）1871 年出版《国民经济学原理》，英国的杰文斯（1835~1882）1871 年出版《政治经济学理论》，法国的瓦尔拉（1834~1910）1874 年出版《纯粹政治经济学纲要》。这三人在戈森定律的基础上同时明确提出了以边际效用价值论为核心的经济学理论。因此，他们被认为是"边际革命"的奠基者。其中奥地利的门格尔以维也纳大学为中心培养了一些学生和追随者，搞成一个学派，影响最大，被称为"奥国学派"或"维也纳学派"。杰文斯和瓦尔拉则把数学方法引入经济学成为数理学派的先驱。美国的克拉克则提出以边际生产率论为基础的国民财富分配理论，成为 20 世纪初美国最著名的经济学家。

奥国学派从研究消费者行为出发探讨消费和需求的规律。他们认为，经济就是消费，消费是目的，生产不过是为满足人们消费欲望的一种手段。门格尔说，经济学的任务就是研究"人类为满足欲望而展开其予筹活动的条件"。[①] 针对古典学派认为的生产的三项费用决定价值的理论，**奥国学派认为，价值起源于效用，消费者购买商品是为了获得效用和欲望的满足。因此，决定商品价值的既不是劳动，也不是生产费用，而是商品的边际效用。一个商品是否具有价值，不取决于生产它时花费了多少劳动和生产费用，而取决于在市场上消费者的选择和对其边际效用的评价。取决于消费者是否愿意为它付钱和愿付多少钱。如果一个商品没有消费者需要它，没人愿为它付钱，那么不论生产它时花费了多少劳动和费用，它都是没有价值的**。这样，奥国学派就提出了一套与古典学派完全不同的经济理论。英国经济学家罗尔在评论边际革命时指出，**"古典主义强调生产、供给和成本，现代学说关心的主要是消费、需求和效用。边际效用概念的引入实现了这种重点的转移。从那时起，它便几乎以无上的权威统治着学术思想"**。[②]

应该指出，"边际革命"的历史功绩在于它强调了盲目生产并不一定能创造社会财富和价值，生产必须符合消费者的需要。生产出的产品是否具有价值，是否成为财富，最终取决于市场上消费者的评价和选择。也正是由于此，消费者开始被尊为"上帝"。这是"边际革命"在经济思想上有重大影响的重要原因之一。但是边际效用价值论作为反映社会经济生活的一种学说来讲，它是片面的。因为，消费者所消费的商品毕竟不是从天上掉下来的，是生产出来的。不论消费者对商品的边际效用评价为多少，他愿意为该商品支付的货币毕竟要有一个客观的标准，即能补偿生产者生产商品时所花费的费用或成本。如果不能补偿，生产者就要破产，生产者都破产了，消费者从哪里去获得消费品和评价其效用呢？可见只强调消费或效用决定价值是片面的。这里我们想起了重农主义关于财富或价值的形成取决于生产、交换（流通）、分配、消费系统运作的思想萌芽。

---

① 门格尔：《国民经济学原理》，上海人民出版社，1959 年版，第 2 页。
② 罗尔：《经济思想史》，商务印书馆，1981 年版，第 360 页。

应该指出：在商品经济条件下，在社会财富采取了价值形式的现代生产方式条件下，社会财富的创造（即价值的决定）取决于生产、交换、分配、消费的系统运作，是一个系统工程。在这个系统中，只强调某一个环节对价值的决定作用，都是片面的。最早的重商主义，强调交换环节，即贸易是财富的源泉。古典学派强调生产环节，即劳动、资本、土地决定价值。边际效用学派强调消费环节，即效用决定价值。它们都有一定的道理，但又都不全面。因为任何一个环节也只能说明价值决定的某一方面，不能说明价值决定的完整过程和全部。以企业生产为例，企业通过交换环节购买劳动、资本等要素投入生产，在生产环节进行创造价值和财富的生产活动，而这个活动本身又包含企业对各要素的支付，即包含了收入的分配（分配环节）。最后整个生产活动的成果取决于产品是否能销售出去，即是否有消费者需要和购买其产品（消费环节）。如果销售出去，其价值创造过程才算完成。如果销不出去，其价值创造过程就没有完成，投入的劳动和资本都浪费掉了。例如，有的企业把产品投放市场才发现它生产的是些过时的、被淘汰的产品，卖不出去，没有任何价值。一个企业如此，一个社会也是如此。古典学派强调生产创造财富和价值，有没有道理？有一定的道理，因为这是价值决定的一个环节，但是古典学派无法回答过时的、被淘汰的和过剩的产品是否具有价值这个难题。比如在生产过剩危机中被毁的大量产品和浪费的劳动和资本。也许有人会说，劳动和生产创造了价值和财富，只是价值没有实现，没有人需要和购买，所以扔到海里去了。那么这对社会有什么意义呢？因为它毕竟没有给社会增加一分钱的财富。国民经济核算以最终结果为依据，最终结果为零或负数怎么能说创造了价值和财富了呢？

边际效用学派强调消费，边际效用决定价值，有没有道理？也有道理，因为只有消费者需要的产品，愿意支付货币购买的产品才是社会财富，所以消费环节也是价值决定的一个环节。但是这个财富不是从天上掉下来的。可见古典主义和边际效用学派都只是片面强调了价值决定系统工程中的生产和消费环节。也正因为如此，有人将古典学派的学说称为生产经济学，把边际效用学派的学说称为消费经济学。但是在价值决定或财富创造的系统工程中，生产和消费毕竟是一个不可分割的统一整体。经济学的发展需要将社会经济生活各个方面局部探讨的片面理论统一起来。马歇尔的经济学说正是反映了经济学发展的这一历史要求。

四、马歇尔和新古典经济学

英国剑桥学派创始人阿弗里德·马歇尔 1890 年出版了《经济学原理》一书。

在书中，他综合了古典学派和边际效用学派的理论，提出了他的均衡价格理论。马歇尔认为价值这个词是相对的，表示在某个时间和地点两样东西之间的关系。"文明国家通常用货币来表示物品的价值，并称这样表示的每样东西的价值为价格"。[①] 因此，在马歇尔看来，价值和价格是一回事。价格决定也就是价值决定。**尽管马歇尔没有区分价值和价值量，或者说价值和价格，但是马歇尔把生产环节和消费环节统一起来说明价值和价格的决定。这是马歇尔均衡价格理论的重要贡献。**

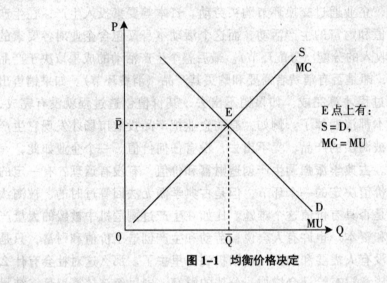

图1-1　均衡价格决定

　　成千上万厂商生产的产品数量构成市场上供给的力量，成千上万的消费者购买数量构成市场上需求的力量。在市场交换中，这两种力量经过竞争、比较和权衡，当两种力量达到均衡时，即生产者生产的数量和消费者需求的数量一致时，就决定了物品的均衡价格或价值。但是，仅从供求一致说明价格的决定是不够的，这仅是价格或价值决定的第一层次。因为当供求一致时，为什么汽车的价格是10万元一辆，大米的价格是3元1公斤？要解决这个问题就要进一步说明供求曲线背后的原理。

　　需求曲线的背后是边际效用曲线，边际效用是需求的基础。供给曲线的背后是边际成本曲线，边际成本是供给的基础。因此，在供求曲线的均衡点，不仅有供给=需求，还有边际成本=边际效用。不同物品的边际成本不同，所以会有不同的均衡价格。对于没有成本的非生产物品，比如天然钻石，在第二层次上，则由其稀缺性所决定的边际效用决定其价值或价格。

────────────

　　① 马歇尔：《经济学原理》上册，商务印书馆，1964年版，第11页。

这样，马歇尔的均衡价格理论从两个层次上说明了供给和需求，边际成本和边际效用共同决定物品的价格和价值，由于这些因素都是变动的，所以物品的价格或价值具有相对的性质。

马歇尔的均衡价格决定理论说明了价值决定于系统工程中的三个环节，即生产、交换、消费在价值决定中的重要作用。尽管马歇尔也分析了要素市场价格决定和收入分配，但是马歇尔对分配环节在价值决定系统工程中的重要性意识不足，因为在马歇尔看来，生产过剩危机，就像自然界有四季的循环一样是一种自然现象。

马歇尔经济理论的第二个贡献是通过对完全竞争市场的分析，证明了市场制度的效率（萨缪尔森对此也作出了重要的补充完善和贡献）。他认为，竞争的力量会使每个生产者以最低的平均成本从事生产，从而使社会产品的生产成本达到最低，资源的配置和利用效率达到最佳状态。同时，消费者也会以最低的价格获得消费品，在资源有限的前提下，达到社会福利最大化。这样他就证明了斯密的"看不见的手"的理论。他推崇斯密的经济自由主义，认为自由竞争的市场经济制度是最有效率的经济制度。

《经济学原理》问世以来，受到西方学者的推崇，被看做是可以和斯密的《国富论》相提并论的划时代的著作。马歇尔的经济学说也被看做是英国古典经济学的发展和更新，被称为"新古典经济学"。马歇尔的均衡价格理论以及完全竞争的市场理论，至今仍是西方微观经济学的基础。他长期在英国剑桥大学任教，培养出庇古、凯恩斯等不少著名学者，形成了经济学说史上有重大影响的英国剑桥学派，至20世纪30年代，马歇尔的学说在西方经济学界一直居于领导地位。

五、凯恩斯革命

20世纪30年代的世界范围的经济大危机，使世界各工业国家在一百多年中积累的社会财富毁掉近一半，从而对传统的西方经济理论提出了严重的挑战。从斯密到马歇尔，他们都认为市场机制能够保证社会经济的均衡发展和社会财富的稳定增长，经济波动是一种自然现象不需大惊小怪，因此主张经济自由主义和反对政府干预经济的政策。但是经济危机的严重危害，再也不能使经济学把它看做是无足轻重的自然循环现象，不能不对危机产生严重的关注。正是在此背景下，产生了经济学史上著名的"凯恩斯革命"。

约翰·梅纳德·凯恩斯（J. M. Keynes，1883~1946）1936年出版《就业、利息和货币通论》，提出他的经济理论。

1. 国民收入决定理论（国民生产的价值总量决定理论）

凯恩斯经济理论第一个重要的贡献是他的国民收入决定理论，即国民生产的价值总量决定理论。从亚当·斯密的国民财富的性质到凯恩斯的国民收入决定，人类经过了漫长的思考过程，终于从宏观的角度，从国民财富价值总量循环的角度审视价值的决定问题，这样我们就看到了价值决定问题的全貌。

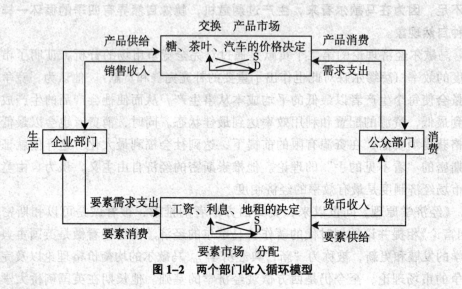

图1-2　两个部门收入循环模型

图1-2的模型说明：

（1）在不考虑政府部门的活动和进出口贸易的情况下，一个经济社会由企业部门和公众部门两个部门组成。在模型循环的下部，公众部门向要素市场提供劳动、资本、土地、技术等生产要素的供给，并依据要素市场供求关系决定的各要素价格获得工资、利息、地租等形式的货币收入。企业部门作为要素的需求者，支出工资、利息、地租等购买各要素进入企业部门进行生产。在模型循环的上部，企业部门向产品市场提供各种产品的供给，公众部门作为需求者用自己的货币收入购买产品消费。模型外圈的箭头代表实物的循环，内圈的箭头代表货币的循环。

（2）假定一个经济社会一年生产的最终产品价值，即企业部门的总产出为1500亿美元，这1500亿美元的总产出一方面体现为企业部门向产品市场提供的价值1500亿美元的实物产品和劳务的供给，即总供给。另一方面，由于产出=收入，企业部门之所以能生产出新增价值，是由于消耗了劳动、资本、土地、技术等要素，所以这1500亿美元产出的价值，通过要素市场企业支付的工资、利息、地租等转化为要素供给者公众部门的货币收入。所以当我们说一个经济社会一年总产出是 1500 亿美元，一方面意味着企业部门产出价值 1500 亿美元的实物产品和劳务的供给，另一方面意味着公众部门通过要素市场的分配环节获得 1500 亿美元的货币收入。公众部门用 1500 亿美元的收入从产品市场购买消费品 C 和投资品 I，就构成总需求支出。我们看到，企业的总供给为 1500 亿美元的实物产品和劳务，总需求即 C＋I 支出为 1500 亿美元货币，二者相等就决定了均衡国民收入（总供给和总需求相等的国民收入），即国民生产总价值为 1500 亿美元。

（3）假定政府部门征收 500 亿美元税收，又支出 500 亿美元，模型循环的价值总量不变。假定外汇汇率为 1：1，出口 500 亿美元价值的实物产品，又进口 500 亿美元的实物产品，模型循环的价值总量也不变。因此，该模型代表在政府收支平衡和进出口平衡前提下的一个经济社会的价值总量循环模型。

下面来讨论凯恩斯的均衡国民收入的决定理论。凯恩斯认为，均衡国民收入，即一个经济社会国民生产的总价值决定于有效需求支出总额，而不是产出总额。如模型图 1-2 所示，如果总产出为 1500 亿美元，总支出即有效需求支出也为 1500 亿美元，那么均衡国民收入即国民生产总价值为 1500 亿美元；如果总产出为 1500 亿美元，而有效需求支出为 1200 亿美元，那么均衡国民收入即国民生产总价值只有 1200 亿美元；社会将出现 300 亿美元的过剩产品。可见生产过剩意味着社会生产能力和资源浪费，意味着社会可以创造出来的财富却没有创造出来。而生产过剩的原因则是有效需求不足。

有效需求为什么会不足呢？从模型中可以看到，公众部门通过分配环节获得 1500 亿美元货币收入，它为什么只支出 1200 亿美元，另 300 亿美元收入哪里去了呢？凯恩斯认为，由于边际消费倾向递减，公众随收入的增加，消费支出只以递减速度增加，剩余的部分则转为储蓄。同时，由于资本边际收益递减和资本收益预期的不确定性，这部分储蓄不一定能全部转化为投资支出。这就决定了有效需求支出，即 C+I 支出总是不足。霍布森和斯威齐认为，由于收入分配不均等，富人收入过多但人口很少，消费支出有限；低收入者人口众多，但收入和购买力有限，从而导致社会消费不足或有效需求不足。萨缪尔森认为，世界上存在着三种贫穷：①由于缺乏生产能力和自然灾害而造成的老式贫穷。②"富裕之中的不必要的贫穷"。就是说有生产能力，但由于经济制度内缺乏购买力导致的资源浪费造成的不必要的生活水平的损失和贫穷。③由于不能把富裕的 GDP 良好地分配造成的贫穷。老式贫穷由于技术的进步已被现代社会所克服，避免生产能力的浪费和把富裕的 GDP 良好地分配则是现代社会政府的责任。

从杜尔哥的"贫穷将代替富裕"到萨缪尔森的"三种贫穷"，人类终于意识到了国民财富的创造，即国民生产总价值的决定取决于生产、交换、分配、消费的系统运作，是一个系统工程。尽管经济学家们还没有把这一点概括出来，但现代政府增加总需求的财政政策实际上是基于这一认识。增加总需求的财政政策主要是两项内容：①通过增加公共投资支出来弥补私人投资不足；②通过财政转移支付在分配环节增加低收入和无收入者的收入，以增加他们的消费支出，从而避免由于有效需求不足导致的生产过剩和资源浪费，使 C+I 支出达到产出的潜在水平，使国民生产的总价值能够稳定增长。

2. 系统价值理论学说

在回顾了前人在价值理论上的思考历程，我们看到有必要用新的视角对前人的思考进行概括、完善和总结。这就是用系统论和相对论的观点重新理解价值理论。因此，我们把这个新的价值理论称为系统价值论。

系统价值理论涉及三个相关的命题：一是价值质的规定性；二是价值量的规定性；三是价值的决定是一个系统工程。

（1）价值质的规定性。价值质的规定性是说价值的本质是什么？或者说，从本质上看价值是什么东西？

价值是交换经济或商品经济、市场经济的产物。在没有交换、自给自足的人类社会早期，有劳动，有生产，但是没有价值。随着生产的社会分工的出现，产生了交换的必然性。交换的发展产生了价值、商品、货币，这都是人们熟知的经济史。问题是人们如何从这个历史中理解价值的本质？交换为什么会使物品表现为价值呢？因为只有当人们相互交换的物品不仅自己认为是有用的财富，而且也被别人认为是有用的财富时，交换才能成立。或者说，各种不同的物品之所以能交换，它们必须具有一个**同质**的东西，这就是**它们必须是社会成员都可以接受的财富。**

为了理解这一点，人们可以回顾一下交换经济产生初期人们认为有价值的东西是什么。众所周知在物物交换时代，最初的物物交换是很不方便的。例如，甲有物品 A，乙有物品 B。甲想用自己的 A 物品交换乙的 B 物品，但是，乙不接受甲的 A 物品。这样，甲想要得到 B 物品，就必须找到一个乙愿意和可以接受的物品，比如 C 物品。甲先用自己的 A 物品交换 C 物品，然后再用 C 物品和乙交换自己需要的 B 物品。这样，**C 物品就成为甲乙双方都愿意接受的交换的中介物品。**随着交换范围的扩大，人们都这样做，**交换的中介物品逐步集中在人们都愿意接受的几种物品上。**比如烟草、皮革、羊、钻石、珠宝等。不同国家人们生活习惯不同，人们都愿意接受的物品也有差别，但这不影响交换中介物品的性质。正是从交换中介物品的性质和职能上，货币史上把这些物品称为

商品货币。它作为交换中介物为人们的交换提供方便并能扩大人们交换的范围。由于这些物品是**人们都愿意接受的**物品，所以它们被人们称为是有价值的物品。**价值概念由此产生**。所以价值概念的产生是和货币的产生紧密联系在一起的。**也正是从货币最初始的形式上，可以体现价值的本质：价值是人们都愿意和可以接受的财富**。社会成员都可以接受的财富是什么呢？是社会财富或国民财富。同时，货币作为价值和社会财富的化身和代表长期受到人们的崇拜。因此说**价值质的规定是社会财富**。或者说，从本质上讲，价值是社会财富的抽象表现。交换使财富具有了社会财富的性质，并表现为价值。

明确了价值质的规定，接下来的问题就是什么是社会财富的源泉？**经济学家的研究已经公认劳动、资本、土地、技术决定价值，是说它们决定价值的质，它们是国民财富的源泉**。

（2）**价值量的规定性**。价值不仅有质的规定，还有量的规定。只知道两种物品可以交换是不够的，还要知道一种物品可以交换多少另一种物品，交换才能进行。例如 1 公斤鸡蛋可以换 5 公斤白菜。它表示 1 公斤鸡蛋的价值量是 1 公斤白菜价值量的 5 倍。因此，**交换比例体现的是两种物品价值量的比例**。价值量的计量需要一个度量单位或价值尺度。这样就出现了固定充当交换媒介的物品——货币。**货币之所以能成为交换媒介，是因为它本身就是价值的代表并能度量和表示物品的价值量，从而提高交换的效率**。因此，货币单位是价值量的度量单位，货币是价值的代表。例如用货币计量和表示鸡蛋的价值量是 5 元/公斤，白菜的价值量是 1 元/公斤。这就是价格码。可见，从本质上讲，**价格是用货币计量和表示的物品的价值量**。或者说，**价格是物品价值量的货币表现**。因此，**讨论什么因素决定价格，实质上就是讨论什么因素决定物品的价值量**。

因此，马歇尔的均衡价格决定理论本质上是关于物品价值量的决定理论。根据该理论，物品的价值量决定于供给＝需求，边际成本＝边际效用。那么为什么物品的价值量是由两个层次、四个因素共同决定呢？它本质的含义是什么呢？

先来看第一层次，供求双方代表的是交易双方或交换双方，既然交易的物品是交易双方共同认可和接受的财富，即社会财富，那么这个社会财富的量即价值量该由谁来决定呢？显然也必须由交易双方共同认可和决定。如果交易的单方面决定价值量，那么交换就不能成立，交易也无法进行。因此，**供求一致作为决定价值量的第一层次是由价值的本质，即社会财富的性质决定的**。

第二层次，边际成本＝边际效用的本质意义是什么呢？这是交易双方认可和确定价值量的依据。就是说交易双方是依据什么来确定和认可一辆汽车的价值量是 10 万元，1 公斤大米的价值量是 3 元呢？供方是依据其生产一辆汽车或

1 公斤大米的边际成本（即消耗的劳动、资本、土地、技术的费用），需方是依据其消费一辆汽车或 1 公斤大米所获得的边际效用即享受程度。供求双方经过竞争、比较和权衡，当双方达到均衡时，也即交易双方都认可了对方的依据时，交易双方就达到共识，共同确认和决定了物品的价值量或价格，也即交易条件。

应该强调指出，在人类生活的早期，有劳动，有生产，但没有价值。价值是随着交换的出现而产生的。由于交换使财富具有社会财富的性质，并表现为价值，社会财富的量也表现为价值量。因此，价值和价值量的规定性就应该从交换本身的性质加以说明。

综上所述，价值量的规定性就是社会财富的量。它是指生产一单位物品所消耗的劳动、资本、土地、技术等费用的总和。这个财富量是用货币计量和表示的，所以物品的价值量就是价格，它是由供给和需求、边际成本和边际效用共同决定的。国民财富的价值总量即为国民产品的价格总和，即总产值。

（3）价值决定是一个系统工程。价值或国民财富的决定取决于生产、交换、分配、消费的系统运作，是一个系统工程。这一性质集中体现在国民财富的价值总量由有效需求支出总额决定，而不是由产出总额决定。仍以图 1-2 两个部门收入循环模型为例，在政府收支平衡和进出口平衡的前提下，社会有效需求支出总额由消费支出总额 C 和投资支出总额 I 构成，即 C+I。当产出总额为 1500 亿美元最终产品和劳务，有效需求支出总额为 1500 亿美元货币时，均衡国民收入，即国民生产总价值为 1500 亿美元；当产出总额为 1500 亿美元产品和劳务，支出总额为 1200 亿美元货币时，均衡国民收入，即国民生产总价值只有 1200 亿美元，这时，各种产品的价格会由于总供给大于总需求而下降，一些产品会由于销不出去而过剩。当产出为 1500 亿美元产品和劳务，支出总额为 1700 亿美元货币时，均衡国民收入为 1700 亿美元，这时，各种产品价格会由于供不应求而上升，国民生产的总价值会在 1700 亿美元水平上达到均衡，社会将出现通货膨胀现象。可见，国民生产总值不取决于产出总额，而取决于有效需求支出总额，这意味着国民生产总价值的决定取决于生产、分配、消费、交换系统的正常循环和运作。

1）生产环节。企业消耗劳动、资本、土地、技术等各要素产出各种最终产品和劳务。因此，产出的各种实物产品的价值是由消耗的劳动、资本、土地、技术等各要素的价值量决定的，就是说是由企业购买各要素所支付的成本：工资、利息、地租、利润总额决定的。因此，总产出的价值量等于各要素的收入总额。

2）分配环节。在竞争的要素市场上，供求关系和要素的边际产出率决定各要素的市场价格。各要素的所有者依据自己提供的要素数量和要素的市场价格获得工资、利息、地租、利润等各种收入。市场机制自然而然将国民收入分配给社会成员。但是，由于市场机制是按照要素供给数量和价格分配国民收入的，而社会各成员拥有的要素数量不等，从而导致收入分配的不均等。资本、土地等财产所有者由于财产数量多而获得很高的收入。但他们人口有限，消费支出额也有限。劳动者主要是劳动要素的收入，财产收入很少。但人口众多，有限的收入限制了他们的消费支出。正如霍布森等许多经济学者指出的，收入分配的不均等会导致社会消费支出不足，消费支出不足又会导致产出过剩和资源浪费。因此，政府通过财政转移支付在分配环节对国民收入进行再分配，提高低收入者和无收入者的收入水平。不仅可以缓解由于收入分配不均导致的利益冲突，而且可以提高社会消费支出总额和有效需求，避免社会生产能力和资源的过剩和浪费，使国民生产总价值达到它应该达到的水平。

3）消费环节。公众的支出分为消费支出和投资支出（对资本品的购买），他们的总和构成有效需求支出总额（仍以政府收支平衡和进出口贸易平衡为前提）。显然，有效需求支出不仅有一个在价值总量上与产出平衡的问题，还有一个产品结构上平衡的问题，即公众对消费品的购买支出总额和资本品的购买支出总额与企业产出的消费品数量和资本品数量平衡。否则，即使支出总额与产出总额在价值量上是平衡的，但由于产品结构失衡。比如，资本品产出过多，需求较少，会出现资本品局部过剩；消费品产出过少，需求较多，会出现消费品价格上涨。这样，价值总量仍然不能正常循环。这个问题西方学者注意得不够，马克思的再生产理论对此则进行了深刻分析，作出了重要贡献。尽管现代企业在生产上依据以销定产合同进行生产，从微观上减少了盲目性，但宏观上经济形势的变化经常使合同难以执行。因此，政府财政支出除在总量上尽量保持总需求与总供给相等，还要调节产品结构的供求平衡，才能保证价值总量的正常循环。

4）交换环节。当产出总价值量与支出总额相等，而且产出的资本品和消费品数量与对二者的购买支出额平衡，就决定了国民生产总价值的水平。这时不会有过剩和供不应求现象。其他各种不平衡的情况可以推知。总之，国民生产总价值的决定不取决于产出总额，而取决于支出总额，这就可以理解价值决定于系统运作的性质。

在市场经济条件下，当社会财富的形成或价值量的决定依赖于相互独立又相互联系的生产、交换、分配、消费系统运作的有机体的运动时，就决定了价值或价值量的相对性质。这和爱因斯坦的相对论所描述的物理世界是类似的。而且，从微观上看，决定价值量的四个因素，供给和需求、边际成本和边际效用都是变动的。从宏观上看，还有一个因素就是度量价值量的尺度——货币。

货币数量的变动会使尺度伸缩，从而它度量的价值量也会伸缩。因此，这五个因素从微观上和宏观上也决定了价值量的相对性质。

价值或价值量的相对性质表现为市场价格随时间、地点而波动不定。它意味着每个人的财富也在变动，比如说今天值 20000 元，明天可能值 25000 元，后天可能仅值 15000 元。每个感受过股市波动的人都知道情况确实如此。这似乎太不可思议了，也令人难以接受。正因为如此，从亚当·斯密时代开始，人们一直在苦苦探求"真实的价格"（斯密），"不变的价值尺度"（李嘉图），人们总是认为，价值和价值量应该是不变的，财富是多少就是多少。价格是变动的，但它是暂时的。然而这只是人们的一相情愿，想当然。二百多年的苦苦探求至今没有结果，人们找不到不变的价值或价值量，人们不得不接受现实，认识到在供求关系和众多变量的相互作用下，价值和价值量一直是处在变动中，我们的财富具有相对的性质。探求真实价格或不变价值的努力实际上是一种形而上学的表现。

至此，我们完成了系统价值理论的说明。**系统价值理论的意义在于它表明社会财富的创造取决于全体社会成员的相互依赖与合作，取决于政府承担起它的社会责任，取决于市场经济系统的完善和有效率的运作。在全球经济一体化的今天，对于走向 21 世纪的人类，取得上述共识无疑是重要的。**而且，系统价值理论学说也为党的十六大提出的国家保护劳动、资本、土地、技术、管理等要素的合法收入的科学论断提供了理论支持。

3. 国家干预主义思想

凯恩斯经济理论第二个重要的贡献是通过探讨危机和失业的原因，提出了政府应该干预经济运行，承担起保证国民经济稳定增长责任的思想。

凯恩斯考察和分析了国民总收入、总储蓄、消费支出总额、投资总额之间的关系，否定了供给必然等于需求的萨伊法则。认为，由于边际消费倾向递减和资本边际效率递减决定的有效需求不足是导致失业和危机的主要原因。边际消费倾向递减使总收入的一部分转化为储蓄，而资本边际效率递减和投资者对投资效益预期的不确定性，使储蓄不一定转化为投资支出。当有效需求（消费支出和投资支出）严重不足时，就会出现过剩危机和严重失业。凯恩斯认为，由于市场机制已不能自动实现充分就业的均衡，必须通过政府对经济运行进行干预，以增加有效需求，实现充分就业、避免危机。面对强大的经济自由主义传统，凯恩斯指出，对经济运行进行国家干预和调节，这虽然"是对个人主义之极大侵犯"，但却是"可以避免现行经济形态之全部毁灭"的"唯一切实办法"。① 商品经济的生产社会化性质终于以大危机的形式表现出来，并要求国家作为社会的代表对经济运行进行调节和管理，凯恩斯学说的出现，正是这种要求的反映。因此，凯恩斯主义也被称为国家干预主义。

凯恩斯的经济学说开辟了宏观总量分析的新领域，指出了传统经济学的缺陷，提出了一些新的理论和政策主张。西方学者认为是对经济学的开创性发展，并称之为"凯恩斯革命"。凯恩斯的经济学说奠定了现代西方宏观经济学的基础。战后各西方国家政府纷纷采纳了凯恩斯的总需求管理政策干预经济运行。凯恩斯的学说也取代了马歇尔的新古典经济学而居领导地位。

尽管凯恩斯开辟了经济学研究的新领域，但他的学说还是不完整、不全面的，他的后继者们不断地丰富、完善和发展了他的学说。这方面有重要贡献的主要有美国的阿尔文·汉森（Alvin Hansen，1887~1975）、保罗·安东尼·萨缪尔森（Paul Antheng Samuelson）等人。汉森等人对凯恩斯学说的补充主要有三点：①用加速原理和乘数原理相结合来解释经济波动的原因（汉森—萨缪尔森模型），以补充凯恩斯仅用乘数原理解释波动原因的不足。②补偿性财政政策。凯恩斯是在 20 世纪 30 年代大危机的背景下，从自己的有效需求不足论出发，提出的是扩张性赤字财政政策。汉森认为资本主义经济是周期性地由繁荣到萧条的上下波动过程，与此相适应，政府在萧条时期实行扩张性政策，在繁荣时期实行紧缩性政策，即"逆风向而动的总需求管理政策"。这样，从长期看，既能使财政收支趋于平衡，又能减缓经济运行上下波动的幅度，实现经济的稳定增长。③用 IS-LM 模型（希克斯—汉森模型）补充凯恩斯收入均衡模型。从而把收入均衡和货币均衡分析结合起来，把财政政策和货币政策结合起来。用该模型可以具体分析财政政策、货币政策及两种政策结合使用对经济总量均衡的影响，从而为政府的宏观经济政策提供了更为具体的选择工具。

六、 萨缪尔森和现代主流经济学

保罗·A. 萨缪尔森毕业于芝加哥大学，是美国哈佛大学博士，美国麻省理工学院经济学教授，1970 年获诺贝尔经济学奖。由于他在许多方面对西方经济学的发展作出了重要贡献，成为现代西方最著名的经济学家。他曾被选为美国经济学会会长，并历任美国政府几个财政和金融机关的顾问。他是那种能够同普通公民进行交流和沟通的为数极少的经济学家之一。他的《经济学》自 1948 年出版以来，已再版了 18 版，被翻译成德、日、法、中、俄等 40 多国文字的

① 凯恩斯：《就业、利息和货币通论》，商务印书馆，1963 年版，第 328 页。

版本，是世界最流行的权威经济学教科书。

萨缪尔森认为"二战"后资本主义经济的发展已逐渐演变成"保持公私两方面的主动性和控制权的混合经济"，即既有市场机制发挥作用的自由市场经济，又有国家对经济生活进行干预和宏观调控的经济。因此，在理论上既要有反映自由市场经济的微观经济学，又需要反映国家干预、调节经济的宏观经济学，这就需要把马歇尔的微观经济学体系和凯恩斯的宏观经济学体系结合起来，以形成完整的社会经济理论体系。1948 年，他出版《经济学》教科书，将凯恩斯理论和马歇尔理论进行了综合，并称这个理论体系为新古典综合派理论。1970 年第 8 版《经济学》中改称为"后凯恩斯主流经济学"，1976 年第 10 版又改称为"现代经济学"。1994 年出版了第 15 版，1998 年出版了第 16 版。每次再版都是在保持基本理论体系的基础上根据社会经济生活的发展补充一些新的研究成果和材料，该体系尽管受到一些西方学者的责难，但战后一直在西方经济学界居正统地位。萨缪尔森的《经济学》也一直在西方各国居于权威教科书的地位。

20 世纪 70 年代末以来，西方各国经济出现了"滞胀"现象，即国民收入增长停滞和价格上涨（膨胀）并存的现象。这和传统经济波动周期的特征是矛盾的，也是传统的经济周期理论无法解释的。为了解释这一现象，各西方经济学派展开激烈的争论，新古典综合派又进一步综合各派理论建立了"收入—价格"模型，也称"总供给—总需求"模型，用来分析"滞胀"现象的原因及解决"滞胀"的方法。萨缪尔森在他的《经济学》第 12 版序言中说："我们采用总供给和总需求（AS—AD）作为了解价格和国民产量全部运动的主要方法。宏观经济学的全部主要问题现在都用这些新工具来进行分析，这样，我们就把各种不同的思想流派——凯恩斯的、古典的、货币主义的、供给学派的、理性预期的和现代主流派的宏观经济学结合成一个整体。但是由于各派对这个模型的解释存在分歧，而且这个模型对"滞胀"现象的解释也不尽如人意，宏观经济学又处在一个面临突破和发展的时期，而突破的一个重要方面是在国际范围的经济关系协调。正如马克思说的，商品经济或市场经济从它产生的那天起具有"世界历史的性质"，市场是"世界市场"。商品生产的社会化大生产性质，不仅局限在一国范围的"社会"，而且是世界范围的社会，这一点在 20 世纪 30 年代的大危机中已明显表现出来，而宏观经济学主要内容还局限在一国范围内的总量分析及政府的调节。随着计算机的发明以及电视、通信和交通手段的革命，信息时代的到来，人类交往的范围、广度和深度以空前的速度发展，各国的经济日益紧密地连接为一个整体。经济全球一体化，"地球村"已成为时代的特征。宏观经济学关注的焦点问题：增长、失业、通货膨胀，仅靠一国的经济调节是不够的，这也日益成为世界范围的调节问题。"滞胀"现象只是一个信号，国际贸易组织和国际货币基金组织正在进行着国际范围的经济调节活动。伴随着这一历史进程，宏观经济学已有了新的进展。如近几年深受欢迎的美国的多恩布什（Rudiger Dornbusch）、费希尔（Stanly Fisher）的《宏观经济学》已将"国际经济联系"、"国际调整与相互依赖"作为独立章节并入宏观经济学体系。萨缪尔森的《经济学》第 16 版以一篇的篇幅讨论国际贸易、联系及全球经济管理的问题，体现了宏观经济学新的发展方向。

　　本节简要回顾了西方经济学发展的历史。可以看到，随着市场经济的产生，伴随着人类交往和社会经济生活由地域的、国家的到世界范围的发展，经济学的发展（即人类对社会经济生活认识的发展）经历了一个由表及里、由局部到整体、由不成熟到逐渐成熟的发展过程。重商主义只看到了贸易会带来财富，这是对商品经济的表面认识。重农主义则看到财富的形成和增长依赖于市场体系（生产、交换、分配、消费）的系统运作，这表明人类的认识已初步深入到市场经济的内部结构。斯密强调了一切部门的劳动和生产都是国民财富增长的源泉，以及促进国民财富增长的途径和财富的分配。边际效用学派强调了消费者需要的物品、愿意支付货币购买的物品才是社会财富，即强调了社会财富形成的消费环节。因此，他们都只是深化了构成市场体系的局部环节的理论。马歇尔对前人的理论做了总结，基本上完成了对市场经济体系的全面认识。自主运动的市场经济体系尽管给人类带来了财富和繁荣，但它也是有缺陷的，会给人类带来灾难，这就是周期性的经济危机。尽管人类的智慧经过百多年的努力至今还没有完全解开经济周期之谜，但是人类认识到了造成经济波动的部分原因和机制，建立了一套宏观经济的总量指标，以测量市场经济运行的质量，并通过政府对其进行调节，以尽可能驯服它，达到经济生活稳定增长的目标。这就是宏观经济学努力要做的事情。市场经济这匹骏马具有"世界历史"的性质，驯服它要在世界范围内靠全人类的努力，因此，宏观经济学正在发展，还没有最终完成，但人类的认识总有一天会完成它的。

第二节　现代经济学的研究对象和理论体系

　　经济学的研究对象问题是说经济学研究的客体是什么，而不是说经济学研究的"问题"是什么。就是说，一门学科的研究对象是指独立于人们意识之外的、人们观察和研究的客观存在，而不是指人们观察客体过程中头脑、意识中产生的"问题"。经济学理论是人类认识的结晶，是意识的产物。"问题"是认识主体对客体的反映所产生的意识的初级形态，也是意识的产物。说经济学以"问题"为研究对象，无异于说意识以意识为研究对象，这就弄错了意识和存在、主体与客体的关系。

西方学者由于犯了这个错误，在研究对象问题上陷入了十分混乱的迷宫，至今概括不出经济学的研究对象。从亚当·斯密开始，历代的经济学者都是以"问题"作为经济学研究对象。比如，斯密认为经济学是研究财富的生产和分配问题的；门格尔认为经济学是研究消费问题的；还有的学者认为经济学是研究资源稀缺性及配置问题的等。直至当代经济学大师萨缪尔森，在谈到研究对象问题时，也还是罗列出一大堆经济学的"问题"，并将这堆"问题"最后归结为"稀缺性和选择的效率"问题。为什么如此呢？因为随着人们对社会经济生活认识的深化和进展，不同时期，不同时代，经济学关注的主要"问题"是不同的，应该以哪些"问题"作为经济学的研究对象呢？所以不同时代的经济学者以他那个时代经济学关注的主要"问题"作为经济学研究对象的表述；后来的经济学者面对前人一大堆"问题"研究对象的表述，自然无所适从。于是**经济学成了一门连研究对象都说不清楚、杂乱无章、庞大"问题"堆积的学科。在这种状态下，建立清楚的经济学逻辑体系，自然无从谈起**。例如，当代流行的迈克尔·帕金的《经济学》和布拉德利·希勒的《当代经济学》仍然是以"问题"为单位堆积的学科。就连当代最著名的经济学家萨缪尔森，在他最新版（第18版）的《经济学》中，我们也能感到他由于没有解决这个问题，在理论体系的逻辑上所表现出的力不从心和无奈。因此，在研究对象问题上正本清源乃是理清经济学理论体系的逻辑联系，学好经济学的入门工作。

一、现代经济学的研究对象是市场经济体系

自从自给自足的小农经济解体，人类的生活就被卷入了自发形成、自主运转的市场经济体系。这个市场体系支配和影响每个人的生活。不论你扮演什么角色，你的行为都必须按市场经济的规则行事，成为以最小代价获得最大利益的"经济人"，否则你就无法生存或不会生活得很好。除非你是独居深山，自种自吃，且和现代社会没有关系的人。可见**市场经济体系是独立于人的意识之外的、客观存在、自主运动的客体。身陷其中又不由自主的人类面对着这个支配人类生活和命运的市场经济体系，为了生存和发展，就要观察、思考和认识它**，这样人类的头脑中就产生了许许多多的"经济问题"：什么是财富？什么是财富的源泉及财富是如何度量的？或价值及价值尺度是如何决定的？市场是如何配

置资源的，其效率如何？市场是如何分配社会财富的？为什么有人富、有人穷，它公平吗？市场制度完美无缺吗？为什么会发生经济危机？市场的范围有多大？……如果再列下去，还会有许许多多。显然，把这些问题或其中的一个或几个问题表述为经济学的研究对象都是不合适的。所有这些问题是人类在二百多年间认识市场经济体系的过程中产生的，人类在思考这些问题的过程中，逐步由表及里、由局部到整体地认识了构成市场经济体系的各个要素、市场体系的结构、市场体系的循环和运作及市场体系的缺陷和对策。因此，我们说**现代经济学的研究对象是市场经济体系。**

二、市场经济体系的定义

什么是市场经济体系呢？我们可以把它定义如下：**市场经济体系是自发形成的，以商品、货币、劳动、资本、土地等若干要素构成的，以生产、交换、分配、消费四个环节为结构，以产品市场、要素市场、货币市场为子系统，以货币循环为纽带的，呈周期性自主运动的经济系统。**这个定义可以用图1-3直观地表示：

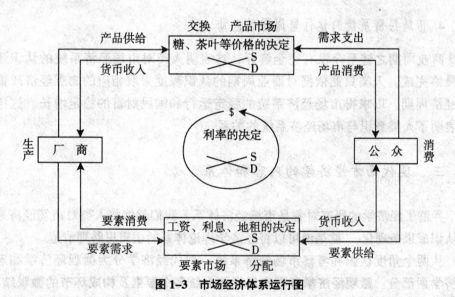

图1-3 市场经济体系运行图

仔细观察该图，思考一下市场系统是如何循环和运作的。

该定义表明市场经济体系有如下特征：

1. 市场体系是自发形成的

这是说自分工和交换产生以来，自然形成了市场系统。而且市场运行的规则是自然形成的秩序，不是人为秩序。政府制定的市场法规只有符合市场的自然秩序才会存在，是自然秩序的法律表现。

2. 市场经济体系是由若干要素、四个环节、三个子系统构成的有机整体

供给和需求是市场的基本关系，称为市场机制。

3. 市场系统是自主运转的循环系统

社会成员依其经济功能被分为供给者和需求者。在要素市场上，公众作为供给者提供劳动、资本、土地、技术等生产要素的供给，并获得收入；在产品市场上公众又作为需求者购买消费品；厂商在要素市场上作为需求者购买各要素；在产品市场上厂商又作为供给者提供产品。在这个循环中，供求关系形成的市场均衡价格自动调节和进行资源的配置、财富的生产、收入的分配、产品的消费及财富的度量。

4. 市场经济系统的运行呈周期性波动

商业周期之谜至今没有完全解开，这表明人类对市场经济系统的认识还没有最终完成。人类只能依据对商业周期的认识程度采取相应的宏观经济政策调节经济周期，以求得市场经济系统的稳定运行和国民财富的稳定增长。这再一次表明了人类意识与市场经济系统的关系。

三、现代西方经济学的内容和体系

弄清了经济学的研究对象是市场经济体系，我们就能将人类对市场经济系统的认识成果条理化，就是说可以将经济学理论体系的逻辑思路理清楚。

从两个角度认识和考察市场经济系统，现代经济学分为微观经济学和宏观经济学两部分。**微观经济学考察市场经济系统各个要素及构成环节的微观结构，说明市场系统是如何构成和自发运作的，以及运作的效率、缺陷和对策。** 例如，微观经济学依次分析供求原理及关系（交换环节），需求及消费者行为（消费环节），供给及生产者行为（生产环节），要素市场及收入分配（分配环节），市场均衡（市场系统资源配置效率的证明），市场失灵和微观经济政策（市场系统的缺陷及对策）等，从而说明稀缺的生产资源如何通过市场供求机制自动配置，财富如何通过生产环节生产出来，又通过交换环节自然而然分配给社会成员以供消费。均衡价格的决定问题、社会财富分配的公平问题、市场体系配置资源的效率问题是微观经济学的基本理论问题。

宏观经济学从总体上考察市场系统的运作质量，波动原因及政府可能采取的对策，以尽量保障市场经济系统稳定运行和国民财富的稳定增长。国民收入核算和决定理论概括出一套度量经济运行质量及波动幅度的指标体系：GDP及增长率、失业率、通胀率等。依据这套指标体系，政府采取相应的财政和货币政策来削平经济波动的峰和谷，以提高经济运行的稳定性和促进国民财富的稳定增长。周期理论、失业理论、通货膨胀和经济增长理论是宏观经济学的基本理论问题。

20世纪全球经济一体化的发展，各国市场日益紧密连接为一个世界市场。市场经济体系的世界市场性质日益为人们所认识。比较优势和国际贸易、各国市场的相互依存和联系、全球经济的管理，成为宏观经济学新兴的发展领域。

四、现代经济学的定义

通过上述分析，我们可以给现代经济学定义如下：**现代经济学是研究市场经济体系运动规律的学科。它说明稀缺的生产资源如何通过市场供求机制自动配置，财富如何通过生产环节生产出来，又通过交换环节自然而然分配给社会成员消费。它对市场经济体系运动的矛盾如经济周期波动提出解释和解决的对策，以促进国民财富的稳定增长和国民生活水平的提高。**

正如恩格斯指出的，辩证法的规律并不是人的意识注入自然界的，而是自然界和人类社会客观存在的，只不过是被人的意识发现和概括出来而已。经济学理论与市场经济体系的关系也是如此。**经济学只不过是将人类意识发现的市场经济系统运动规律概括出来加以理论的说明而已。摆对了意识和存在、主体与客体的关系，头足倒置的西方经济学中的一些令人头晕的难题便会迎刃而解。**

另外，还需要说明一下现实生活中人们与市场经济的关系，我们已说过，自主运转的市场系统支配着人们的生活和命运。用马克思的话说，就是生活在市场经济系统中的人们受着异己力量的支配。那么是不是就意味着人们对自己的命运无能为力，无所作为了呢？不是的。**"自由是对必然的认识"**（恩格斯）。如果你对市场的知识认识很少，对市场体系的运动规律一无所知，那么你只有被市场牵着鼻子走，你会生活得很不舒服，甚至活不下去。如果你通过观察和思考，了解了一些市场运动的规律和知识，你就会获得一定程度的自由，你会发现和抓住一些有用的信息和市场机会，从而改善自己的生活。如果你通过学习获得了比较充分的市场知识和对市场运动规律的认识和理解，你就会获得更大程度的自由，你会发现更多的有用信息，在更多的市场机会中进行选择，从而在更大程度上掌握自己的命运。"鹰有时候飞得比鸡还低，但鸡永远不会飞到鹰那么高。"（列宁）学了经济学，你的生活可能有时候还不如一个小商人。但是，一旦你有机会飞起来，小商人是永远赶不上你的。这就是学习经济学的意义，学好经济学，你会得到报偿的。

第三节　经济学的基本问题：稀缺性、选择和机会成本

一、欲望和经济品

人们之所以有经济生活，是因为人们天生具有各种欲望，比如生存的欲望，过更好生活的欲望，安全的欲望，被社会尊重的欲望等。经济学家将欲望定义为，**欲望（Wants）是指人的一种缺乏或不满足的感觉以及求得满足的愿望或需要。**

西方学者把人们的欲望分为许多层次，如最基本的生存需要：衣、食、住的需要，安全和被尊重的需要，自我实现的需要等。当人们低层次的欲望被满足后，就会产生高层次的欲望。实际上人们的欲望是随着经济社会的发展而不断产生的，几十年前的人们谁会想到今天的人们会产生减肥的欲望呢？而且有的人在减肥上花的钱比在吃饭上花的钱都多。正是由于人们欲望的多样性及随着生活的发展而发展，所以它是无穷无尽的。

人们要满足自己的欲望，就要消费各种物品和服务。比如人们要生存就要呼吸空气、喝水、吃食物、穿衣服等。有些物品人们不需要花费代价就可以得到和消费，比如空气。经济学家把**不需要花费代价或成本就可以得到的物品称为非经济品，或自由取用品（Free Goods）**。遗憾的是自由取用品是很少的。人们需要的绝大多数物品都是需要花费代价或成本去生产才能得到。经济学家把**需要花费成本才能得到的物品称为"经济品"（Economic Goods）**。比如，人们要得到衣服，就要花费劳动和土地去种植棉花，还要用机器和技术去纺纱、织布、制作服装等。这些劳动、土地、资本（机器）、技术称为经济资源或生产要素。由于人们欲望是多种多样和无穷无尽的，为满足这些欲望需要生产的经济

品和可利用的经济资源相对来讲就是有限的、不足的。经济学家把这种不足称为"稀缺性"。

二、稀缺性和选择

稀缺性是指相对于人们的欲望无穷而言，人们可利用的满足自己欲望和需要的资源总是不足的、有限的或稀缺的。稀缺性的概念反映了人们欲望无限和资源有限这一经济生活中的基本矛盾。这一矛盾自有人类经济生活以来一直存在，所以人们应该考虑的是如何选择最有效率、最经济的利用有限资源的方式来获得最大利益。这本身是市场规则决定的"经济人"的本能要求。

对个人来讲，哪些是可利用的资源呢？你拥有的资产（动产和不动产）、时间、工作能力、活动空间和信息网、知识技术等。显然，我们可以发现两个重要的事实：①你会发现你的资源是不足的、有限的。例如很少人会觉得他的金钱是足够用的。除非是一个没有过更好生活欲望的人或者百万富翁，当然这样的人也是有的。②你的这些资源可以有许多不同的组合利用方式，可以带来更大的收益。或许你从来没考虑过这个问题，别人怎样生活，你就怎样生活，那么，你就是个比较传统的人。假如你的一个朋友利用他的时间和金钱去旅行，去更多地了解这个世界，或许一个偶然的发现和机会就改变了他的命运。那么你不觉得应该考虑更好地利用你的金钱和时间的方式吗？

对一个社会来讲，哪些是可利用的资源呢？劳动、资本、土地、具有专门技术知识的人才、技术知识创新等。

劳动是指千千万万靠出卖劳动为生的人们，如工人、技师、医生、教师等，它构成社会的劳动资源。劳动资源的特性是它的能动性，即在所有资源中，劳动资源具有组织运用其他资源的能动作用。

土地是指土地以及地面上下一切不可再生的自然资源。如各种矿产、水源、森林等。自然资源的一个特性是不可再生性（或再生的周期很长）。用尽了就永远失去了。因此，小心地利用这些稀缺资源是社会的一个重要选择。

资本指资本物品，是经济制度生产的，而且能不断生产出来的（不同于自然资源）和劳动结合能提高劳动生产率的，而且本身也构成物质生产力的各种工具、机械、设备、车辆、工厂、建筑等。资本资源的特性是可以通过人工不断生产出来和积累起来，资本拥有量即资本存量是一个社会物质生产和财富增长能力水平的重要指标。

专门技术知识的人才、技术创新是指企业家、科学家及各类专家、技术发明等。这是社会的智力资源。现代经济社会的发展，特别是知识经济时代的来临，智力资源日益成为最重要的资源之一。

　　对一个社会来讲，可利用的资源也是有限的，即相对于满足社会成员各方面的需要而言是不足的、稀缺的。而且这些资源可以有许多不同的组合利用方式或用途来生产各种产品。所以一个社会应该考虑如何选择最经济、最有效率地利用有限资源的方式来尽可能最大限度地满足社会成员的需要。

　　萨缪尔森用"生产可能性边界"这个工具说明了这个道理。下面就介绍萨缪尔森的这个工具及所表达的经济思想。

三、生产可能性边界和机会成本

　　资源稀缺性意味着社会不能无限制地生产社会所需要的各种各样的产品。也就是说在资源和技术水平既定的前提下，各种产品的生产都有个最大数量。而且增加一种产品的生产数量就要减少另一种产品的数量。例如政府用于学校建设的资源增加，剩下用于建筑住宅的资源就减少。人们选择的食品消费增加，他们所能消费的衣着就减少。因此在经济生活中，**无论是个人的投资和消费，还是政府的公共投资和消费都面临各种各样的选择，而且这种选择是有代价的。生产可能性边界是对稀缺性、选择及其代价问题的一个技术分析工具。**

　　为了分析简便，萨缪尔森假定社会以现有的全部资源只生产两种产品：黄油和大炮，见图1-4。

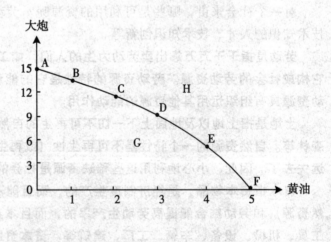

可供选择的生产可能性		
可能性	黄油 （百万磅）	大炮 （千门）
A	0	15
B	1	14
C	2	12
D	3	9
E	4	5
F	5	0

图1-4　生产可能性边界

　　图1-4中，A点表示社会将资源全部用于大炮生产，可生产15千门大炮，而黄油的产量为零。F点是另一个极端，即资源全部用于黄油生产，大炮产量为零。在两个极端之间存在许多可能性，把这些可能性的点连接起来，就是生

产可能性边界。边界上的任一点代表在现有资源条件下，两种产品的最大产量组合。边界以内的任一点，例如 G 点，则表示资源没有被充分利用或存在着失业或资源浪费，这对社会来讲是不经济的。边界以外任一点，例如 H 点表示社会现有资源所达不到的产量水平。

生产可能性边界表达了许多有意义的经济思想：其一，一国的生产只有处于生产可能性边界之上才是有效率的。萨缪尔森认为，效率是指尽可能有效地利用该经济体的资源以满足人们的需要和愿望。当社会在不减少一种物品产量的情况下不能增加另一种物品的产量时，其生产便是有效率的。其二，当一国资源增加、技术提高，如新资源的发现、人口增长、技术发明等，会使该国的生产可能性边界向外扩展。反之亦然。其三，在资源既定条件下，增加一种产品的产量，必然放弃另一种产品的产量，就是说，当社会选择增加一种物品的产量时，这种选择是有代价的。在图 1-4 中，让我们来看 C 点，它是 2 百万磅黄油和 12 千门大炮的产量组合。假如我们要增加 1 百万磅黄油的产量，那就意味着我们必须放弃 3 千门大炮的产量，如从 C 点到 D 点。换句话说，社会增加 1 百万磅黄油产量的代价是减少 3 千门大炮的产量，这个代价就是社会增加 1 百万磅黄油产量的机会成本。

机会成本是指在资源有限的条件下，当把一定资源用于某种产品生产时所放弃的用于其他用途可能得到的最大收益。 萨缪尔森给机会成本下的定义是："**在稀缺性的世界中选择一种东西意味着放弃其他东西。一项选择的机会成本 (Opportunity Cost)，也就是所放弃的物品或劳务的价值。**" 机会成本的概念有助于人们在面临选择的时候进行权衡和比较以对资源的用途作出最佳选择。

例如，对于 100 万元资金，要投资一个项目。首先要假定两点：一是资金是有限的，只有 100 万元，从规模经济的角度考虑只能投资一个项目。二是据掌握的信息和知识，有许多项目或机会可供选择：制衣厂、食品厂、养鱼场等。因此，如果选择食品厂，那么就要放弃制衣厂、养鱼场等的机会。如何选择？显然，应该预测各个项目的年收益率，从而比较各个项目的机会成本，如果预测制衣厂年收益率为 20%，食品厂年收益率为 15%，养鱼场年收益率为 10%，那么，如果选择食品厂项目，只能获得 15% 的年收益率，却放弃了制衣厂 20% 年收益的机会，显然机会成本太高，是不明智和不经济的。因此，从机会成本的角度考虑，应该选择制衣厂项目，而放弃其他的机会。这样的 100 万元资金也就得到最有效率的运用。

稀缺性、选择、机会成本是一个重要的经济思想。它不仅告诉人们在人生道路和市场经济中面临各种机会时进行选择的方法，它还告诉人们做任何事情都是有代价的。 比如当人们用一小时做某件事情的时候，就意味着放弃了用这一小时去做其他事情的机会和可能得到的收益。而且这一小时对一个人来讲是永远失去了而且无法选择了。因此，珍惜时间，珍惜资源，精心选择是每个生活在市场经济社会中的人们应有的"经济头脑"。

第四节　现代经济学的研究方法

学习一门学科，发现其中的问题和错误，吸收其科学合理的研究成果，离不开了解该门学科的研究方法。而且在现代经济学学习中的一些主要困难，在于我们对现代经济学的研究方法了解不够，所以本节我们要讨论一下现代经济学的研究方法。

现代经济学的研究方法主要有以下四种：抽象分析方法及结构分析方法、实证分析方法、规范分析方法和数学方法。

一、抽象分析方法及结构分析方法

抽象分析方法是现代经济学的主要分析方法之一。对抽象分析方法的一种有代表性的误解认为：经济学的各个组成部分都建立在一系列不符合于事实的假设条件之上。既然假设条件不符合事实，其结论也不可能成立。这种观点显然不了解抽象分析方法。因为假设条件是抽象分析方法，它不需要符合事实。

抽象分析方法是社会科学普遍采用的理论分析方法，社会科学不同于自然科学，自然科学的研究分析有许多试验手段，如化学试剂、显微镜等，社会科学的研究则没有这些试验手段，只能用理论抽象的办法。马克思说："经济分析既不能用显微镜，也不能用化学试剂，只能用抽象的办法代替二者。"如何理解这个"代替"呢？例如，假定在化学研究中，如果有人提出两个 H 原子和一个 O 原子可以结合为一个水分子，那么怎样证明这个论断是否正确呢？可以在实验室用化学试剂排除其他的分子和杂质创造一个纯粹的环境，试验两个 H 原子和一个 O 原子结合的结果就可以验证这个论断。但是经济学研究的是人，是社会，由各种人的活动组成的各种经济现象错综复杂地结合在一起，如何把他们分解开来？如何创造一个纯粹的环境考察单一经济现象的变动规律？我们不能用化学试剂把一部分人排除掉或消灭掉，只能用理论抽象的办法，把他们抽象掉，即假定他们不存在或不变。因此，我们可以把抽象分析方法表述或定义如下：**抽象分析方法是用假设条件来排除需要排除的因素和现象，用假设条件创**

造一个纯粹的理论分析环境的分析方法。例如，当考察需求变动规律时，假定供给不变，从而排除供给变动对需求的干扰；考察产品市场的均衡时，假定货币市场不变，从而排除货币市场变动对产品市场均衡的干扰等。再如，完全竞争市场在现实经济生活中是不多的，甚至是没有的，大部分市场是程度不同的不完全竞争市场。但是，为了考察市场机制配置资源的效率，必须假定一个完全竞争的市场环境，来排除各种变形对市场竞争机制的干扰。说明了完全竞争市场条件下市场机制配置资源的效率，才能了解不完全竞争市场的垄断对资源配置效率的损害等。可见，假设条件并不需要符合事实，它的作用在于排除需要排除的现象和因素，就像上例化学研究中化学试剂所起的作用一样。

结构分析方法是抽象分析方法的一种具体分析方法。例如经济学研究的对象是市场经济体系，这个体系是由若干要素、环节、子系统构成的结构复杂的经济系统。如何分析这个系统呢？不能用显微镜去观察它的内部结构，只能按层次和环节把它分解开，然后逐个环节分析它的内部结构。当分析一个环节时，把其他环节排除掉，即抽象掉，例如分析生产环节时，把消费、分配、交换等环节抽象掉。当把所有的环节都分析完后，将它们联系起来，就有了一个结构完整的市场经济体系的整体概念。

二、实证分析方法和规范分析方法

实证分析方法是指对客观事物的现象及发展、运动规律进行观察，提出假说，进行验证，并上升为理论的分析方法。例如，通过观察某商品的需求量与价格的关系发现，当商品的价格上升时，其需求量会下降。由此可以提出假说，商品的需求量与价格之间存在反方向变动的关系。这个假说如果被绝大多数商品价格和需求量变动关系的事实验证是正确的，就可以把它上升为理论，即需求定理。如果假说被事实验证不能成立，那就不能上升为理论，或需要依据事实验证的结果进行修正。实证分析方法是自然科学的分析方法，西方学者将它用于经济学的研究，以说明客观经济现象的变动规律。实证方法只是客观地分析和说明事物或现象是什么，存在哪些运动规律或趋势，而不涉及该事物或现象是好还是不好的评价。萨缪尔森是运用实证方法研究经济生活的著名学者，他很注意对经济事实的观察，各种经济统计资料的分析和研究，因为统计资料是历史事实的记录。他在他的《经济学》第16版中说："经济学家采用科学的方法来理解经济生活。包括观察经济事件，利用统计分析，并注重历史记录。"[①]

① 萨缪尔森、诺德豪斯：《经济学》第16版，华夏出版社，1999年版，第3页。

这里所说的科学方法就是实证方法。对统计资料进行分析和研究，并从中概括（进行一般化的抽象）出经济变量之间的一般关系和变动趋势是实证分析常用的方法。比如柯布—道格拉斯生产函数。柯布和道格拉斯对美国制造业 1899~1922 年期间投入和产出的统计资料进行分析和研究，发现这一时期资本要素对总产出的贡献是 25%，劳动要素对总产出的贡献是 75%，而且这一时期美国刚刚进行产业革命不久，技术进步对各要素生产率提高的贡献 1%多一点。柯布和道格拉斯将上述对美国制造业投入—产出的统计资料实证研究的成果用数学式表达出来，即为柯布—道格拉斯生产函数：

$$Q = 1.01L^{0.75} \cdot K^{0.25}$$

这个函数只是表达了美国制造业 1899~1922 年间投入和产出的规律，而且这一规律是用实证分析方法得出来的。

规范分析方法是指对客观事物或现象进行主观评价的分析方法。当人们认为某个事物或现象好或不好时，就要收集事实、材料作为依据，进行推论和演绎，形成观点或学说，来说明好为什么好，不好为什么不好的问题。因此，规范分析方法是以人们的主观价值判断为前提的。

例如，经济增长问题。哪些因素会促进或限制经济增长？政府的政策对经济增长有什么作用或影响？这都是实证分析，因为这些作用和影响都是客观的。追求经济增长是利大于弊还是弊大于利？社会应不应该追求经济增长？这些问题的分析则是规范分析，因为这些问题不同的人群会有不同的价值判断。比如罗马俱乐部的成员用大量事实说明追求经济增长导致资源的掠夺性开采，生活环境的污染和恶化，主张人类应该停止追求经济增长。有的经济学家则认为，经济增长提高了人们的生活水平，是社会发展的动力，随着经济增长，技术进步，资源和环境问题会逐步解决，而且只有经济增长才能解决这些问题，所以应加快经济增长。

三、数学方法

经济学不仅需要对经济现象进行质的分析，在许多场合还需要进行定量分析，因此数学是分析经济变量之间关系及量的变动趋势方面的一个有用的工具。一般来讲，数学在西方经济学中的运用有两种情况：

1. 将数学用作定量分析的工具

比如边际增量分析，反映经济变量之间关系的几何图形和曲线等。**理论经济学中的数学革命的实质内容是将边际增量分析和抽象分析方法相结合。萨缪**

尔森说: "只要记住是狗尾巴摇动狗身子,而不是狗身子摇动狗尾巴,那么经济学并不难学。"就是说,在理论经济学中,重要的是边际量,而不是总量。是边际量的变动决定总量的变动趋势,而不是总量的变动决定边际量的变动趋势。在经济学中将遇到许多重要的边际概念:边际效用、边际产量、边际成本、边际收益等。例如,依据边际收益的定义、公式及平均收益、总收益的定义、公式和抽象的线性需求曲线(因为实际的需求曲线是弯弯曲曲的,抽象掉各种干扰因素,就可以把需求曲线画成直线性的),可以做出边际收益曲线、平均收益曲线、总收益曲线。从而考察边际收益的变动对平均收益、总收益的影响。这就是**边际增量分析和抽象分析方法相结合**应用的例子。几何图形和曲线可以形象直观地反映经济变量之间的关系及量的变动趋势。一图胜千言,它方便、简洁、直观的优点是现代经济学大量使用图形模型分析经济现象的原因。萨缪尔森在他的《经济学》中就是把数学作为定量分析的工具运用的。特别是他把边际增量分析与抽象分析相结合,揭示了经济生活中许多重要的规律。在这个场合,并不需要很深的数学知识。多恩布什和费希尔在他们的《宏观经济学》中写道:"我们要指出本书对数学的预备知识的需求不会超过中学的代数学。"[①] 所以,学习西方经济学的学生不必因为数学感到为难。实际上,数学在西方经济学中真正有意义的运用就是作为定量分析的工具,它所要求的数学知识是很简单的,看一看萨缪尔森、帕金、希勒的原著就很清楚。那么,为什么许多学生对西方经济学的数学感到头痛呢?这是因为数学在经济学中的第二种运用方式所造成的神秘性蒙蔽了许多学生。

2. 用数学公式对经济现象进行抽象推理

比如,一般均衡方程的推论,效用或福利函数的推论,帕累托最优条件的推论等。在这种场合,并不要求具体的计算结果,它仅仅是一种抽象推理。**数学在经济学上的这种运用,其实质是用数学语言表达的经济学**。人类有许多种"语言",音乐家的语言是音符和旋律,美术家的语言是图画和色彩,工程师的语言是设计图纸,数学家的语言是数学公式。用数学语言表达经济学使许多人感到不习惯和费解,因为经济学研究的不是自然界物质机械的数理运动,而是人的经济活动。在世界上很难找到任何两个在偏好、情感、价值观、性格等方面完全相同的人。而且人们的经济活动不单单是只受经济利益的驱动,还有政治的、社会的、文化的、伦理的、种族的等多种因素的综合作用和影响。把各种不同的人抽象为单纯的数学符号,然后用数学公式去演绎人们的经济活动,

---

① 多恩布什、费希尔:《宏观经济学》,中国人民大学出版社,1997年版,第21页。

这种方法到底在多大程度上能反映现实的经济生活，具有实际的经济意义，难道不值得怀疑吗？正是由于许多人感到疑惑和费解，经济学变得"高深"了。实际上这是一种误解。**一门学科是否高深，取决于它的思想内容，取决于它是否说明了深刻的道理和解决了重大的实际生活的问题，而不取决于它的表达方式。**如果认为用数学语言表达经济学，经济学就"高深"了，那么如果请一只鸟给大家讲经济学，恐怕懂得鸟语的表达方式的人更少，那么经济学不就成了"天书"了。这只鸟也就成了"天才"了，尽管鸟表达的思想要简单得多。不要以为鸟类没有经济学，经济学就是生存之学。凡是生物都有自己的生存之道，都有自己的经济学。

实际上，现代经济学的一些著名的、严肃的学者从来都不卖弄数学语言的表达方式。萨缪尔森、斯蒂格利茨、帕金、希勒等学者在他们的经济学著作中，都不将经济学内容的数学表达方式放在正文里，而是放在附录里提供给那些对数学语言感兴趣的读者。对数学语言不感兴趣的读者，可以不读，只读正文里的内容，即经济学语言表达的内容。这并不影响经济学的学习。西方是个自由社会，学者有选择表达方式的自由，读者也有选择的自由，不习惯数学语言表达方式，避开它就是了。如果了解了西方学术界的这种情况，就会明白数学语言并不是西方经济学内容唯一的表达方式，而且它是被放在附录里的表达方式。不习惯数学语言的表达方式并不影响现代经济学内容的学习，所以既不要对它感到为难，也不要对它感到神秘。新古典增长模型的创立者罗伯特·索洛在谈到经济学中数学语言风行的原因时指出，在思想上创新很难，在形式上（表达方式上）创新（花样翻新）很容易。可见，数学语言并不高深，它只是表达方式上的花样翻新。一般来讲，同一个原理在西方经济学中有三种表达方式：一是用经济学语言表达；二是用几何图形表达；三是用数学公式表达。

需要指出的是，数学在经济学中的科学应用具有十分重要的意义，如果不是经济学中的数学革命，现代经济学也不可能取得今天的成就。但是，在唯心主义认识论基础上的数学在经济学上的滥用对经济学的发展也造成了严重的危害。这一点将在第五章第六节一般均衡论的唯心主义性质中深入分析。

四、理论经济学和应用经济学

经济学分为两大类：理论经济学和应用经济学。应用经济学如计量经济学、会计学、审计学、统计学等，给我们提供的是专门的经济计量、核算和管理技能。会计师和工程师一样是专业技术人员。理论经济学如马克思的政治经济学、西方经济学等，给我们提供的是经济理论和思想以及认识和分析社会经济生活及发展规律的方法和能力。如果做一个比喻，应用经济学给我们提供的是"一双手"和技能，而理论经济学给我们提供的是"头脑"和智慧。诺贝尔经济学奖这几年偏爱计量经济学，比如，2000 年诺贝尔经济学奖授予了两位微观计量经济学家詹姆斯·赫克曼和丹尼尔·麦克法登后，2003 年又将这个桂冠授予了两位宏观计量经济学家罗伯特·恩格尔和克莱夫·格兰杰。这是由于诺贝尔经济学奖要鼓励经济学的应用技术的发展，或者说鼓励应用经济学的发展。但这并不意味着要把理论经济学也数字化。经济思想的发展靠人类抽象思维能力的提高，靠抽象分析方法的进步。抽象思维是无法数字化的，这是理论经济学独有的领域。而且，应用经济学只能解决理论经济学提出的任务和问题。或者说计量经济学只能解决具体的经济计量分析问题。如果没有理论经济学的发展和创新，应用经济学的发展就没有目标。就像一个人如果没有头脑，他的双手就不知道该干什么。当前理论经济学中滥用数学的现象，一个重要的原因就是没有区分理论经济学和应用经济学的界限，这导致了人类抽象思维能力的窒息，对经济学的发展造成严重损害。学习经济学，首先应该学好理论经济学的基本原理和抽象思维方法，提高理论抽象思维的能力。然后才能在经济学理论原理的指导下应用数学工具，建立解决各种具体经济问题的计量和分析模型，分析解决具体经济问题。那种连基本的经济学原理和思想都不甚了解，却要用数学模型分析解决各种经济问题，是违背经济科学规律的，是不会有什么结果的。

五、怎样学好经济学

怎样学好经济学？最重要有两点：**一是对经济学的理论和著作要有一个正确的认识；二是要联系实际经济生活去观察和思考问题。**

经济学理论是人类对社会经济生活认识的成果。当人们观察、思考和认识经济生活时，把所思、所想写下来就是经济学理论和著作。有人说过**"书是人类思想的记录"**。当我们拿起一本经济学著作时，首先要看一下它的作者和出版年代，该书所写的就是某人在某个年代对某些经济问题的看法和思想。我们知道，经济社会是不断发展和变化的，人类的认识也是在不断深化和进步的，永远不会停留在一个不变的水平上。不同年代的经济学著作和理论只是反映了不同时代的人们对当时经济生活的认识水平，它不可能是永远正确和完善的。随着经济社会本身的发展，人们总会有新的发现、产生新的思想，这是经济科学本身的发展规律。**基于上述认识，我们在学习经济学理论时，就不应该把书上写的都当成是永远正确、不可侵犯的教条，而应该是通过读书去了解前人的经济思想。而且，还不要忘记存在决定意识，前人的经济思想都是对以前的经济**

社会的反映。要学会了解前人在什么样的社会条件下怎样产生的这些经济思想，然后再用所学的理论和方法联系当代经济社会的发展去观察和思考。这样就会有新的发现，产生新的思想，创造新的理论，这就是理论和思想的创新。

人类用两种方式认识世界。第一种方式是用心灵感知世界，相应的思维方式是形象思维。形象思维的成果表现为诗歌、戏曲、小说、影视等艺术作品。艺术作品的力量在于它的艺术感染力，作品通过形象地再现生活的场景、表达作者对生活的感知，来引起人们心灵的共鸣。一部好的艺术作品可以使人们的精神、情感和心灵世界在这种共鸣中得到净化和升华。第二种方式是用理性认识世界，相应的思维方式是逻辑思维。逻辑思维的成果表现为各种思想和理论著作。理论和思想的力量在于它的逻辑力量，在于它严密地揭示了我们实际生活的规律和道理，在于它帮助人们深刻地理解我们的现实生活。因此，逻辑和事实是衡量一切思想和理论著作能否成立和是否有缺陷的两块基石。对于任何思想和理论著作，你如果发现了它逻辑上的矛盾和漏洞，如果发现它不符合事实或不再符合现在的事实，都可以把它推翻。同样的道理，在经济学理论学习、研究和思考中，一定要注意逻辑的严密性，注意实事求是。逻辑是理论和思想的生命。事实是检验理论和思想正确性的唯一标准。

本章总结和提要

本章是学习经济学的一个总纲。第一节以价值理论为核心理清了从重商主义、亚当·斯密到凯恩斯主义、萨缪尔森和现代主流经济学的理论思路，提出了系统价值理论学说，完成了人类在价值理论上的认识。第二节纠正了西方学者在经济学研究对象问题上的错误，提出了经济学的研究对象是市场经济体系，为经济学理论体系的建立奠定了基础。由于这两个理论的突破，经济学真正成了一门"通论"。第三节从经济人的角度说明了人类欲望无限和资源有限这一人类经济生活的基本矛盾以及人类应该如何选择和处理这一矛盾，这是经济学永恒的主题。第四节说明了经济学家认识、研究社会经济生活的科学方法以及学习经济学的方法。掌握科学的认识和研究方法对于提高人们的能力具有重要意义。孔子曰：学而知之者，贤人也；不学而知之者，圣人也。就是说不通过上学而能获得知识的人比通过上学才能获得知识的人更高明。掌握了科学的认识和研究方法，就能独立地观察、研究社会经济生活，获得知识、创造思想，就能成为孔子说的圣人。

思考题

1. 请评价亚当·斯密、马歇尔和凯恩斯对经济学的贡献。

2. 为什么边际革命在经济学史上具有重要影响?

3. 仔细分析系统价值理论学说,看它是否存在逻辑上的漏洞,是否符合事实,是否成立?

4. 你认为西方学者在经济学研究对象问题认识上存在问题吗?你同意本书对经济学研究对象的概括吗?为什么?

5. 请运用你经历过的事例说明机会成本的意义。

6. 你在经济生活中考虑过如何有效地利用你的资源问题吗?你在面临选择的时候,都考虑些什么因素?

7. 什么是抽象分析方法和实证分析方法?

8. 你在讨论问题时更多的是从价值判断出发,还是从客观实际出发?

9. 你对经济学的理论体系理解清楚了吗?你认为经济学是一门什么学科?

第二章 市场和供求原理

本章对市场经济系统的交换环节进行分析。交易双方构成市场的供给和需求，所以该环节的核心内容是市场机制即供求原理。本章依次分析市场、需求定理、供给定理、市场机制及弹性理论。

第一节 市 场

一、市场的定义和特征

1. 市场的定义

什么是市场？对这个问题经济学者的认识是逐步深化的。开始，人们认为市场是交易物品的场所。后来，随着现代市场经济的发展，电话交易、网上交易已使市场交易不局限在固定场所，学者们认为，应该注重人们的交换关系。如平狄克给市场下的定义是："市场（Markets）是相互作用、使交换成为可能的买方和卖方的集合"。萨缪尔森给市场下的定义是："**市场是买者和卖者相互作用，并共同决定商品或劳务的价格和交易数量的机制**"。[1]萨缪尔森的定义就更具体和深刻了。

首先，**经济学所说的市场是指每个物品的市场，有多少种物品就有多少个市场**。如面包市场、汽车市场、大米市场等。一家超级市场是成千上万个物品市场的汇合。与市场概念相联系的一个概念是行业，**生产同一种物品的厂商的总和构成一个行业**。如面包行业、汽车行业等。一个行业是该物品市场的供货方。

---

① 萨缪尔森、诺德豪斯：《经济学》第 16 版，华夏出版社，1999 年版，第 21 页。

其次，**市场定义强调了市场的本质是买卖双方的交换关系和相互作用决定价格和交易数量的机制。因此，供给和需求是市场的基本关系，称为市场机制。**

2. 市场的特征

（1）市场的第一特征是竞争性特征。买卖双方是如何相互作用决定价格和交易数量呢？是通过市场竞争实现的。因此，**竞争性是市场首要的最重要的特征。**

市场竞争包括：①同一产品市场上卖方之间的竞争。如众多厂商以低价竞卖某种物品，叫**竞卖**。②同一产品市场上买方之间的竞争。如在拍卖市场上有的消费者愿以比其他人更高的价格购买某种物品，叫**竞买**。③同一产品市场上**买卖双方的竞争、比较、权衡，比如讨价还价。在商品交易中，买卖双方或生产者和消费者在确定商品价格和交易数量上具有平等的权力。双方通过平等的协商和竞争确定交易价格和数量。任何剥夺或限制消费者定价权的行为都是不平等交易的损害市场竞争的垄断行为。**例如，在我国社会主义市场经济的发育和发展过程中，国营商店被逐步淘汰，取而代之的是私人小商品市场和各种大型超市。原因何在？因为国营商店执行的是垄断价格，消费者是不能讨价还价的。这不仅剥夺了消费者的定价权，违背了市场平等、自由竞争的原则，而且服务也不如意。相比较，私人小商品市场，消费者不仅能讨价还价，而且购买数量多还可以便宜。就是说，买卖双方可以平等地协商交易价格和交易数量。由于小商品市场体现了市场公平、自由竞争的原则，尊重了消费者的权利，消费者都愿意去小商品市场购物。国营商店失去了消费者，自然就走向消亡。那么大型超市也不能讨价还价，为什么就那么兴旺呢？大型超市不是不能讨价还价，而是由于消费者的竞争已经向消费者提供了最低价格的商品。大型超市由于集中、大量从厂家以最低价格进货，加上物流、管理方面的规模优势，已经向消费者提供了最低价格的商品。消费者在大型超市购物的竞争性不是表现在具体商品的讨价还价上，而是表现在消费者的选择权上。消费者可以比较各个超市的价格，选择最低价格的超市购物。正是由于消费者的选择权，迫使超市之间也存在激烈的竞争，各家超市都在千方百计以更低的价格拉住和吸引顾客和消费者。因此，消费者的选择权实际上是另一种形式的讨价还价。④**相关产品市场或行业之间的竞争。**比如汽车和火车之间的竞争，铜业和铝业的竞争，牛肉和猪肉的竞争，香蕉和苹果的竞争等。凡存在替代关系的产品和行业之间都存在激烈的竞争。上述四种类型的市场竞争，在现实经济生活中都是可以观察到的，都是显而易见的。因此，任何一个产品市场只有竞争程度强弱的差别，完全没有竞争性的市场是不存在的。即使一个厂商完全垄断了某种商品的生产和供给，他也只是排除了同一产品市场上卖者之间的竞争，他还不能排除相关产品或替代品厂商与他的竞争以及消费者与他的竞争。比如垄断厂商制定的价格过高，消费者就不购买他的产品。

市场的竞争性特征具有重要意义，市场作为经济活动的中心，生产资源的配置和调节，社会财富的生产和分配，以及财富的社会尺度——价格的形成，都是在市场竞争中自然而然形成和决定的。竞争性是市场机制起作用的关键因素。 市场竞争的意义还在于它迫使或促使社会成员充分发挥自己的潜能和优势通过市场竞争求得生存。因此，市场竞争也被称为生存竞争。它可以极大地促进社会生产和经济效率的提高，极大地促进技术的进步。但是另一方面，市场竞争遵循优胜劣汰、胜者全得的原则。就是说，如果企业在市场竞争中失败和破产，企业的资产就会被竞争对手、竞争的优胜者兼并和全得。这一原则必然导致收入和财富向竞争的优胜者转移和集中。收入的两极分化以及低收入人口的贫困问题是市场经济社会需要关注和解决的一个重要的社会问题。

经济学家将市场分为竞争市场和非竞争市场。非竞争市场不是说该市场没有竞争，而是说竞争的程度比较低。竞争市场或完全竞争市场是指该产品市场有许多卖者和买者，从而没有一个卖者或买者对价格有显著的影响力的自由竞争市场。非竞争市场是指该产品市场只有一个或几个卖者，从而卖者在较大程度上能控制和影响市场价格的垄断市场。市场机制的作用在自由竞争市场才能充分地展现，而且现实生活中的绝大多数产品的市场都是自由竞争市场。因此，本书的各章节的分析都是以自由竞争市场为前提的。非竞争市场或垄断市场在后面的章节中专门分析。

（2）市场的第二特征是市场的范围和边界。 市场是有范围的，或者说市场是有大小或边界的。**一种物品的市场范围是指一种物品的交易范围和销售数量。** 市场范围受两个因素决定：

1）地理的或地域的限制。 ①许多产品的市场范围明显受到地理的限制，最典型的是房地产市场。例如北京的市民不会去北京以外的地方如太原购买房产居住，即使太原的住房价格比北京便宜得多。因此，北京、太原、郑州等各地的房地产市场都是相互分离、各具特色的。北京的房产商不会把太原的房产商看做自己的竞争对手。②**交通条件和贸易条件的地域性限制。** 例如，边远地区如交通不便将增加运输成本和限制物品的流通数量。政府之间的贸易协定、关税壁垒以及地方政府的贸易限制（地方保护主义）等将限制各国间以及一国内各地区间的产品交易范围和数量等。例如，在湖南买不到湖北产的香烟，在湖北买不到湖南产的香烟。这是因为这两省都对对方的香烟产品采取了贸易限制，不许对方的香烟进入本省销售。这是违反自由贸易原则的地方保护主义的显著例子。③**消费者偏好或宗教偏好的地域性限制。** 如果某个地区的居民对某种物品的偏好发生变化,不再喜欢某种物品,该物品只有退出该地区的市场。

2)**产品本身性质的限制。决定市场范围的第二个因素是产品本身的性质。**例如,一种保鲜期很短的风味食品,其市场范围仅限于当地。如果解决了保鲜技术和改善了运输条件,就可以扩大它的市场范围和边界。如果排除了政府间的贸易限制,它的市场范围还可以扩大到全世界。

当然,从地域性市场到国际性市场是一个必然趋势。从市场经济产生时,马克思就说它创造了世界历史,市场从本质上说具有世界市场的性质。但是,从地域性市场到全球市场是一个很长的历史过程。**成千上万种商品价格的均衡过程以及它们之间相互影响的一般均衡过程起初是在地域的范围进行,然后是在一国的范围进行,最后,这个均衡过程要在全球范围进行。在经济全球化的今天,已经看到了这一过程。**

市场范围的意义在于它限定了竞争起作用的范围。当讨论某一个物品的市场时,只有了解它的范围才有意义。因为只有在这个范围内,才能了解哪些因素参与市场竞争,以及该物品的价格是由多大范围的竞争决定的。对于厂商来说,只有了解他的产品的市场范围,才能了解哪些是他的客户,哪些是他的竞争对手,以及他能占多大市场份额(市场销售额)等。

(3)**市场第三个重要的特征是它的社会性特征。**要理解市场的社会性特征,要比较自给自足生产和商品生产的重要区别。在自给自足的小农经济社会,一家一户就是基本的生产单位。一个家庭就可以生产出满足自己消费需要的绝大部分甚至全部产品。由于这些产品不是为了在市场上出售或交换而生产的,只是为了满足自己的生活需要自己生产的,因此这些产品不具有社会性质,只是**个人产品**;相应的,生产也不是具有社会性质的商品生产,只是具有自给自足性质的**个体生产。**

自给自足的个体生产是与人们很低的生活欲望或消费需要相适应的。随着社会的发展和进步,人们生活欲望或消费需要的提高迫切需要提高生产的效率,这就出现了**生产的专业化分工。生产的专业化分工是指个人不再生产自己需要的全部产品,而只是专门生产某一种产品,甚至是某一种产品的某一种部件。**由于人的智慧和精力专门集中于某一种产品或某一种部件的生产上,日积月累可以极大地促进生产技术的进步,并通过分工合作极大地提高产品的数量和质量,所以专业化分工生产成为满足社会成员日益增长的消费需要的重要的社会生产形式。亚当·斯密对于专业化分工生产如何能降低成本、提高效率、极大地提高产品数量和质量进行了全面、详细、精彩的论述。下面讨论的是专业化分工对产品和生产的性质产生的革命性影响,对于这种革命性影响马克思也曾做过深刻的分析。

　　生产的专业化分工意味着每个人只能生产某一种产品或产品的某一个部件，而每个人的生活需要各种各样的产品，这就产生了人们相互交换产品的必然性。因此，**分工产生交换，交换形成市场**。如果在生产专业化分工的条件下，某一种产品还是某个人生产的，还可以说这个产品是某个人的个人产品。比如，工场手工业时期。那么随着生产分工的进一步细化，每个人只能生产某种产品的某个部件，那么该产品就不是某个人的个人产品，而是许多人合作生产的产品，即"社会产品"。比如，现代大工业生产。但是，社会产品的性质还不能就此确定，它还是"**准社会产品**"。无论是个人产品还是许多人合作生产的准社会产品**必须通过市场交换销售出去，才能被证明和确定是有价值的、社会接受和需要的产品，即社会产品**。如果销售不出去，那么这些产品就没有被社会接受和认可，就没有价值，不具有社会产品的性质，还只是个人产品或多人合作的产品。因此，产品的社会性质不是由分工决定的，而是由市场交换决定的。**个人产品和合作产品必须通过市场交换才能转化为或成为社会产品，是市场社会性特征的本质含义**。为在市场上交换和销售而进行的生产是具有**社会生产**性质的商品生产，产品和生产市场化程度的高低成为检验产品和生产社会化程度高低的标准。**市场**成为检验产品和生产社会性质的**判官**。

　　市场的社会性特征具有重要意义。正是由于市场的**社会性特征，不同个人的个人产品在市场上竞争的实质是每个人都在千方百计努力使自己的个人或合作产品在市场上经受社会的检验和评判，并通过交换成为社会接受的、有价值的社会产品**。每个生产者都知道这个转化过程是很困难的，所以市场竞争是很激烈和残酷的。如果转化不成功，或者说企业的产品在市场上销售不出去，那就意味着企业没有收入。因为产品没有被社会成员接受和认可，没有价值，所以产品就不能成为社会产品和社会财富。同样的道理，产品市场范围的大小也是限制产品社会性质的重要因素。一个地域性的产品表明该产品只被该地区的社会成员接受，它的社会化程度或社会性质也比较低。一个国际性产品表明该产品是全世界的人们都接受和认可的产品，它的社会化程度和社会性质最高。

　　也正是由于市场的社会性特征，**公平竞争、自由竞争才是重要的**。因为只有公平的自由竞争才能使市场的社会性特征得到公正的体现。才能充分激发全体社会成员潜力的发挥，充分发挥市场竞争的效率。斯密强调的自由竞争原则是专门针对垄断和专制而言的。因为任何垄断（经济权利的专制）和专制（政治权力对社会经济生活的垄断）都是对市场社会性特征的损害和扭曲，都是不公正的。"人人生来平等"（《人权宣言》），社会是社会成员共有的社会，不是哪一个经济集团或政治集团独有的社会，是现代市场经济社会人们的共同要求。正因为如此，魁奈的天赋人权和斯密的自由竞争原则，从 18 世纪到今天一直是西方发达市场经济社会人们的信念和追求。其更深层次的原因在于：**它是市场社会性特征的本质体现。**

二、市场一些要素的具体概念

1. 商品、价值、货币、价格

（1）**商品是具有价值能满足人们的某种需要，从而可以用于交换的物品。**因此，在市场上交易的物品称为商品。物品包括物质产品和非生产的物品。物质产品如汽车、衣服等，它是人们通过消耗生产要素生产出来的物品；非生产的物品如土地、天然钻石等，这些物品尽管是天然的、非生产的物品，但它们也是被人们认为有价值的、可以在市场上交易的物品，因此它们也具有商品的性质。**在市场上交易的非物质形式的产品称为劳务，劳务是指有偿服务。**如理发、唱歌、医疗服务等。**劳务和商品具有相同的性质。**

（2）**价值表示对人们都有效用的、人们都接受的物品或劳务，是社会财富。**当我们说一个物品有价值，不仅是指它对自己是有用的财富，而且还表示它对其他人也是有用的，可以被其他人即社会接受的财富。因此，有价值的物品，即被其他人也需要的物品才能交换。

（3）**货币是价值的代表、交换媒介和计量价值量、记账单位的一种物品。**商品的价值是用货币来计量或表现的，商品或劳务是以货币为媒介进行交换的。因此，货币是价值的代表，或者说货币本身就是价值的现实存在形式。用货币表示和计量的商品或劳务的价值量就是价格。它不仅表示该商品具有价值，可以交换，还表示该商品具有多少价值量，可以和多少其他商品交换。

（4）**价格是商品价值量的货币表现。**或者说，用货币度量和表示的商品的价值量就是价格。在商品社会里，**商品和货币（及其他形式的有价证券）是社会财富存在的两种具体形式。**以一台电视机的价值量为例，如果今天的市场价格是 2000 元/台，今天这台电视机的价值量就是 2000 元。如果昨天电视机的市场牌价为 2500 元，昨天这台电视机的价值量就是 2500 元。可见，在市场经济中，财富或价值量具有相对的性质。

2. 名义价格、实际价格

财富或价值量的相对性质表现为市场价格随时间、地点而波动不定。为了衡量财富的变动，人们提出了名义价格和实际价格的概念作为衡量财富变动的工具。

一种商品的**名义价格是指以当年货币表示的现期价格**。如 1998 年鸡蛋的名义价格就是以 1998 年货币表示的鸡蛋当年价格。**实际价格是指以基年的货币表示的不变价格**。假定考察 1980~2000 年的价格变动。在这 20 年中，可以任意选某一年为基年。例如，如果以 1990 年为基年，那么基年的名义价格和实际价格是一致的。以基年的价格为基准来计算各年的实际价格要借助消费价格指数这个工具。基年的消费价格指数为 100%，如果 1991 年价格上涨 7%，那么 1991 年的消费价格指数就为 107%；如果 1992 年价格比基年下降 10%，那么 1992 年的消费价格指数为 90%，以此类推。然后，用各年的名义价格除以它的消费价格指数，就得到各年的实际价格。名义价格与实际价格的差距来自价格上涨或下降的百分比，称为通货膨胀率或通货紧缩率。用消费价格指数将名义价格折算成实际价格实际上就是排除价格变动的影响，寻求一种相对稳定的不变价格来衡量财富的价值量。但是，消费价格指数并不是只度量一种物品的价格变动。例如美国的消费物价指数（CPI）度量的是普通城市消费者购买的几百种有代表性的消费品的加权平均价格变动的百分比，以 1983 年为基年价格。

第二节　需求和需求曲线

需求和供给是市场竞争的两种基本力量，或者说是市场机制形成的两个基本方面。本节讨论需求方面。

一、需求的定义

需求（Demand）是指在一定的价格水平下，消费者愿意而且能够购买的某种商品或劳务的数量。该定义强调两点：一是消费者有购买愿望。二是消费者有支付能力。经济学所讲的需求，始终是指有货币支付能力的需求。想要一架飞机，但没有能力购买，这不叫需求，只是欲望。想要一样东西，而且有货币支付能力购买，才叫需求。因此，一个消费者或一个地区的需求能力，是可以通过该消费者或该地区的货币收入水平和财产拥有量来度量的。例如，一个消费者月收入为 2000 元，那么在不考虑该消费者其他财产的情况下，他每月有2000 元的货币需求能力。

由定义可知，影响需求的因素主要有：

1）**商品的价格水平**。在消费者收入既定的情况下，某商品的价格下降，消费者可以购买更多的数量。反之,某商品的价格上升,消费者只能购买较少的数量。

2)**消费者收入水平**。在商品价格既定的情况下,消费者收入提高,可以购买更多的数量;反之,消费者收入下降,只能购买较少的数量。

3)**市场规模**。以人口数量衡量,在其他条件相同的情况下,一个200万人口的城市对面包或牛奶的需求数量,可能是100万人口城市的2倍。

4)**相关商品的价格**。相关商品包括替代品和互补品。**替代品是指两种或几种物品可以互相替代来满足消费者同一消费欲望的物品**。如大米和面粉,钢笔和铅笔,等等。当大米价格上升时,人们会减少大米的消费,增加对面粉的需求。**互补品是指两种或几种物品必须同时消费才能满足消费者同一消费目标的物品**。如录音机和录音带,汽车的汽油。当汽油价格上升,会影响人们对汽车的需求量。

5)**消费者偏好或爱好**。是指消费者对某种物品的喜爱。这个因素涉及人们的生活习惯、风俗、宗教等因素。例如,美国人爱吃牛肉,而牛肉在印度则是禁食的食品。人们喜欢食用鸡蛋,但一项研究结果公布说鸡蛋会增加人们的胆固醇,影响身体健康,人们就会马上改变对鸡蛋的偏好,使其需求下降。

6)**其他因素**。季节、环境、对未来价格的预期等因素也会对需求产生影响。如多雨的地区会增加雨伞的需求,多雪的地区会产生对滑雪板的需求。人们如果预期价格会上升,就会产生抢购等。

二、需求定理

我们首先考察**需求量和价格的关系**。如果观察牛奶市场需求量与价格的关系,我们会发现牛奶的需求量与价格呈反方向变动的关系,即价格上升,需求量会下降;价格下降,需求量会上升。由此可以提出一个假说:商品的需求量与价格存在反方向变动的关系。然后通过市场调查进行验证,我们会发现和证明绝大多数商品的需求量与价格存在反方向变动关系。因此,可以将这个假说上升为理论,即需求定理。经济学将需求定理定义为**商品的需求量与价格存在反方向变动的关系**。需求定理也称需求规律。规律反映普遍现象,但不排除个别现象,也就是说个别商品(在一些特殊情况下)的需求量与价格呈同方向变动的现象(如吉芬物品),不能否定需求规律的成立。

三、需求定理的数学表达式：需求曲线和需求函数

需求定理表述了商品的需求量与价格之间的依存关系，两个变量的依存关系用数学语言表述就是函数关系，所以需求定理也可以称为需求函数，并可以用需求曲线（几何工具）直观地表现出来进行分析。例如，将调查的牛奶市场上牛奶的不同价格所对应的需求数量的数值列在表格里，就得到了牛奶的市场需求表。将需求表里的数据标在坐标曲线图上，就得到了牛奶的市场需求曲线。调查方法既可以用直接的市场调查方法，也可以采取问卷调查的方法。例如，用问卷调查的方法调查太原市牛奶市场的需求量。要运用统计学的原理和方法来确定太原市 200 万居民中不同收入家庭的调查比例，设计调查表。调查表中列出不同的牛奶价格，让有代表性的不同收入的家庭填写在不同价格水平下，该家庭愿意和能够购买和消费的牛奶数量。然后收回调查表，对数据进行汇总和技术处理，就可以得到太原牛奶市场的需求表。表 2-1 是我们假定的某城市牛奶市场的调查表。

表 2-1　牛奶的市场需求表

	A	B	C	D	E
价格（P）元/公斤	1	2	3	4	5
需求量（Q）千吨/年	10	8	6	4	2

将调查表中的数据标在图 2-1 坐标曲线图上，就得到了某城市的牛奶市场的需求曲线。

图 2-1 中，横轴代表牛奶的需求数量，纵轴代表牛奶的价格。注意需求量与价格呈反方向变动，它表现为需求曲线 D 向右下方倾斜。依据曲线特征，**需求定理也被称为"需求向下方倾斜规律"。**

将表 2-1 需求表和图 2-1 需求曲线还原成数学公式，可表示为 $Q_d=12-2P$，该式即为需求函数，它的一般表达式为 $Q_d=a-bP$，它表示某商品的需求量是价格的函数。需求量与价格之间的依存关系用数学语言表达就是函数关系。函数关系可以有图表、曲线、数学式三种表达方式。所以可以用数学工具对需求规律进行技术分析。但是，**在实际生活中，某商品的需求表和需求曲线是从市场调查中得到的，而不是从需求函数式得到的。相反，需求函数式是从需求曲线得到的。不要颠倒二者的关系，颠倒了二者的关系就陷入了唯心主义的神秘怪圈和陷阱。**

实际的需求表和需求曲线，即通过市场调查记录的某商品的价格和需求量

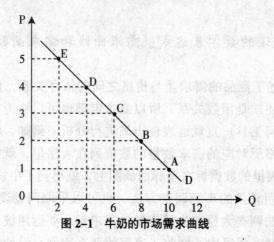

图 2-1   牛奶的市场需求曲线

的数值不会是像图 2-1 中按固定比例变动的，实际的需求曲线是一条不规则的曲线。原因是实际的需求曲线受到各种因素的干扰。但是为了技术分析的简便，假定它是一条直线，就是说，把其他干扰因素抽象掉。只要我们的假定符合需求规律的要求，即需求量与价格存在反方向变动的对应关系，就是合理的假定或抽象。

当价格上升时，需求量为什么会趋于下降呢？简单的答案是，**在既定收入水平下，某种物品的价格升高，消费者能够购买的数量就会减少，消费者会去购买价格较低的替代品，这叫替代效应。**比如，牛奶价格升高可以用豆奶来替代牛奶。第二个答案是以前有能力购买的一些消费者，现在没有能力购买了。就是说，**在收入水平不变的条件下，商品价格上升意味着实际收入水平下降；商品价格下降，意味着实际收入水平上升，这叫收入效应。**比如，在收入既定的条件下，牛奶价格升高意味着实际购买力或实际收入水平下降了，喝不起牛奶了，只能去喝豆奶。反之，如果牛奶价格下降，意味着实际收入水平提高了，又可以喝牛奶了。**需求曲线向下倾斜的更深层次的原因是由于边际效用递减规律。**这一点在下一章讨论。

四、需求的变动

价格变动对需求的影响可以从图 2-1 中看出来，当牛奶价格为 5 元时，需求量为 2 千吨/年，如 E 点。当价格下降为 2 元时，需求量增加至 8 千吨/年，如 B 点。当价格又上升为 3 元时，需求量又会减少至 6 千吨/年，如 C 点。

因此，价格变动对需求量的影响表现为一条需求曲线上点的位置的移动。**经济学称之为需求量的变动。**

除价格外，其他许多因素如收入水平、偏好、对价格预期等也影响需求，下面就以收入水平变动为例来分析其他因素对需求的影响。

一般来讲，人们的收入增加，在每一个价格水平上，人们对某一商品的需求量都会增加，其结果是把整条需求曲线推向右方，如由 D_1 至 D_2。人们的收入减少，在每一价格水平上人们对某一商品的需求量都会减少，其结果是把需求曲线推向左方，如由 D_1 至 D_3。此外，城市人口规模的变动、消费者偏好的改变，对需求的影响与收入变动对需求的影响相同，即会使需求曲线向左或向右移动。因此，**除价格以外，收入及其他因素对需求的影响表现为需求曲线位置的移动。经济学称之为需求的变动。**注意不要混淆需求量的变动和需求的变动。

本节分析了需求规律及其变动。分析中运用了实证方法、几何工具、抽象分析方法。你能说明这些方法是怎样运用的吗？学会这些方法，就能开发你的创造力。

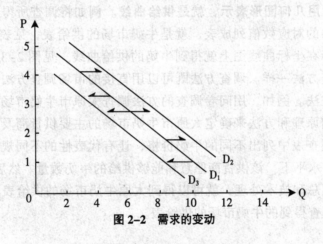

图 2-2　需求的变动

第三节　供给和供给曲线

一、供给的定义

供给（Supply）是指在一定的价格水平下，生产者愿意而且能够生产和出售的商品数量。该定义强调两点：一是生产者有供货愿望；二是生产者有供货能力。供货能力不是指生产能力的大小，而是指生产者的成本低于或至少等于市场价格；如果成本高于市场价格，供货就会亏损，就意味着生产者无供货能力。

供给的定义表明，影响供给的主要因素是价格和生产成本。此外，一切影响成本的因素如一般工资率的变动，原材料价格的变动，技术进步和革新，交通和生产环境的改善以及政府的政策等，都会通过影响成本来影响供给。

二、供给定理和供给曲线

通过观察市场某产品供给量与价格的关系会发现供给量与价格存在同方向变动的关系，即价格上升，供给量会增加；价格下降，供给量会减少。通过市场调查可以证明，在其他条件不变的情况下，绝大多数商品的供给量与价格存在同方向变动的关系。因此，经济学将这种关系上升为理论并定义为供给定理，或称供给规律。**供给定理是指商品的供给量与价格之间存在同方向变动的关系。**

供给定理用几何图形表示，就是供给曲线。例如将调查所得的牛奶市场的供给量与价格的对应数值列成表，就是牛奶市场的供给表，见表2-2。将供给表中的数据标在坐标曲线图上就得到牛奶的供给曲线，见图2-3。调查方法和需求表的调查方法一样。调查方法既可以用直接的市场调查方法，也可以采取问卷调查的方法。例如，用问卷调查的方法调查太原市牛奶市场的供给量。要运用统计学的原理和方法来确定太原市牛奶市场的主要供货商及调查比例，设计调查表。调查表中列出不同的牛奶价格，让有代表性的不同规模的供货商填写在不同价格水平下，该供货商愿意和能够供给的牛奶数量。然后收回调查表，对数据进行汇总和技术处理，就可以得到太原牛奶市场的供给表。表2-2是假定的某城市调查得到的牛奶市场的供给表。

表2-2　牛奶市场的供给表

	A	B	C	D	E
价格（P）元/公斤	1	2	3	4	5
供给量（Q）千吨/年	0	4	8	12	16

将供给表中的数据标在坐标曲线图上就得到牛奶市场的供给曲线图2-3。

图2-3中，横轴代表供给数量，纵轴代表价格，S曲线为供给曲线。S曲线是向上倾斜的，它体现的是供给量与价格呈同方向变动的关系。**根据曲线特征，供给定理也被称为供给向上倾斜规律。**

同样，将上述供给表和供给曲线还原为数学式，即为 $Qs = -4 + 4P$，称为供给函数，其一般表达式为 $Qs = -c + dP$。

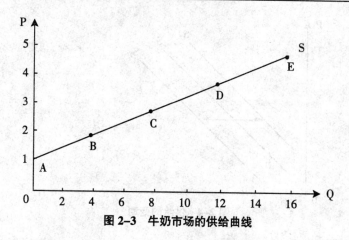

图 2-3 牛奶市场的供给曲线

实际的供给曲线，即通过市场调查记录的供给曲线是一条不规则的曲线。原因是实际的供给曲线会受到各种因素的干扰。为了技术分析的简便，假定它是一条直线，只要假定符合供给规律的要求就是合理的抽象。可见，**需求曲线和供给曲线是运用几何工具对需求规律和供给规律的抽象分析概括出来的。**

供给曲线为什么向上倾斜？或者说供给量为什么与价格同方向变动？简单的答案是，生产者提供产品是为了获得利润。价格上升意味着生产者可以获得更大的利润，从而扩大生产，增加供货。而且以前没有供货能力的生产者现在也有能力供货了（价格上升至其成本以上），从而供给增加。价格下降，意味着利润减少，生产者积极性下降。而且以前有能力供货的一些生产者现在没能力供货了（价格下降至其成本以下），从而使供给减少。因此，供给量与价格存在同方向变动的依存关系。**供给曲线向上倾斜的更深层次的原因是边际产量递减规律决定的边际成本上升趋势。**

三、供给变动

价格变动对供给的影响可以从图 2-3 中看出来。当价格为 1 时，供给量为 0，如 A 点；当价格上升至 4 时，供给量增加至 12 千吨/年，如 D 点；当价格下降至 3 时，供给量又减少至 8 千吨/年，如 C 点。因此，**价格变动对供给的影响，表现为在一条供给曲线上点的位置的移动。经济学称之为供给量的变动。**

除价格以外，成本及其他因素对供给的影响见图 2-4 的分析。

一般来讲，成本由于某种原因下降（如技术革新、原材料价格下降，采用新的管理方法等），就意味着生产者在每一价格水平上都比以前能生产和供给更多的数量，其结果是把整条供给曲线推向右方，如由 S_1 至 S_2。反之，成本由于某种原因上升（如战争导致原油价格上升，工资率上升等），则意味着生产者供

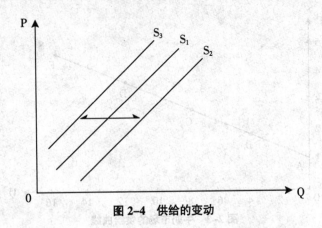

图 2-4　供给的变动

货能力下降，在每一价格水平上，比以前所能供给数量减少，其结果是把供给曲线推向左方，如由 S_1 至 S_3。可见，**成本等因素对供给的影响表现为供给曲线位置的移动，经济学称之为供给的变动。**

第四节　市场机制

一、市场机制和均衡价格的决定

供给和需求是市场上两种相互作用又相互依存的基本力量。当供求两种力量达到均衡时，即供给量和需求量相等时，就决定了市场的均衡价格水平。反过来，价格又影响供给和需求，即对生产者和消费者具有调节和引导作用。经济学把这种相互依存又相互作用的供求关系及所产生的市场调节力量称为市场机制。

把需求曲线和供给曲线放在同一个坐标曲线图上就得到市场供求机制决定均衡价格的模型，见图 2-5。

图 2-5 中，纵轴表示的是某种商品的价格（P），该价格是在一个既定的供给量时卖方所要求的价格，同时也是在一个既定的需求量时买方所支付的价格。横轴表示需求和供给的数量。

供给曲线和需求曲线的交点，即供求两种力量达到均衡时的 **E** 点所决定的价格 $\overline{P}_0$ 和数量 $\overline{Q}_0$ 称为均衡价格和均衡数量。在该点，供给量和需求量恰好相等，产品全部卖出，没有存货，所以均衡价格也称为市场出清价格。

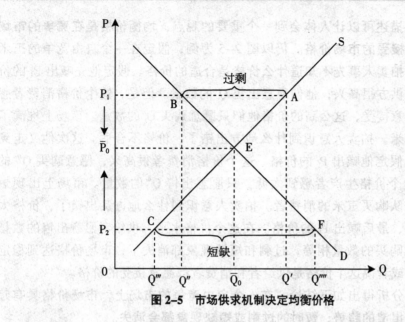

图 2-5 市场供求机制决定均衡价格

需求的力量是由成千上万个消费者自发形成的。供给的力量也是由成百上千个厂商自发形成的。双方自发地进行交易，二者怎么能就正好相等呢？显然，均衡是一个过程。假定起初的市场价格水平较高，如 P_1，在这个价格水平，厂商供给的数量如供给曲线的 A 点所对应的横轴的 Q'；消费者需求的数量如需求曲线的 B 点所对应的横轴的 Q''。供给大于需求，市场出现过剩现象，产品积压，销售困难，给厂商传递的信息是价格过高，产品过多，需求不足，从而迫使厂商降低价格和减少供给。一些厂商会退出，将资源抽出该种产品的生产。随着价格的下降，需求量会沿着需求曲线增加，直到 $\bar{P}_0$ 的均衡点为止，供给数量和需求数量相等，市场出清，过剩消失。

假定起初的市场价格较低，如 P_2 点。在这一价格水平，厂商愿意供给的数量为供给曲线上的 C 点所对应的横轴的 Q'''，消费者愿意购买的数量是需求曲线上的 F 点所对应的 Q''''。需求大于供给，产品供不应求，市场出现短缺现象。短缺给厂商传递的信息是，现在市场价格过低，需求过多，这是提高价格、增加供货获取利润的好机会，从而价格上升，供给增加；短缺给消费者传递的信息是，市场价格过低，厂商不愿供货，一些消费者愿意出较高的价格购买稀缺的产品。随着价格的上升，又抑制了一些消费者的需求，使需求减少，直至 $\bar{P}_0$ 点，供给和需求量相等，短缺消失，市场达到均衡。可见，自发的供给和需求在市场上起初难免在数量上存在差异，或者过剩，或者短缺；但是市场机制的调节会使二者趋向均衡，这就是均衡价格和均衡数量形成的过程。

有的西方学者用拍卖市场的例子生动描述了均衡价格和均衡数量的形成过

程。而且这种描述可以让人体会到一个重要的观点：**均衡价格是在竞争的市场上供求双方都接受的市场价格**。仍以图 2-5 为例，假定在一个自由竞争的玉米拍卖市场上，拍卖人事先不知道什么价格是合适的价格。假定他先喊出 P_1 的价格。这个价格供方很高兴，他们愿意出售 Q' 的数量。但是，这个价格消费者感到太高，不愿意接受，这么高的价格他们只愿意购买 Q'' 的数量。市场上堆满了卖不出去的玉米。拍卖人意识到什么地方出错了，价格不合适。这次他又走到另一个极端，假定他喊出 P_2 的价格。这个价格消费者很高兴，愿意购买 Q''' 的数量。但是这个价格生产者感到太低，只愿意出售 Q''' 的数量。市场上出现短缺，挤满了排队购买玉米的消费者。拍卖人意识到什么地方又出错了，价格太低。权衡之后，最后喊出 $\bar{P}_0$ 的价格。在这个价格水平，供给者愿意出售的数量与消费者愿意购买的数量相等，过剩和短缺现象都消失了，市场价格达到稳定的均衡状态。或者说这个价格是供给者和消费者都愿意接受的价格。

通过以上分析得出如下结论：**在一个自由竞争的市场上，市场价格具有趋于均衡或市场出清的趋势；暂时的过剩或短缺现象都会消失。**

现实生活中的市场上有成千上万种商品，这些商品都有不同的价格。**如果市场上没有过剩或短缺现象，那么这些价格都是通过市场供求关系调节形成的相对稳定的均衡价格。**但是，有时候会发现有些商品的价格又不稳定了，又开始变动了，为什么呢？因为，除价格外，需求或需求曲线还受到消费者收入水平、人口规模、偏好等诸多因素的影响；供给或供给曲线还受到成本、原材料价格、油料价格、技术进步、战争等诸多因素的影响，这些因素时时刻刻处在变动之中，因此，**供求曲线不可能是静止不动的，市场均衡价格也不可能是稳定不变的。**下面分析供求变动对均衡价格和数量的影响。

二、供求变动对均衡的影响

因为供给和需求总是在变动的，所以均衡价格也不可能稳定不变。比如，居民收入水平、时尚偏好、人口规模等的变动会使需求曲线左移或右移，在供给不变的条件下，使市场均衡价格和数量在一个较低或更高的水平达到均衡；影响成本的因素如自然灾害、战争、石油电力紧张等因素的变动会使供给曲线右移或左移，在需求不变的条件下，也会使均衡价格和数量在新的水平上达到均衡，下面我们就来分析这种变动的意义。

1. 供给变动对均衡的影响

图 2-6 说明了供给变动对均衡价格和数量的影响。假定恶劣的气候使小麦

减产，面包的原料价格上升，成本上升使面包的供给在每一价格水平上减少，供给曲线由 S_1 左移至 S_2。从图中可以看到，在需求不变的条件下，供给减少，使均衡价格上升，均衡数量下降；假定面包烤制技术进步使面包的生产成本下降，成本下降使供给增加，供给曲线由 S_1 右移至 S_3。从图中我们看到，供给增加，使均衡价格下降，均衡数量增加。

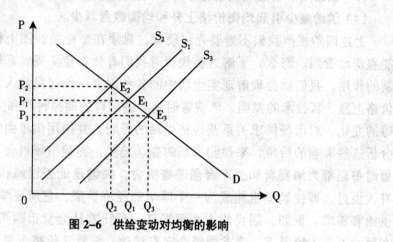

图 2-6 供给变动对均衡的影响

2. 需求变动对均衡的影响

图 2-7 说明了需求变动对均衡价格和数量的影响。假定，某城市居民人口增加，从而对鸡蛋的需求增加，鸡蛋的需求曲线由 D_1 右移至 D_3。从图 2-7 中看到，在供给不变的情况下，需求增加会使均衡价格上升，均衡数量增加。再假定，某项研究发现，食用鸡蛋过多会增加人体的胆固醇，影响健康。这项研究改变了人们对鸡蛋的偏好，使鸡蛋的需求下降，需求曲线由 D_1 左移至 D_2。从图 2-7 中我们看到，需求下降，会使均衡价格下降，均衡数量减少。

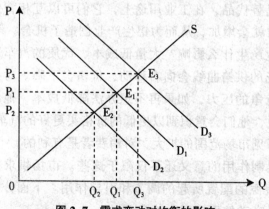

图 2-7 需求变动对均衡的影响

通过上述分析，我们可以从供给和需求变动对均衡价格和均衡数量的影响中概括出来四条供求规律：

(1) 需求的增加引起均衡价格上升和均衡数量增加。

(2) 需求减少引起均衡价格下降和均衡数量减少。

(3) 供给增加引起均衡价格下降和均衡数量增加。

(4) 供给减少引起均衡价格上升和均衡数量减少。

上述四条规律我们不需要死记硬背，只须在坐标曲线图上移动供求曲线就能直观地看到。那么，了解这些规律对我们有什么意义呢？理解了市场供求机制的作用，我们就会理解现实生活中的各种因素，如居民收入水平变动、石油价格上涨、新技术的发明、消费者时尚、进出口的商品种类和数量，加入 WTO 等的变化，对市场供求关系及经济生活的影响，并使用供求曲线这个工具跟踪分析这些影响的后果，来预测市场的变动趋势，捕捉市场机会。**变动中的市场每时每刻都为消费者和生产者创造着机会，关键是能否理解和抓住这些机会。** 有人说过，即使鹦鹉也能成为一个博学的经济学家，它所要学的就是两个词：供给和需求。例如，居民收入水平提高，意味着社会货币购买力或需求增加，在供给不变的情况下，需求曲线会向右移动，消费品价格会普遍上升。在我国改革开放的 30 年中，每一次政府普遍提高员工和职工的工资，都会带来消费品价格的一次普遍上升。当人们欣喜于工资提高的时候，紧接着看到的是消费品价格的上升。再如，消费者有追求时尚的偏好。因此，厂商每年都要推出新款式的服装。新时装上市，需求增加，需求曲线向右移动，价格上升，厂商增加供货。时尚一过，需求下降，需求曲线向左移动，价格大跌。这就是时装市场价格波动较大的原因。精明的消费者不会在价格的峰尖上购买时装，而会在价格的谷底购买符合自己气质的质量优良的时装，符合自己的时装一两年是不会过时的。精明的厂商会在市场价格大跌前停止生产，避免时尚一过产品积压。再比如，铜和铝是替代品，在工业用途上，它们可以互相替代。当铜的价格上涨时，对铝的需求就会增加，从而为铝生产业创造了机会。再比如，加入 WTO 会对我国的汽车业产生什么影响？大量低成本、优质的汽车进入中国市场，意味着我国汽车市场的供给曲线会向右移动，价格会下降。对我国的汽车厂商来说，他们感到了竞争的压力，如果再不想办法降低成本，他们将失去市场；对于我国消费者来说，他们会意识到以更低的价格买更好的汽车的机会将要来临，因此持币待购。可见市场范围的扩大，对消费者是有利的。

然而，供求机制作用的意义还不仅限于这些。市场供求机制更重要的作用在于对社会经济资源的配置所起的调节和引导作用。下面分析供求变动所引起的均衡价格和数量变动的更深层次的意义。

三、市场机制的作用

1. 需求变动的意义

通过需求变动对均衡价格和数量的影响的分析知道，市场均衡价格和数量与需求同方向变动，见图 2-7。因为一种商品的需求上升，价格上升。意味着社会对该产品需求的增加和厂商获利机会的来临，厂商会把更多的资源投入该产品的生产，以增加供给和利润，而在厂商获利的同时，又满足了消费者对该产品的需求。当一种产品的需求下降，价格下降，意味着社会对该产品的需求减少和厂商利润减少，甚至亏损，厂商会减少产量，甚至退出该种产品的生产，即把资源从该种产品的生产上转移到社会需要的产品上，这样厂商才会获利。

可见，从上述分析可以得出如下结论，**均衡价格和数量与需求同方向变动的经济意义在于：市场机制调节生产者朝满足消费者需求的方向配置资源，从而使稀缺的经济资源能更大限度地满足消费者的需要。**

例如，聪明的温州人成功的秘诀在于，紧跟市场需求，不怕利小，生产消费者需求量最大的生活必需品。从纽扣、打火机到服装、鞋帽、日用小五金、小家电，消费者需要什么，他就生产什么。生活必需品尽管利小，但需求量大。例如，温州每年生产 30 亿~40 亿双鞋，为全国人民每人每年生产 3.5 双鞋，为世界人民每人每年生产近 1 双鞋，以"中国鞋都"著称世界。温州的打火机产量占世界总产量的 70% 以上。温州有近 10 万家民营企业，资产规模近 3000 亿元。随着企业做大，温州人走向全国和世界。比如，600 多万人口的温州地区，就有 140 万人在全国和世界各地做生意，其中欧洲就有 60 万温州人。他们生产的日用小商品已经对欧洲和美国市场形成冲击。

2. 供给变动的意义

成本和供给的变动对均衡价格和数量的影响有什么意义呢？一般来讲，成本上升，对厂商和社会都没有利益和好处。如图 2-6 表明的成本上升、供给减少，价格上升、数量减少，厂商的利益不变，甚至可能下降。因此，除非不可抗拒的因素如恶劣的气候、战争等使原材料价格上涨，成本上升外，厂商不愿意提高成本。然而，厂商降低成本则是有利可图的。在图 2-8 中，先看单个厂商的行为，假定初始面包市场的均衡在 S_1 与 D 的交点 E_1 决定的价格 P_1 和数量 Q_1 的水平。

假定面包行业的一些厂商或单个厂商采用了更先进的烤制技术，降低了面

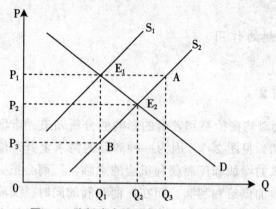

图 2-8　降低成本给厂商和社会都带来利益

包生产的成本，那么意味着该厂商能以更低的成本和价格 P_3 生产相同数量的面包，如 B 点，厂商将获得更多的收入和利润（P_1-P_3 的差额 × Q），或者该厂商能以 P_1 的价格提供更多的数量的面包（E_1 至 A 点）。这两种情况，厂商都获得更多的利益。可见降低成本会给厂商带来更多的利益，厂商具有降低成本的动力。

　　一些厂商的获利会引起其他厂商的效仿，随着技术的普及，假定整个面包行业都采用了先进的烤制技术，使行业的成本下降，行业的供给曲线由 S_1 移至 S_2，从图上可以看到，市场均衡价格由 P_1 下降为 P_2，数量由 Q_1 增加至 Q_2，这意味着社会可以以更低的成本生产更多数量的面包，而且消费者可以以更低的价格买到更多的面包。可见成本下降给社会也带来利益。

　　通过上述分析，可以得出如下结论：**市场机制促使生产者降低成本，成本下降意味着追求技术进步和资源有效率的利用，它导致社会经济利益的提高。**

　　例如，我们比较一下美国的沃尔玛和中国的亚细亚成败得失的原因。沃尔玛所从事的是传统的百货零售业，从交易形式上看没有什么特别之处。但沃尔玛却把传统的百货零售业做到了全世界，在全世界开了 8000 家超市，沃尔玛家族也成为世界首富。沃尔玛成功的秘诀在于：**为顾客节省每一分钱，向顾客提供最实惠、最低价的商品。** 在美国本土和世界各地的沃尔玛超市，门面非常普通，很少装饰，看上去就像一个大仓库。商场没有专门的办公室，办公室同时又是仓库，经理们经常站着开会；所有的文件纸都是两面都用。沃尔玛处处精打细算是因为他们明白，商业中的一切花费最终都要分摊到商品的价格上，由消费者埋单。为了向顾客提供最低价的商品，除了经营上精打细算，沃尔玛还通过信息技术和物流优化，尽可能降低物流成本；通过大批量采购，千方百计地压低采购成本。正因为这样，沃尔玛同样的商品比别的商场价格要便宜；正因为价格便宜，更多的人都愿意到沃尔玛去购物；正因为更多的人购买，沃尔玛能更大批量地采购，其规模优势使价格则更便宜。这种良性循环，使沃尔玛成为世界最大的零售商。

中国郑州的亚细亚从事的也是百货零售，与沃尔玛大同小异。亚细亚也曾在中国建立过十多家连锁店，但最后由于巨额亏损而关门。亚细亚为什么失败？失败的原因与沃尔玛成功的原因刚好相反。如果说沃尔玛成功的原因在于为顾客节省每一分钱，亚细亚失败的原因则在于为顾客尽量多花钱。首先，看一看亚细亚门面的豪华装修，这一点从亚细亚所投资的郑州五彩购物广场就很清楚，恨不得用五星级酒店的装修来做商场。其次，各种人员花销也是大手大脚。亚细亚每天有升旗仪式，有专业歌唱和表演队伍，养了一大批与商业无关的闲人。最后，亚细亚作为郑州的一个零售商场天天在中央电视台做广告，单从商业目的来看，其中大部分是浪费。亚细亚的上述各种排场，最终都要通过商品的价格摊销。因此，亚细亚的商品价格普遍高于其他商场。同样的商品，消费者为什么要到更贵的商场去买呢？这就是亚细亚失败的根本原因。

温州人、沃尔玛和亚细亚的事例告诉人们，市场是在用胡萝卜和大棒教会人们按市场规律办事。如果按市场规律办事，就会得到胡萝卜；如果违背市场规律，就会挨大棒。在市场经济中生活和经营的人们，只要用心去体会，就会发现这些规律。按市场规律去做，不仅自己得到利益，也会促进社会利益的提高。比如温州人和沃尔玛自己得到胡萝卜的同时，也使消费者得到物美价廉的商品和利益。亚细亚之所以挨大棒，是因为它违背了市场规律，它不仅浪费资源，还损害了消费者的利益。

3. 市场机制作用小结

通过对市场机制的初步分析，可以初步将市场机制的作用小结如下：

（1）**市场供求机制的第一个作用是决定市场均衡价格，即决定商品的价值量、社会财富的度量尺度和交易条件**。但这只是价格决定的第一层次。供求一致时，为什么不同商品会有不同的市场均衡价格？为什么供求一致决定的面包价格是 2 元一个，而供求一致决定的汽车价格是 10 万元一辆？因此，仅用供求一致说明价格的决定是不够的，还要进一步说明供求曲线背后的原理。这将在第三章和第四章中加以说明，然后对均衡价格理论做出总结。

（2）**市场机制促使生产者降低成本，降低成本的努力导致社会资源有效率的利用和技术进步，导致社会经济利益的提高。**

（3）**市场机制促使生产者向满足消费者需要的方向配置资源。从而导致稀缺资源的利用更大限度地满足消费者和社会的需要。**

现在我们来思考一下市场机制的成就。成千上万的追求自己个人利益的消费者和生产者，自发的交易形成的市场均衡价格自动调节着稀缺资源的配置，成千上万种产品的生产、分配和消费。没有任何人进行统一指导和强制运作，一切都是在供求关系和价格机制的调节下自发、有序地运行着。萨缪尔森说，这是"人类社会真正的奇迹所在"。更重要的是，市场机制的调节促进了稀缺资源的有效利用和社会经济利益的提高。正如亚当·斯密指出的，每个人都力图利用好他的资本，使其产出能实现最大价值。一般说来，他并不企图增进公共福利，也不知道他实际上所增进的公共福利是多少。他所追求的仅仅是他个人的利益和所得。但在他这样做的时候，有一只"看不见的手"在引导着他去帮助实现另一种目标，这种目标并非是他本意所要追求的东西。通过追逐个人利益，他经常增进了社会利益。其效果比他真正想促进社会利益时所获得的效果更好。

这位二百多年前哲人的思想至今对后人仍有启迪。尽管今天已看到了垄断等因素对市场竞争机制作用的限制及市场机制的一些缺陷，但它不能否定斯密思想的正确性。本节的初步分析已表明，市场机制的调节确实促进了社会利益的提高。

第五节　弹性理论

供求关系是市场的核心关系，因此供求曲线是一个很有用的分析工具。但是，要运用供求曲线这个工具分析具体的经济问题，还需要解决一个技术上的问题，就是供给、需求对价格变动反应的敏感程度问题。例如，有的商品的需求量对价格变动反应很敏感，价格上升10%，需求量会下降20%，甚至50%；而有的商品的需求量对价格变动的反应程度很小，甚至无动于衷。价格上升10%，需求量只下降1%~2%等。如何衡量这种敏感程度的差别？经济学引进了弹性概念和方法。弹性是对供、求量对价格变动反应的敏感程度进行定量分析的方法或工具。后来这个方法和工具的运用进一步扩大，对凡是具有依存关系的两个经济变量，都可以运用这个工具去分析因变量对自变量变动反应的敏感程度。下面就介绍弹性概念的一般含义及这个工具的运用。

一、弹性的概念及其具体运用

弹性的基本含义：对于任何两个经济变量，如果这两个经济变量之间存在依存关系（也称函数关系），就可以建立关于这两个经济变量的弹性关系，以反映因变量对自变量变动反应的敏感程度。用公式表示：假定 X 为自变量，Y 为因变量，则：

弹性系数 $E = \dfrac{因变量变动的百分比}{自变量变动的百分比}$

因此，可以将弹性的概念定义为：**弹性是指两个存在依存关系的经济变量的因变量变动率（变动的百分比）与自变量变动率（变动的百分比）的比值，它是关于因变量对自变量变动反应的敏感程度的一种度量指标。**

依据弹性值的范围，一般将这种指标分为三种（取绝对值）。

（1）如果自变量变动 10%，因变量也变动 10%，那么二者比值为 1，它表示二者同比例变动，经济学称为单位弹性。即：

e=1　单位弹性

（2）以 1 为中点，如果自变量变动 10%，因变量变动大于 10%，那么二者比值大于 1，它表示因变量对自变量反应敏感，经济学称为富有弹性。即：

e>1　富有弹性

（3）如果自变量变动 10%，因变量变动小于 10%，那么二者比值必然小于 1，它表示因变量对自变量反应不敏感，经济学称为缺乏弹性。即：

e<1　缺乏弹性

弹性是两变量变动的百分比之比，正、负号没有意义（即不考虑变动方向），取绝对值，表示敏感程度。

此外，还有两种极端情况：一是因变量对自变量变动的反应趋于无穷大，经济学称为完全弹性；二是因变量对自变量变动完全无反应，经济学称为完全无弹性。即：

e=∞　完全弹性

e=0　完全无弹性

了解弹性的含义和方法，就可以运用弹性工具来分析具体经济变量的弹性关系。下面以需求弹性为例来了解弹性方法的应用。

二、需求弹性

1. 需求弹性的概念

需求弹性也称需求的价格弹性或价格弹性，它的定义为：**需求弹性是指需求量变动的百分比与价格变动百分比的比值，它表示一种商品的需求量变动对价格变动反应的敏感程度。**用公式表示即：

$$E_d = \frac{需求量变动的百分比}{价格变动的百分比}$$

当 $E_d=1$，则称该物品需求具有单位弹性；当 $E_d>1$，则称该物品需求富有弹性；当 $E_d<1$，则称该物品需求缺乏弹性等。需求具有完全弹性或完全无弹性的情况比较少见。

2. 需求弹性的意义——弹性和收益

了解商品的需求弹性，具有多方面的意义。例如，从理论意义上讲可以帮助理解市场经济条件下农民贫困和农业衰落的原因，这一点下一节分析。从实践意义上讲，了解商品的需求弹性，对厂商制定销售策略有重要意义。下面就来分析弹性和收益的关系。

厂商的收益是销售量乘以价格，即 $Q \times P =$ 收益。如果某商品的 $E_d>1$，则价格提高10%，需求量的减少量大于10%，厂商的总收益则会减少；如果价格下降10%，需求量的增量大于10%，厂商总收益便会增加。不仅不同商品的 E_d 不同，即使是同一种商品，在不同的价格段上，E_d 也不同；而且不同的消费群体，对同一种商品的 E_d 也不同。因此，在实际操作中，运用弹性方法对具体商品、具体情况进行具体分析是很重要的。一般来讲，可以将弹性与收益的关系归结如表2-3。

表2-3　弹性与收益的关系及销售策略

	$E_d>1$	$E_d=1$	$E_d<1$
降价	增加	不变	减少
涨价	减少	不变	增加

可见，富有弹性的物品适合降价销售策略，缺乏弹性的物品适合涨价销售策略，但不要忘记具体情况具体分析。

3. 影响需求弹性的因素

（1）缺乏需求弹性的商品。一般来讲，以下几类商品缺乏需求弹性：①**生活必需品**。如食物、衣服、燃料、住房、药品等，因为不管价格如何变动，这些物品都是必须消费的，它们对价格变动反应的敏感程度就比较小。②**没有或只有很少替代品的物品**。如食盐、饮用水、电灯泡等。因为这些物品很少有替代品，即使价格上升，人们也不能不用。③**在家庭预算支出中占很少比例的物品**。如儿童玩具、剪刀、书籍等。因为这些物品占家庭支出比重不大，价格变动人们也不会太在意。缺乏需求弹性的物品最典型的例子是食盐，食盐符合上述三类物品的特征。不能因为食盐价格下降就使劲吃盐，也不能因为食盐价格上升就不吃盐。由于生活必需品需求价格缺乏弹性，比如，价格上升 10%，社会需求量或厂商的销售量只会减少 1%~2%或 3%~5%。厂商一般采取抬价销售的策略，使自己的销售收入增加（销售收入＝销售量×价格）。因此，在市场经济国家，生活必需品及缺乏需求弹性的商品的价格都呈现不断上升的趋势。

（2）富有弹性的商品。一般来讲，**奢侈品和有替代品的物品以及在家庭支出中占较大比率的物品的价格富有弹性**。奢侈品是人们可用可不用的物品。如果它的价格过高，一般消费者不会购买它也不会影响人们的基本生活。如果它的价格降到人们可以接受的水平，人们就会大大增加它的购买量以提高生活质量。有替代品的物品如果价格上升，哪怕是很小的幅度，也会引起它的需求量大幅减少，人们会放弃购买它转而购买它的替代品。反之，如果它的价格下降，哪怕是很小的幅度，也会引起它的需求量大幅增加，人们会放弃购买它的替代品转而购买它。由于它们的需求量对价格变动反应较大，比如，价格下降10%，社会需求量或厂商的销售量会增加 20%甚至 50%以上等，厂商一般采取降价销售的策略，使自己的销售收入增加。因此，在市场经济国家，奢侈品和有替代品的物品的价格都呈现不断下降的趋势。

但是要注意，①即使是同一种物品，不同消费群体的需求弹性是不同的，所以还要具体情况具体分析。比如，对飞机票的需求。商务人员对机票的需求弹性较小，因为不管机票价格如何变动，该进行的商务旅行还是要进行的。商务活动对时间要求很严格，商务人员不会因为机票价格上涨而取消该进行的商务旅行。旅游者对机票的需求弹性较大，如果机票价格上涨变得太贵，他们会改乘其他交通工具旅行。正因为如此，航空公司针对各种乘客的需求弹性的差别，对不同乘客推出各种预订票、折扣票等，想出许多办法来提高乘坐率和收益。由于旅游者对时间要求不严格，可以购买预订票享受乘飞机旅行，所以许多航空公司推出了价格低廉的预订票来吸引旅游者乘飞机旅行。②**时间因素也会影响需求弹性**。如有的物品价格变动，短期内消费者难以做出反应，但长期就会做出反应。③**同一商品在不同地区、不同时间、不同价格段的需求弹性是不同的**。这一点通过不同地区的市场调查和观察就可以发现。

在实际经济生活中，如果要了解某一种商品的需求弹性，只需通过简单的市场实验和计算就可以得到。例如，李宁牌服装的销售商想了解李宁牌服装的需求弹性以决定销售策略。因为需求弹性对销售策略有重要影响。需求富有弹性的商品，由于销售量上升的幅度大于价格下降的幅度，适合采取降价销售或薄利多销的策略；需求缺乏弹性的商品，由于销售量上升的幅度小于价格下降的幅度，适合采取逐步提价销售的策略。那么，李宁牌服装的需求弹性是多少只需做个小小的实验。比如，降价 10% 销售一个月，如果销售量上升的幅度大于 10%，那么两者比值大于1，李宁牌服装在目前的价格段和市场状况下是富有弹性的商品，适合采取降价销售的策略。如果相反，销售量上升的幅度小于 10%，那么李宁牌服装在目前的价格段和市场状况下是缺乏弹性的商品，不宜采取降价销售的策略。所以要讲目前的价格段和市场状况，是因为前面已经指出的**同样的商品在不同的价格段和市场状况下，其需求弹性是不同的**。销售商也是经过不断的实验，依据不同的价格段和变动的市场状况下需求弹性的变化来调整自己的销售策略的。

通过以上对需求弹性的概念及影响需求弹性的因素的分析知道，影响需求弹性的因素除了不同商品的性质，如必需品、奢侈品、替代品等，还有不同的价格水平、消费者偏好、变动的市场状况等不确定因素。因此，**实际生活中的需求弹性是通过当时、当地的市场实验得到的，而不是通过高深的数学公式的计算得到的**。有的学者把弹性的计算搞得很复杂，把微积分、导数的计算方法都运用到弹性的计算上，这样做是否有实际的意义？弹性的计算依据的是线性需求函数，而实际的需求曲线不是线性的，而是一条弯弯曲曲的曲线，线性需求曲线只是对实际需求曲线的抽象或假定。依据抽象或假定的需求曲线计算需求弹性是否科学？计算的结果是否有实际意义？再比如，从数学的角度考虑，为了计算点弹性，把弹性分为弧弹性和点弹性。需求点弹性的含义是当价格变动趋向无穷小或0，需求量的弹性是多少？或者说，汽车的价格下降了一分钱或 0.0001 分钱，汽车的需求量有什么变化？这样的计算对经济学有意义吗？数学说到底只是一个工具，经济学运用弹性工具是为了分析经济学的问题，不考虑经济学的意义，只从数学的角度随意发挥，这是不是对经济学的歪曲啊？

4. 弹性和斜率

从需求曲线的特征上，要注意弹性和斜率的不同。从公式上看，

斜率 = P/Q

弹性 = $\Delta Q/\Delta P \cdot P/Q$

从需求曲线的特征上看，当需求曲线比较陡峭时，需求曲线的斜率比较大，但弹性比较小。价格轴上较大的变动，需求数量轴上只有较小的变动。当需求曲线比较平坦时，需求曲线的斜率比较小，但弹性比较大，价格轴上较小的变动，需求数量轴上就有较大的变动。

三、收入弹性

如果对收入变动对需求的影响进行定量分析，可以引入收入弹性的概念，**收入弹性是一种物品需求量变动的百分比与收入变动百分比的比值。它表示需求变动对收入变动反应的敏感程度。**用公式表示：

$$E_I = \frac{需求量变动百分比}{收入变动百分比}$$

$E_I = 1$，表明该物品的需求量与收入同比例变动。需求量与收入同比例变动的物品称为正常品。

$E_I > 1$，表明该物品收入弹性较高，需求量的变动大于收入的变动，一般来讲，奢侈品的收入弹性较高。

$E_I < 1$，表明该物品收入弹性较低，需求量随收入的增长而下降。需求量随收入增加而下降的物品称为低档品。

以上划分不是绝对的，对实际情况还要具体分析。比如，食品的消费量到饱和后就不会随着收入的增加而增加，它只随人口的增加而增加，而且一般来讲，收入增加的速度大于人口增加的速度。因此，随着收入的增加，食物的收入弹性趋于下降，但不能说食物都是低档品。

四、供给弹性

供给弹性或供给的价格弹性的定义是供给量变动的百分比与价格变动百分比的比值，它表示一种商品的供给量对市场价格反应的敏感程度。用公式表示：

$$E_S = \frac{供给量变动的百分比}{价格变动的百分比}$$

当 $E_S > 1$，该物品供给富有弹性；当 $E_S < 1$，该物品供给缺乏弹性；当 $E_S = 1$，该物品供给具有单位弹性。可见，供给弹性与需求弹性的定义完全相同，唯一的差别是供给与价格同方向变动，需求与价格反方向变动。

但供给弹性常有两种极端情况：如市场上易腐鲜鱼的供给量一般是固定的，不论市场价格如何，都必须全部出售。这样鲜鱼的供给弹性为零，即供给完全无弹性的极端情况，此时，供给曲线为一条垂直线（如图 2-9）。

另一个极端情况是价格的微小下降会使供给量降为零。价格的稍许上升会诱发无穷多的供给，这便是供给具有完全弹性的情况，此时供给曲线为一条水平线如图 2-10。

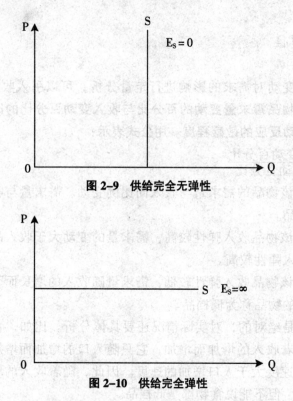

图 2-9　供给完全无弹性

图 2-10　供给完全弹性

　　影响供给弹性的主要因素有两个：一是产品生产的难易程度。较难生产的产品对价格变动的反应程度较小，容易生产的产品对价格变动反应就灵活。二是生产周期的长短。生产周期长的产品对价格短期难以做出反应，长期就会做出反应等。

第六节　市场经济社会农业的发展规律

　　理解了供求原理和弹性概念，就可以运用供求曲线和弹性工具来分析具体的经济现象。在市场经济中，农业是个特殊的行业。农产品市场既是一个自由竞争的市场，农业又是一个趋于衰落的行业。因此，农业问题是各市场经济国家普遍关注的问题。本节运用供求原理重点分析农业问题。此外，还要讨论限制市场价格的影响和均衡价格方程问题。从下面的分析中，要学会运用供求原理分析具体问题的方法。

一、市场经济社会农业的发展规律

1. 丰收悖论："谷贱伤农"

经济学中一个著名的实例是丰收悖论。它是说：好年景农作物丰收了，但农民的收入却下降了。这种违背常理的现象是什么原因呢？一方面，大丰收使农产品供给增加，供给曲线向右移动，价格下降；另一方面，小麦、玉米等基本粮食作物的需求缺乏弹性，消费数量对价格变动反应很小，甚至没有反应。就是说，即使价格下降，农产品的需求增加很少。这意味着好收成时农民整体收益反而下降，或不如收成不好的时期。

图 2-11 是对谷贱伤农现象的图形分析。图中农产品的需求曲线比较陡峭，它表示农产品需求缺乏弹性。大丰收使农产品供给增加，供给曲线由 S_1 移至 S_2，价格由 P_1 降至 P_2。农产品需求量增加的幅度小于价格下降的幅度，农民的整体收益（$P \times Q$）减少了。图中方框 $OP_2E_2Q_2$ 的面积小于 $OP_1E_1Q_1$ 的面积。谷贱伤农现象使一些国家的农民通过限制播种面积，减少农产品供给的办法，来提高农产品价格和自己的收入。这种反常现象是值得人们思考的。

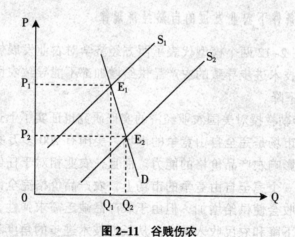

图 2-11 谷贱伤农

2. 农业的相对衰落

在发达的工业国家的经济发展中，农业部门呈现出相对衰落的趋势。图 2-12 是萨缪尔森对这种现象的一种解释。

图 2-12 中的均衡点 E_1 是几十年前农业部门的情况。技术进步导致农产品

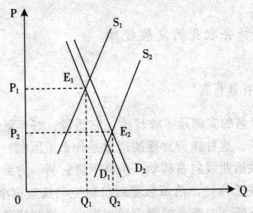

图 2-12　供给的扩大、收入缺乏弹性及需求缺乏弹性导致了农业的衰退

供给大量增加，供给曲线由 S_1 移至 S_2，但农产品的收入弹性较低（发达国家人口增长率很低，不考虑人口增长因素），就是说人们收入增加引起的对农产品需求的增加很少，需求曲线由 D_1 较少地移动至 D_2，竞争性农产品价格趋于下降。价格由 P_1 降至 P_2。同时农产品的需求也缺乏弹性，这表现为图中需求曲线比较陡峭。收入缺乏弹性、需求缺乏弹性导致了农场主和农民的收入下降和农业的衰落。图中方框 $0P_2E_2Q_2$ 的面积小于 $0P_1E_1Q_1$ 的面积。

3. 市场经济条件下农业发展的自然经济规律

图 2-11 和图 2-12 两个模型代表了西方经济学对农业发展规律的认识。短期大丰收和长期技术进步导致的农产品供给增加都不能导致农民收入增长，反而导致农民收入下降。

布拉德利·希勒教授对美国农业经济的实证研究也证实了上述情况。希勒教授认为，农产品市场是完全自由竞争的市场，美国有 200 多万家农场，没有任何一家农场具有影响农产品价格的能力。而且，农业相对于任何其他行业，进入壁垒最低。在一个完全自由竞争的市场上，农产品价格完全由市场供求关系决定。短期大丰收会使供给增加，但由于农产品缺乏需求弹性，供给增加只会导致农产品价格下降和农民收入减少。从长期技术进步的角度看，美国农业技术进步的速度是惊人的。从 1929 年以来，由于技术进步，农业劳动力已减少了 2/3，而农业的产出增加了 60%。每劳动小时的农业产出增长更快，在上述时期内增长了 700%。但是，在 1910~1914 年间和 1998 年，农产品价格对非农产品价格的比率却下降了 50%。[1]

---

[1] 布拉德利·希勒：《当代经济学》第 8 版，人民邮电出版社，2003 年版，第 490~495 页。

因此，西方学者的研究认为，由于农产品缺乏需求弹性和收入弹性，所以，随着市场经济的发展，农业必然呈现衰落的趋势，农民的收入也必然趋于减少。依据这一研究，西方发达国家解决农业问题的办法是允许农业人口自由流动和向城市转移，充分发挥市场机制对人口、劳动力等资源配置的调节作用，使土地集中于少数农户经营，通过土地的规模经营和提高土地/人口比来提高农民的收入。同时，为了缩小城市和农村居民的生活条件和收入差距，政府有计划地对农村的道路、电力、通信、水利等基础设施投资建设并在必要时对农产品实行支持价格政策或直接给农民现金补助。

4. 我国"三农"问题的根源和出路

随着我国社会主义市场经济的发展，城乡收入两极分化，特别是农民的贫困问题日益突出。"三农"问题成为中央长期关注的一个焦点问题，也是我国社会主义市场经济发展中面临的一个重大社会问题。

借鉴国外的经验，我国学者对于解决"三农"问题存在两种意见：一种意见是主张学习西方的经验，扩大城市规模，发展中、小城市，吸收大部分农业人口进入城市，把土地集中于少数农户经营。这样就能迅速改变农村的贫困面貌。另一种意见是认为西方的经验是不成功的。大量农业人口转移到城市形成城市周边的贫民区，并没有解决贫困问题，还使犯罪率上升，治安恶化。而且政府给农民的财政补贴使政府财政不堪重负。特别是我国还是一个农业人口占多数的发展中大国，数亿农民进入城市是不可想象的。西方的办法不符合中国国情，要探索中国发展新农村的道路。

实际上，西方发达国家解决农业问题的经验只是顺势而为，并没有刻意要建立一种什么模式。现代市场经济本质上是大工业的生产方式，大工业是新兴的生产力，农业是相对落后和衰落的生产力。随着市场经济的发展，农业的衰落和农民收入的减少是一种自然规律和趋势，为了追求较高的收入和富裕的生活，人们自然会想办法脱离农村向工业和城市转移和集中，这表明农业生产力已无力承载过多的人口。但是，一个国家不可能没有农业，不可能没有农产品的供给，如果人们都脱离了农业，这个国家吃什么呢？所以西方发达国家为了避免这种情况的出现，由政府出面对农业实行支持和保护政策。而保护农业发展最有效的办法是缩小城市和农村居民收入和生活条件的差距，这样，才能使一部分农业人口稳定在农村，从事农业经营和农产品的供给。所以，在市场经济条件下，政府对农业的支持和保护政策是十分必要的。当然，这种支持和保护政策设计一定要遵循自然规律，不能人为地限制农业人口的转移和流动。因为，**随着市场经济的发展，农业的衰落和农业人口向工业和城市转移和集中是**

一种自然规律和趋势，它表明工业生产力是新兴的生产力，农业生产力已无力承载过多的人口。随着相当部分的农业人口转移出土地，才能实现农业人口与农业生产力所能提供的收入的均衡。而且这种均衡还要和工业社会其他产业的平均收入水平相适应。如果不适应或农业人口收入过低，还会导致农业人口的进一步转移和减少，直到各产业的人口、各产业生产力提供的收入及各产业的平均收入水平之间达到相对均衡为止，这是自然的经济规律。可见，西方发达国家解决农业问题的政策和经验是市场经济条件下顺应农业发展经济规律的自然而然的办法，也是在自然经济规律面前政府所能和应该做的。

当然，西方经济学对农业发展规律的研究还只是经验性的，停留在表面现象的描述。马克思生产力发展理论则要深刻得多。根据马克思生产力发展理论，新兴生产力取代落后生产力成为社会发展的主要生产力是生产力发展的自然规律。现代市场经济制度产生和发展是以大工业的生产力的出现为前提和基础的。因此，在市场经济条件下，大工业的生产力是社会发展的新兴和主要生产力；农业生产力的相对衰落不仅因为农产品缺乏需求弹性和收入弹性，还因为农业生产力本身就是以自然生产条件为基础的，它的产出率是受自然条件限制的。但是，**不同产业或生产力发展的差距和趋势并不是农业人口贫困的必然原因，在自由竞争和人口可以自由流动的前提下，市场经济规律会自发调节人口和劳动力在不同产业的重新分配，直到各产业的人口、各产业生产力提供的收入及各产业的平均收入水平之间达到相对均衡为止。**而我国的户籍制度人为限制了市场经济规律的调节作用，把大量过剩农业人口人为锁定在已无力承载的农业生产力上。这样，随着市场经济的发展，城市和农村居民的收入差距必然日益扩大，农业人口的贫困状况必然日益恶化。没有收入也就无力发展各项事业，只能导致贫困的积累和恶性循环。同时，户籍制度使农业人口成为"二等公民"，不能平等享有现代工业社会的"国民待遇"，不能平等参与现代市场社会的竞争。这不仅违背现代社会人权和国民待遇的理念，而且人为恶化了农业人口的生存条件。这是不公正和不公平的。这才是农民贫困的根本原因。

理解了市场经济条件下农业发展的自然经济规律，就可以理解随着我国社会主义市场经济的发展，城乡收入两极分化，特别是农民贫困、农业衰落、农村破败问题日益突出的根本原因是我国长期实行的户籍制度。以下是解决我国农业、农村、农民问题的根本出路：

（1）废除户籍制度，尊重公民在全国范围自由流动和谋生的权利，充分发挥市场机制在各产业、各地区配置资源、人口、劳动力的作用。同时，在全国范围清理户籍制度派生的歧视、限制农业人口公民权利的政策法规，使全体公民平等享有国民待遇。中国的农民具有最顽强的生命力，只要尊重他们平等竞争的生存权利，他们会创造出自己有尊严的生活。实际上，现在每年有上千万的农民已经冲破了户籍制度的限制，到城市打工谋生，这是经济规律对不合理的人为秩序冲击的表现。有些人担心，如果取消了户籍制度十亿人都会跑到北京去。这种担心是没有必要的。当然，开始人口流动会有一些盲目性。但是，市场规律会教会人们理性地选择和流动。更重要的是，废除户籍制度是彻底实现社会公平的前提和一场社会革命。我国的劳动者主体已由两亿多"农民工"构成，劳动在与资本的竞争中本来就处于弱势，再加上户籍制度强加在他们身上的"二等公民"身份，就更恶化了不平等竞争的状况。这是我国劳动者贫困的一个重要的社会制度原因。更严重的是，户籍制度对劳动者的后代也造成了伤害。媒体曾报道武汉市农民工子女上学的一个情况。教育部门为了给农民工子女创造一个良好的受教育环境，要求学校将农民工子女与城市的孩子混班教学，使全体学生都能受到平等的教育。没有想到的是农民工子女却不接受这样的安排，他们感到自己和城市的孩子存在精神和人格的差距，要求自己独立编班。这个事例说明，户籍制度不仅人为恶化了农业人口的生存条件，而且对他们的后代也造成了精神和人格的伤害。比在城市上学的农民工子女状况更差的是还在农村的"留守儿童"，他们的父母长年在外地打工，但由于户籍制度和经济原因不能把孩子带在身边。这些孩子的童年是在孤独和没有家庭关爱中度过的，它所造成的心理和精神的伤害是终身无法弥补的。而他们又将成为中国未来的有心理缺陷的公民，这个伤害对社会的影响是深远的。

（2）政府要顺应经济规律的要求，加强对城市特别是中、小城市基础设施的投资建设，扶持自发形成的商贸中心、产业中心发展为中、小城市，为农业过剩人口脱离土地谋生创造基础条件。例如，据中央电视台2006年报道，中国第一村华西村，现在已拥有3万人口、30平方公里土地和每年近千亿元的产值。但是，华西村的致富不是靠农业，而是靠工业及相关产业。这是自发形成的产业中心，有条件发展为中、小城市的。政府应积极扶持它们向城市化发展，围绕工业兴办各类服务业，吸收更多的农业过剩人口。再比如，浙江义乌从一个没有资源、没有产业的农业小县发展为现代城市。义乌从自发形成的小商品贸易中心起步，形成规模后，带动了27000家生产小商品的企业形成产业中心，发展成为一个国际化的小商品贸易城市。义乌小商品市场出口贸易额逐年大幅度增长。每天都有来自世界各地的外商采购商品，有外商常驻义乌将义乌的商品批发到世界各地销售。义乌小商品市场经营的商品辐射世界200个国家和地区。义乌小商品市场已经成了国际市场。这是一个典型的由自发的贸易中心、产业中心发展为中、小城市的例子，而在这个发展中义乌县政府起了积极的引导和促进作用。

（3）政府要以国家立法的方式提高劳动者特别是艰苦行业和岗位劳动者的最低工资标准，并建立最低工资标准与 GDP 同步增长的机制。我国市场经济的发展基本上是采取逐步放开、自由放任、自发发育的发展策略。在自发发育的市场经济中，由于制度不完善，劳动者处于十分不利的不平等竞争的地位。例如，我国的劳动者主体已由数亿"农民工"构成，他们在全国各行各业已经成为主要的劳动力。但是，由于他们的"二等公民"身份，不得不接受最低的工资、最恶劣的工作条件，而且没有任何社会保障。劳动者的工资十几年来基本保持不变这种状况不仅导致劳动与资本收入的两极分化日益加深，而且使占人口大多数的劳动者长期处于贫困状态。农民工的收入也就是农民的收入，因此，劳动与资本收入的两极分化也就和城市与农村收入差距的扩大联系在一起。这种状况不改变将会引起一系列的社会问题。例如，在 20 世纪 70 年代韩国的新农村建设中，农民工很高的工资收入是韩国新农村建设资金的重要来源之一。而我国新农村建设的一个主要困难是农村没有资金来源，仅靠政府的投入是远远不够的。因此，保障劳动者的权益不仅可以缓解劳动与资本收入的两极分化，增进社会公平，而且对于我国的新农村建设都有重要意义。由于劳动在与资本的竞争中处于劣势和不平等竞争的地位，所以政府要承担起责任，消除不平等竞争的制度障碍，用法律保障劳动者工资与 GDP 同步增长，为新农村建设提供资金来源。

（4）土地要规模化经营，农产品要产业化经营，要充分利用经济全球化的国际分工和现代农业技术知识，走农业规模化、产业化、现代化的道路。在这些方面，政府有大量的工作要做。①有规划地加强对农村道路、水利、通信、电力等基础设施的投资。②允许土地转承包流动，适度集中于种粮农户，形成土地的规模经营，土地的规模经营是现代农业的基本条件。③为农副土特产品的生产、加工、销售，特别是与国际市场接轨提供产业化服务等。在这些方面，我国许多地区已经积累了丰富的经验并取得了显著的效果。④对农民实行直接或间接的补贴政策。为了缩小城乡收入差距，对农民实行补贴政策是各发达市场经济国家的经验。我国 2007 年开始在全国免除农业税和农业特产税；对农村中小学生免除学杂费；最低生活保障制度和合作医疗制度覆盖全国农业人口等。这些政策对于农民休养生息、恢复生机是十分重要的，同时，还要注意培养农业的造血机能，适当的农产品支持价格是必要的。⑤一切要顺应经济规律的要求，对农村、农民各项事业发展要提供政策支持和服务，不能再搞行政命令和包办代替。

（5）改造国民教育体系，为国民提供实际有效的谋生技能和知识的教育培训。我国的国民教育体系严重不适应社会主义市场经济发展的要求，基础教育为高考服务，高等教育为考研和出国服务，这难道是国民教育的目的吗？现代教育的目的是培养具有现代科学技术知识和社会责任感的合格公民。市场经济社会是公民社会，每一个公民都是在市场竞争中谋生和发展的独立的个体或"经济人"，都应该具备现代市场社会谋生和发展的知识和技能，而向国民提供这种知识和技能的教育正是现代国民教育的责任和目的。我国的国民教育体系应该围绕这个目的进行改造，以适应社会主义市场经济发展的要求。

二、政府限制价格的后果和影响

在市场经济条件下，政府对农业的支持和保护政策是十分必要的，各国政府出于保护农业发展的目的经常对农产品价格实行支持价格或保护价格，或者战争期间为限制一些商品的价格上涨实行最高限价政策等。但是，这些政策的运用并不是没有限制的，要兼顾各个群体的利益。下面就分析这些政策对经济运行产生的影响。

1. 支持价格

支持价格是指政府为支持某一行业的生产而规定的高于市场均衡价格的最低限价。

图 2-13 说明政府支持价格的后果是产生过剩。P_1 为政府规定的保护价，它高于市场均衡价格 $\bar{P}_0$，在 P_1 的价格水平，供给量为 Q_2，需求量为 Q_1，$Q_2 > Q_1$，二者的差额即为过剩的数额。政府为维持保护价，就要按 P_1 的价格收购过剩的产品，这就意味着政府通过财政支出补给了有关行业。同时，也意味着消费者要支付较高的价格获得该产品，该产品的生产者也从消费者那里获得额外收益。因此受到保护的行业获得较好的发展机会。以上分析说明，政府对农产品的支

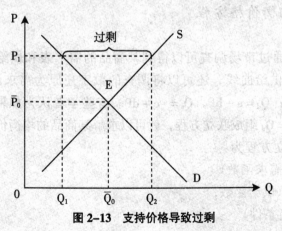

图 2-13　支持价格导致过剩

持价格政策是以牺牲消费者利益为代价的，因此，各国政府对农产品价格实行支持价格或保护价格时要考虑与消费者利益的平衡。

2. 限制价格

限制价格也称最高限价。是指政府为防止某种产品价格上涨而规定的最高限价低于市场均衡价格的情况。

图 2-14 说明政府限制价格的后果是导致短缺。P_1 为政府规定的最高限价，它低于均衡价格 $\bar{P}_0$。在 P_1 的价格水平，供量为 Q_1，需求量为 Q_2，$Q_1 < Q_2$，二者的差额即为短缺的数额。限制价格对厂商的影响是厂商缺乏供货的积极性，政府为保证供货，必须强制规定厂商的供货数量，否则短缺会进一步恶化。限制价格对消费者的影响则表现为市场上出现抢购；排队和政府凭票供应。而且还会出现黑市交易，即消费者愿出高价如 P_3 的价格从黑市上购买短缺商品。

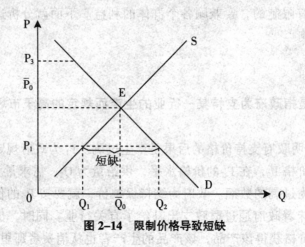

图 2-14　限制价格导致短缺

三、关于均衡价格方程

如前所述，通过市场调查可以得到某商品的需求表和供给表，并做出某商品的需求曲线和供给曲线，还可以将调查的数字还原为需求函数和供给函数，其表达式分别为：$Q_d = a - bP$，$Q_s = -c + dP$。有些学者认为如果将这两个函数和均衡价格条件 $Q_s = Q_d$ 组成联立方程，就可以求解某商品的均衡价格和均衡数量。

均衡价格联立方程为：

$Q_d = a - bP$（需求函数）

$Q_s = -c + dP$（供给函数）

$Q_d = Q_s$（均衡条件）

例如，假定将第二节、第三节里调查得到的需求函数和供给函数联立求解牛奶市场均衡价格和数量可得：

$Q_d = 12 - 2P$

$Q_s = -4 + 4P$

$Q_d = Q_s$

解：将供求函数代入均衡条件得：

$12 - 2P = -4 + 4P$

$\bar{P} \approx 2.7$

将 $\bar{P} \approx 2.7$ 代入需求函数得：

$\bar{Q} = \bar{Q}_d = 12 - 2 \times 2.7 \approx 6.6$

将 $\bar{P} \approx 2.7$ 代入供给函数得：

$\bar{Q} = \bar{Q}_s = -4 + 4 \times 2.7 \approx 6.8$

如前述，均衡价格是从市场调查中得到的，而不是反过来从需求函数和供给函数中计算出来的。如果颠倒了这个关系就陷入唯心主义的陷阱。例如，如果知道某物品的需求函数和供给函数，就可以知道和计算出该商品的均衡价格和数量。这个想法固然不错，但如何得出供求函数中的 a、b、c、d 四个数值呢？影响一个商品的需求和供给的因素就有几十个，甚至上百个。而且许多因素是不确定的和变动的。平狄克说，你只要依据别人的研究成果，得到 a、b、c、d 四个数值，你就可以在一个火柴盒上计算出某一个商品的均衡价格。但是，均衡价格方程建立已有一百多年了，这个别人在哪儿呢？不通过市场调查和还原是无法得出这四个数值的。但是，一通过市场调查，一种商品的均衡价格和均衡数量就知道了，计算就是多余的了。

有些西方学者总是认为人类可以计算出均衡价格。而且，相应的经济学教科书的编写也是从需求函数和供给函数出发，到均衡价格方程的建立，均衡价格的计算等。给人造成一个错觉，好像市场均衡价格是人类计算出来和决定的。实际上，世界市场经济国家二百多年实际经济生活的事实是没有任何一个商品的均衡价格是人类计算出来和决定的，而是市场供求关系自发调节和决定的。而且，一种商品的均衡价格的决定，不仅涉及该商品自己的供求关系（包含几十个时刻处在变动中的相关变量），还涉及相关商品的供求关系的相互影响（即一般均衡）。萨缪尔森认为，这涉及亿万个已知或未知的时刻处在变动中的相关变量，这是当代最快的超级计算机也无能为力的。[1] 因此，一种商品或各种商品的价格决定和均衡过程是市场机制自发调节和决定的。

① 萨缪尔森、诺德豪斯：《经济学》第 16 版，华夏出版社，1999 年版，第 21 页。

本章总结和提要

本章运用实证分析方法、抽象分析方法和数学工具分析了市场供求原理，并初步概括出了市场机制的三个作用。通过本章的学习，重要的是理解市场的定义和竞争性、范围性和社会性特征；供求规律；市场决定价格的机制和配置资源的作用；弹性理论。同时，要学会经济学家观察和分析市场的方法。作为分析方法运用的实例，我们分析了农业问题。

思考题

1. 经济学家是如何给市场下定义的？为什么许多经济学家给市场下的定义都不同？你能给市场下个定义吗？

2. 请评价一下市场的社会性特征，你认为公平竞争有哪些重要意义？

3. 你观察过市场吗？你分析过市场价格波动的原因吗？请运用你经历或观察到的事例说明供求的四条规律。

4. 解释下列判断的对错并说明理由：

（1）自然灾害会提高农产品的价格。

（2）大学学费的上升会减少对大学教育的需求。

（3）政府对小麦实行保护价会增加小麦的供给并降低小麦的市场价格。

（4）养路费改为燃油税会减少汽油的需求。

5. 市场是如何配置资源的？

6. 请做一个市场调查，看哪一个商品的价格是均衡价格方程计算出来并决定的，如果没有，你认为用均衡价格方程计算价格有意义吗？

第三章 需求和消费者行为

本章考察消费者行为，即市场经济系统的消费环节。经济学对消费行为的研究有两个角度，或者说本章的内容有两个方面：一方面，从理性消费者追求效用或满足最大化的角度出发，探讨消费的规律。从理论上说，全体消费者行为的总和就构成了市场需求曲线的基础。因此，通过考察消费规律，可以说明需求曲线的基础。另一方面，了解消费者在想什么、做什么和将会怎样做，就找到了需求。找到了需求就找到了市场。因此，通过探讨消费模式演变的规律，可以为预测需求和市场的变动提供思路。

第一节 效用理论概述

一、效用的概念

消费者行为理论也称效用理论。西方学者认为，消费者购买商品是因为商品有效用，可以满足消费者的某种欲望。因此，经济学将商品的效用定义为：**效用是指消费者消费物品和服务时所感受到的满足程度。商品效用的大小，不是物品本身的属性，而是以消费者的主观评价为转移的。**消费者购买商品就是购买效用或满足。消费者是根据自己对商品效用大小的评价来决定是否购买和愿意付多少钱来购买的。

商品的有用性，斯密、李嘉图和马克思把它称为使用价值，是物品或商品的属性。现代西方学者把它称为效用，不是物的属性。为什么呢？因为在现代西方学者看来，在消费者消费商品的行为中，消费者是主体。商品是否有用，有多大用途或有什么用途，即效用的大小，是以消费者依据自己欲望和需求的判断和评价为转移的。比如，同样的物品，有的人认为它很有用，对自己很重要，如果用货币来衡量，他愿意支付 100 元来购买；而有的人认为它对自己的用途一般，如果用货币衡量他只愿支付 20 元购买；还有人认为它对自己没用，一钱不值。在拍卖市场上，一幅名画可以卖到几十万甚至几百万美元，这是因为名画欣赏家或收藏家认为这幅画对他很重要，他愿意支付这个价格。这在一般人看来简直不可思议。再比如，日本人认为海蜇是一种美味食品，可以给人带来美味享受；美国人见到海蜇就恶心，认为它一钱不值。许多人认为汽车是个好东西，它不仅可以提高行走的效率，开车兜风也是一种心旷神怡的享受。可是，有些人坐在车里头就晕，汽车一动心就跳，这些人认为汽车就是一种自杀器。可见，同样的物品，不同消费者对它的有用性评价是不同的。而购买决策是由消费者做出的，消费者是主体。

　　边际革命的一个重要历史贡献就是确定了经济生活中的消费者主体地位。 在边际革命以前，经济发展是生产者追求利润、发财致富的手段。生产者眼里看不见消费者，为了发财致富甚至坑、蒙、拐、骗消费者。边际革命指出：**生产的目的是消费，消费者才是经济生活的主体。** 生产者只有提供了让消费者满意的产品和服务，消费者才会付钱，生产者的产品和服务才有价值，生产者才能发展、壮大。因此生产者必须把消费者放在心上。这个观念的转变，开辟了一个时代，即消费者主权的时代。从那时起，消费者开始被尊为"上帝"。**这是一个历史的进步，这个进步体现在商品有用性，即效用的定义上，也由以物为主体转变为以人为主体。** 现代商家提倡的以人为本、个性化服务就源于这一理念。

　　效用概念体现的另一个历史进步是随着市场经济的发展，消费者成熟了。 市场为人们提供了五花八门、成千上万种商品，它们是生产者为满足各种各样人的需要、愿望而设计和生产出来的。一个盲目的消费者是人家吃什么他吃什么；人家用什么他用什么。从来没有认真考虑过自己的愿望和需要，没有认真考虑过如何在有限收入的条件下使自己的满足最大化。这种现象有的学者把它称为"羊群效应"、"攀比效应"。这是消费者不成熟的表现。效用概念体现的是一个成熟的消费者已经意识到，**各种各样商品的好坏、效用或价值的大小并不取决于物品本身和别人的评价，而是取决于自己的评价，取决于这些商品在多大程度上能有效率地满足自己的欲望。** 因此，一个理性的消费者应该是依据自己的欲望和既定收入，在各种各样的商品中进行选择和权衡，就是说选择对自己最优的性价比，以获得自己满足或效用的最大化。《3000 美金我周游了世界》的作者朱兆瑞就是一个精明成熟的消费者。所以，**消费者行为理论分析的一个基本前提就是假定消费者都是理性的或成熟的。**

二、效用的度量

由于效用基于消费者的主观心理评价，效用大小的度量问题就遇到了困难。例如，公斤是重量的度量单位，公尺是长度的度量单位。有了度量单位，才能比较重量的大小，长度的多少。那么效用的度量单位是什么呢？没有度量单位又如何度量和比较效用的大小呢？这是一个难题。

一些经济学家认为效用无法直接度量，但是可以间接度量。马歇尔说，经济学家并不能衡量心中任何情感本身，而效用正是这种不能衡量的情感。但是可以通过消费者依据对效用的评价所愿支付的价格间接度量效用。例如一公斤香蕉，消费者愿意支付 8 元的价格，那就表示消费者对一公斤香蕉的效用的评价值为 8 元（或 8 个效用单位）。如果卖者要以 10 元价格出售，消费者就不会购买。一顿晚餐，消费者愿支付 30 元，那就表示这顿晚餐给消费者提供的效用或享受值为 30 元（或 30 个效用单位）。二者的总效用是 8 + 30 = 38（效用单位）。因此，一些经济学家认为，可以用价格间接度量效用，并比较效用的大小，这种比较和分析也是有意义的。持这种观点的学者被称为基数效用论者。基数效用的意思是说效用可以用数字（价格）表示其度量单位，并比较其大小，而且可以加总求和。

另一些经济学家认为，效用是类似于香、臭、美、丑一类的概念，人们可以感受它们程度的差别，而无法度量和用数字表示其大小。比如，当说某人的美丽时，只能说她非常美、很美或比较美，而不能说她有 50 个美、20 个美或 10 个美等。效用也是如此，只能用第一、第二、第三等序数表示效用的等级程度，而不能用数字表示其大小。持这种意见的学者被称为序数效用论者。序数效用论者用几何方法分析消费者行为，基数效用论者用抽象推理的方法分析消费者行为。从经济学的观点看，基数论的方法更有意义。

第二节　边际效用递减规律

一、总效用和边际效用

为了揭示边际效用递减规律，基数效用论者把效用区分为总效用和边际效用。其定义分别为，**总效用（Total Utility）是指消费者消费一定数量的物品所获得的效用量的总和。边际效用（Marginal Utility）是指消费者每增加一单位物品的消费所获得的增加的效用。**可见，**一定数量物品的总效用（TU）就是每单位物品的边际效用（MU）之和。**

西方学者认为，物品的边际效用呈递减的趋势，因为随着物品消费数量的增加，消费者的满足程度逐渐饱和。每增加一单位物品消费所增加的满足程度，即边际效用就趋于下降。例如，戈森在说明他的第一定律"（边际）效用递减规律"时举了一个吃面包的例子。一个饥饿的人，吃第一个面包时，他会得到很大的享受或舒服感，假定他对第一个面包的边际效用评价为10；吃第二个面包时，他得到的享受或舒服感显然不如第一个面包，因为他的饥饿感得到了部分的满足，他对第二个面包的边际效用评价就比第一个面包低，假定第二个面包的边际效用为6；同样的道理，他吃第三个面包获得的享受或边际效用比第二个面包更低，假定第三个面包的边际效用为2；如果三个面包吃饱了，那么他再吃第四个面包，就会感到不舒服，就是说第四个面包的边际效用为负值，假定为-4；这样，他消费四个面包所获得的总效用为：$10+6+2+(-4)=14$。下面就用数字和图形的例子来说明总效用和边际效用的关系。注意表 3-1 中的数字是假定的，只是用假定的数字抽象推理来说明二者的关系。

图 3-1 和表 3-1 的例子表明，随着消费者消费某物品数量的增加，其总效用也在增加，但以递减的速度在增加。因为每增加一单位物品消费所增加的效用，即 MU 是递减的。边际效用递减趋势被称为边际效用递减规律。这是将效用区分为总效用和边际效用，并用抽象推理方法归纳出来的一条重要的消费规律。

表 3-1　某物品的效用表

某物品的消费量	总效用	边际效用
Q	TU	MU
0	0	0
1	5	5
2	9	4
3	12	3
4	14	2
5	15	1
6	15	0

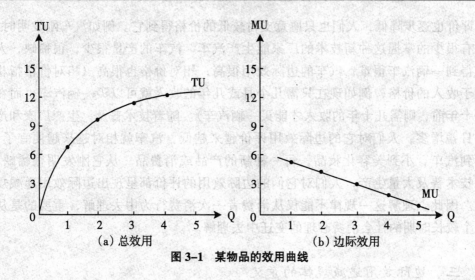

图 3-1　某物品的效用曲线

二、边际效用递减规律的概念及证明

边际效用递减规律可以表述如下：**当某物品的消费量增加时，该物品的边际效用趋于递减。**

西方学者认为，该规律的证明在经济学上是困难的。经济学者是根据"内省"的方法，即自身消费体验的方法相信该规律是成立的。因为效用是消费者消费物品时感受到的满足程度，这个满足的大小取决于消费者的心理感受和评价。要证明边际效用递减规律是否成立，只有借助于心理学试验。19 世纪 50 年代，心理学家们的实验表明，人对重量、声音、光线的感觉呈现出类似于韦伯—费克纳边际影响递减规律时，经济学者们对边际效用递减规律的成立就具有了更大的信心。萨缪尔森在他的《经济学》第 10 版中描述了这个心理试验的结果。"假设你把一个人的眼睛蒙住，并请他把臂膀平伸，手掌向上，然后把一定的重量置于他的掌上，他肯定会感到重量的存在。当你添加重量时，他也会感到重量的增加。然而，在他的手掌支托相当大的重量以后，当你再加上和开始时加上的相同重量时，他却会告诉你，他并不感到任何重量的增加，换言之，他已经支托的总重量越大，添加的或边际的单位重量对他的影响越小。"

实际上，该规律不仅从心理学试验或自身体验可以感觉到它的存在，而且观察社会经济生活也能观察到它的存在。该规律反映的是社会普遍存在的"物以稀为贵"的社会消费心理现象。当一种物品很稀缺时，人们得到一单位很困难，对它的边际效用评价很高，人们也愿支付很高的价格得到它。当它的数量逐渐增加，人们消费的数量很多时，人们得到一单位很容易，对它的边际效用的评价也逐步降低，人们也只愿意支付较低的价格得到它。例如汽车刚发明时，只有很少的掌握这种新技术的厂家能生产汽车，汽车的产量很少，很稀缺，人们得到一辆汽车很难，汽车的边际效用很高，相对价格也很高（相对价格指相对于收入的价格，例如现在只需几个月或几年的收入就可以买一辆汽车，而在几十年前，则需几十年的收入才能买一辆汽车）。随着技术普及，生产厂家和产量日益增多，人们对它的边际效用评价越来越低，汽车就相对越来越便宜了。大到汽车，小到美容化妆品，每一种新的产品或消费品，从它刚发明很稀缺，到技术普及大量生产，人们对它们的边际效用的评价都呈现出边际效用递减规律。因此，理解这一规律不能仅从消费者一次消费行为中去理解，重要的是从一个较长时期的社会消费心理的变迁中去理解。

三、边际效用递减规律的意义

西方学者认为，边际效用递减规律是消费行为的一条重要规律。它决定消费者对物品价值的评价及对物品的需求，具有多方面的意义：

1. 边际效用递减规律是需求曲线的基础

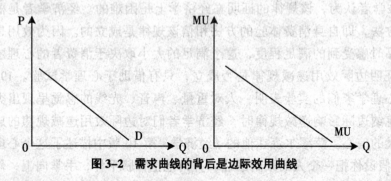

图3-2　需求曲线的背后是边际效用曲线

图 3-2 需求曲线为什么向右下方倾斜？比较一下需求曲线和边际效用曲线的特征，我们就可以理解更深层次的原因是由于边际效用递减规律的作用。即随着某物品消费数量越来越多，消费者对该物品的边际效用评价越来越低，所愿支付的需求价格也越来越低，因此，需求曲线上的每一点，体现着消费者依据其对物品边际效用的评价所愿支付的需求价格。需求曲线背后是边际效用曲线。边际效用递减规律是需求曲线向右下方倾斜的更深层次的原因。以上结论是逻辑分析的结果。

2. 边际效用决定物品的需求价格（或价值量）

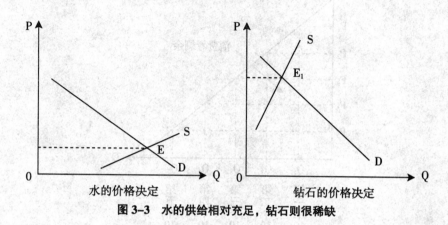

图 3-3　水的供给相对充足，钻石则很稀缺

以上分析的另一个直接的逻辑结果是物品的**价值量**（更具体说是价格决定的需求方面，即需求价格）是由边际效用决定的而不是由总效用决定的。西方学者认为这一结果可以解释亚当·斯密百思不解的价值之谜，即为什么水对人的生命很重要，效用很大，却价值低廉。钻石对人用处很小，效用很小，却价值昂贵。对这一问题，萨缪尔森解释如下：

首先，由于水的供给是相对充足的，在需求既定的条件下，水的供给曲线与需求曲线相交于较低的位置；钻石的供给是相对稀缺的，在需求既定的条件下，钻石的供求曲线相交于较高的位置。

其次，尽管水的总效用很大，但水的价值是由交点 E 的需求曲线背后的边际效用决定的，而不是由总效用决定的；尽管钻石的总效用不大，但它很稀缺，交点 E_1 的位置很高，交点处需求曲线背后的边际效用很大，所以钻石价格昂贵。

3. 消费者剩余

以上分析的又一个直接的逻辑结果就是现代经济社会的消费者购买消费品所获得的总效用要大于他所支付的代价。**物品的总效用与消费者所支付的代价的差额，称为消费者剩余。**

理解消费者剩余的关键是不能从消费者一次消费行为中去理解，而是要从一个较长时期的社会消费行为中去理解。下面以一个社会 50 年间对汽车消费的假定的例子来说明消费者剩余。

图 3-4 中描述的是 50 年间一个社会汽车消费的情况。假定在第一个 10 年时，该社会的汽车刚发明不久，产量很少和稀缺，社会可消费的数量如 Q_1 所

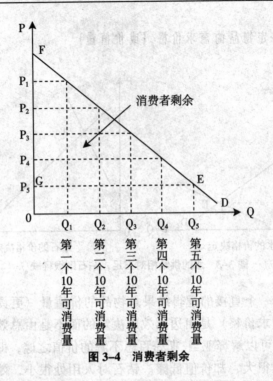

图 3-4　消费者剩余

示，此时汽车的边际效用很高，价格也很高，如 P_1 所示；随着技术的普及，产量的增加，社会可消费的数量也逐年增加，其边际效用和价格也逐年下降，如 Q_2、Q_3、Q_4 所示的情况；到第五个 10 年，社会可消费的数量达到 Q_5，价格下降到由 E 点背后的边际效用所决定的 P_5。在第五个 10 年，社会的汽车消费者以 P_5 的价格买到 Q_5 数量的汽车，他们支付的总成本或代价是 $P_5 \times Q_5$ 的长方形面积，而他们所获得的总效用是 $OFEQ_5$ 的大梯形面积。因为总效用是每一个单位消费量的边际效用之和。总效用面积减去消费者支付的代价 OP_5EQ_5 的长方形面积就是 FGE 这个三角形，它就是消费者剩余。

消费者剩余反映的是消费者从世世代代人们的努力积累起来的经济社会中得到的好处。萨缪尔森说，为了衡量消费者剩余，人们提出许多巧妙的方法，但在这里那些方法的意义不大。重要的是使人们知道，现代高效率的经济社会的公民们是多么幸运，他们能够以低价购买品种繁多的物品这一事实，说明所有的人都从他们从来没有建造的经济世界中取得利益。[①] 不要忘记，在早些年代，五年或十年前或 20 世纪，这些物品还是稀缺的和价格昂贵的。

---

① 萨缪尔森：《经济学》第 10 版，中册，商务印书馆，1982 年版，第 86 页。

第三节 消费者均衡

任何一个理性的消费者都会力图以最小的花费获得最大的效用。消费者均衡问题就是讨论消费者达到效用最大化的条件，或者说讨论消费者如何在各种各样不同价格的众多商品中进行选择和替代以达到最小代价（花费）获得最大效用的均衡。

戈森第二定律，即边际效用相等原则是说，一个消费者如果要从他所消费的一组商品（他喜欢消费的各种商品的组合）中获得最大总效用的均衡，他就要在所需消费的各种商品的数量上进行调整和权衡，使每一种商品的边际效用相等。但是不同的物品具有不同的边际效用，不同的物品具有不同的价格。那么怎么比较不同物品的边际效用呢？怎样比较一辆汽车和一个面包的边际效用呢？或者说怎样使不同物品的边际效用相等呢？因为只有能进行比较，一个消费者才能判断如何将他的既定收入用于各种不同价格的消费品的消费来使他获得最大总效用的均衡。例如，一个消费者需要购买汽车（X）、面包（Y）、衣服（Z）、住房（E）等各种物品，这些物品各自有不同的边际效用和价格。如何在它们之间比较和权衡呢？显然，首先应把它们还原为同一单位的边际效用，才能进行比较。比如，把 X 商品的边际效用 MU_x 除以它的价格，即 $\frac{MU_x}{P_x}$，就得到每元钱所买到的 X 商品的边际效用。以此类推，$\frac{MU_y}{P_y}$、$\frac{MU_z}{P_z}$…分别表示每元钱所买到的 Y 商品的边际效用，Z 商品的边际效用等。

现在进一步思考就会知道消费者达到最大效用的均衡条件是：

$$\frac{MU_x}{P_x} = \frac{MU_y}{P_y} = \frac{MU_z}{P_z} \cdots = 每元钱的边际效用（或每元钱买到的边际效用相等）。$$

这个条件也是戈森第二定律边际效用相等原则更具体的说明。该公式所表达的思想是，或者说消费者均衡条件用经济学语言可表述为：**一个具有固定收入、面临一系列市场价格的消费者，只有当他在购买各种商品上所花费的每元钱买到的边际效用相等时，他才能得到最大总效用的均衡。所以该条件也被称为每元的边际效用相等规律或等边际效用原则。**

如何理解这条规律呢？例如，假定 $\frac{MU_x}{P_x} > \frac{MU_y}{P_y}$，就是说，如果每元钱买到的 X 商品的边际效用大于每元钱买到的 Y 商品的边际效用，那么追求更多效用的消费者就会将购买 Y 商品的钱转移到购买 X 商品，以得到更多的效用。但由于边际效用递减规律，随着 X 商品的购买量增加，其每元买到的边际效用减少；随着 Y 商品的购买量减少，其每元买到的边际效用增加，直至二者相等为止，消费者才会停止转移和替代。这时消费者消费一定数量的各种商品所获得的总效用达到最大。每元钱买到的边际效用相等，更进一步分析它意味着什么呢？每元钱的支出是消费者的边际成本，买到的边际效用是消费者的边际利益（边际收益），所以该条件也可以说是消费者均衡要遵循边际成本等于边际利益的原则。这一原则是西方经济学中的一条重要原则。

消费者均衡条件的分析是纯粹的逻辑分析的结果。在实际的消费行为中，消费者不可能用上述公式去计算每元钱的边际效用，他也不需要这样做。只要他是力图以最小的花费获得最大的效用，他就会有意无意地按这个逻辑行事。上述公式只是用数学语言抽象地表达了一个经济学的逻辑思想：如果你想把任何有限的资源分配于各种不同的用途，那么，只要一种用途的边际利益大于另一种，把资源从边际利益较低的用途转移到边际利益较高的用途就会使你得到好处———一直到一切边际利益相等时的最终均衡为止。[①]你的利益总和就达到最大状态。

如果举个实际生活的例子会看到一个理性的家庭主妇如何将有限生活费用在柴、米、油、盐、瓜、果、蔬菜上进行分配。如果她是精明的、有经验的，她会把家庭生活安排得在既定收入前提下的最佳状态，即达到效用最大化。而这个主妇可能完全不懂数学式。而且每个家庭的最佳状态所需要的消费品组合都是不同的，因为每个家庭的偏好和生活习惯不同，对物品效用的评价也不同。有的家庭爱吃鸡，有的家庭偏爱鱼。每个家庭的最佳状态或效用最大化只能由该家庭成员自己做出评价。所谓萝卜白菜各有所爱。所以这个问题从理论上说是个逻辑的问题，从生活上说是个经验和观念的问题。**因此可以理解用效用函数求解效用最大化的做法没有什么意义，而用社会福利函数求解所有家庭的效用最大化的想法更是荒谬。**

效用大小的比较只对单个消费者有意义。或者说，单个消费者可以依据自己的感受评价和比较不同物品效用的大小。**效用大小的比较，是不能在不同消费者之间进行的。**因为同样的物品，不同消费者对它有用性或效用的评价是不同的。比如，有人爱吃鸡，依据对鸡的效用的评价，他愿意支付 10 元的价格购买一只鸡。而有的人看见鸡就恶心，认为它一钱不值。那么，如何在两个消费者之间比较鸡的效用的大小呢？什么样的效用函数能计算出这两个消费者的效

[①] 萨缪尔森：《经济学》第 10 版，中册，商务印书馆，1982 年版，第 87 页。

用最大化呢？因此，用社会福利函数（社会总效用函数）求解所有社会成员的效用最大化的想法是由于没有完全理解效用概念的缘故。

第四节 消费者均衡的几何分析

序数效用论者用无差异曲线分析消费者均衡问题，仍然能得出消费理论的主要部分的结论。因此我们可以把它看做对本章第二、三节逻辑分析的几何证明。

一、消费者偏好的假定

序数效用论者认为，消费者无法用数字精确表示和衡量各种物品或物品组合的效用大小，但消费者可以判断出各种物品或物品组合的效用大小的程度或等级。假定消费者面临一系列各种物品组合的市场篮子：A、B、C 等。每个篮子里包含着消费者经常消费的若干数量食品、衣服等。消费者可以对这些市场篮子的效用等级做出各种判断：A>B，或者 A、B 相同，即二者无差异。

二、无差异曲线（Indifference Curves）

在无差异的若干市场篮子的各种组合表里，我们假定了食品和衣服的 5 种组合。就是说在其中的任一种组合，比如 A，1 单位食品和 6 单位衣服的组合，与其他的组合，比如 D，4 单位食品和 $1\frac{1}{2}$ 单位和衣服的组合，给消费者提供的效用或满足程度都是相同的或无差异的。依据上述假定，把两种物品的组合标在坐标曲线图上，就可以做出无差异曲线。

表 3-2 无差异的市场篮子组合

市场篮子	食品	衣服
A	1	6
B	2	3
C	3	2
D	4	1.5
F	6	1

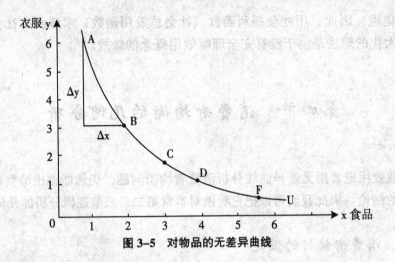

图 3-5 对物品的无差异曲线

　　用横轴代表食品的数量，用纵轴代表衣服的数量，把表中各种组合的数据标在坐标曲线图上就得到 A、B、C、D、F 五种组合的坐标点，连接这些点，就得到一条向右下方倾斜的曲线。这条曲线就是无差异曲线，也称等效用曲线。它代表了能给一个消费者相同满足程度的市场篮子的所有组合。也就是说，该曲线上任一点所代表的食品和衣服的组合对该消费者提供的效用是相同的或无差异的。

　　无差异曲线具有以下性质或特征：

　　（1）**无差异曲线是一条向右下方倾斜，且凹向原点的曲线，斜率为负值。**这表明，在这一条曲线上，为了获得同样的满足程度或效用水平，增加一种商品必须减少另一种商品的数量。或者说，**无差异曲线斜率的经济学意义在于衡量两种物品的相对替代比例。该比例被称为商品的边际替代率。**这表明消费者可以在各种商品之间互相替代，而保持自己的效用水平不变。萨缪尔森把这一性质称为替代规律：一种物品越是稀缺，它的相对替代价值就越大，相对于变得充裕的那些物品而言，它的边际效用会上升。[1]例如，从 A 点到 B 点，消费者愿用 1 单位食品替代 3 单位衣服，而从 D 点到 F 点，消费者只愿用 $\frac{1}{2}$ 单位衣服替代 2 单位的食品。

　　（2）**在同一坐标平面上有无数条无差异曲线，离原点越近的无差异曲线，代表的效用水平越低，离原点越远的无差异曲线，代表的效用水平越高。**

　　（3）**在同一平面上任何两条无差异曲线不能相交，因为在交点，两条无差异曲线效用水平相同，与上述性质相矛盾。**

① 萨缪尔森、诺德豪斯：《经济学》第 16 版，华夏出版社，1999 年版，第 75 页。

现在进一步讨论商品的边际替代率的性质。**商品的边际替代率（Marginal rate of substitution）** $MRS = \dfrac{\Delta Y}{\Delta X}$ 是指在保持效用水平不变的条件下，两商品的替代比例，因此正负号没有意义，取绝对值。

从图 3-5 中看到，从 A 点到 B 点，消费者愿意减少 3 单位衣服换取 1 单位食品的增加，$MRS = \dfrac{3}{1} = 3$；从 B 点到 C 点，消费者愿意用 1 单位衣服的减少换取 1 单位食品的增加，$MRS = \dfrac{1}{1} = 1$；从 C 点到 D 点，$MRS = \dfrac{\frac{1}{2}}{1} = \dfrac{1}{2}$；从 D 点到 F 点，$MRS = \dfrac{\frac{1}{2}}{2} = \dfrac{1}{4}$。可见 MRS 呈递减趋势，序数效用论者将这一趋势称为商品的边际替代率递减规律。

商品的边际替代率递减的原因在于：如 A 点是 6 单位衣服和 1 单位食品的组合，由于消费者拥有的衣服较多，因而对每单位衣服的偏好程度较低，或每单位衣服的边际效用较少；拥有的食品较少，因而对每单位食品的偏好程度较高，或每单位食品的边际效用较高，因此，消费者愿意放弃 3 单位衣服换取 1 单位食品，随着由 A 点向 F 点运动，消费者拥有的衣服越来越少，对每单位衣服偏好程度越来越高，或每单位衣服边际效用越来越高，而拥有的食品越来越多，因而每单位食品的边际效用越来越低，因此，消费者只愿以越来越少的衣服替代越来越多的食品，MRS 递减。**所以商品的边际替代率递减规律可以看做是边际效用递减规律的几何证明。**

三、预算线（Budget Line）

无差异曲线只是说明了消费者可以选择和替代各种商品，以达到相同的效用水平。但是这种选择和替代只有在消费者可花费的收入约束下和既定的商品价格条件下才有意义。预算线就是说明消费者选择的约束条件。

假定消费者每天可花费的收入为 60 元，食品价格为每单位 15 元，衣服价格为每单位 10 元，如果该消费者将收入全部用于衣服，可购买 6 单位，食品的消费数量为 0。如果该消费者将收入全部用于购买食品，可购买 4 单位，衣服的消费数量为 0。在两个极端之间还可以有各种选择，如消费 3 单位食品，只能消费 1.5 单位衣服等。这样可以做出图 3-6 和表 3-3。

表 3-3　市场篮子和预算线

市场篮子	衣服	食品	总支出
A	6	0	60
B	3	2	60
C	1.5	3	60
D	1	3.333	60
E	0	4	60

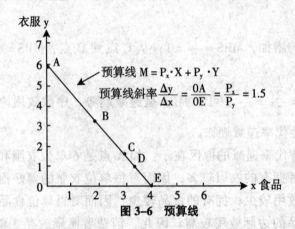

图 3-6　预算线

预算线具有下列性质或特征：

（1）**预算线是一条向右下方倾斜的直线，斜率为负值。预算线斜率表示两商品的价格比率，正负号没有意义，取绝对值。**其经济学意义为：在收入约束条件下，消费者要增加一单位 x 商品，必须放弃相应比例的 y 商品。在图 3-6 中，这个比例为 1：1.5。

（2）**预算线随收入和价格的变动而变动。**这一性质很好理解，因为预算线就是依据既定收入和价格做出的。假定收入不变，食品价格发生变动，或者食品和衣服两商品的价格都发生变动，可以依据既定收入可以买到的食品和衣服两商品的数量重新画出预算线。假定两商品价格不变，收入变动。可以依据变动后的收入可以买到的两商品数量重新画出预算线。读者可以自己假定收入和价格变动做出新的预算线。

预算线斜率为 $\dfrac{OA}{OE} = \dfrac{\dfrac{M}{P_y}}{\dfrac{M}{P_x}} = \dfrac{M}{P_y} \cdot \dfrac{P_x}{M} = \dfrac{P_x}{P_y}$。

四、消费者均衡

在了解了无差异曲线和预算线两个工具后，现在用几何方法讨论消费者均衡问题，也就是消费者最大满足或最大效用的选择和条件问题。

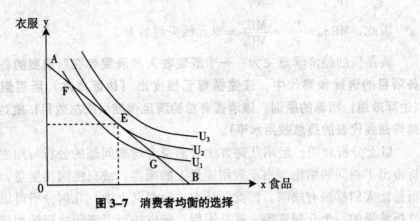

图 3-7　消费者均衡的选择

图 3-7 中，将无差异曲线和预算线放在一个坐标曲线图上，AB 为预算线，代表着消费者既定收入水平和既定价格水平条件下可能买到的两种物品的所有组合。该图上可以有无数条无差异曲线，只画了三条足以说明问题。U_1 曲线与预算线有两个交点 F 和 G，这表明在消费者预算条件下是可以达到 U_1 曲线的效用水平的。但 U_1 离原点较近，它不是消费者既定收入水平下能达到的最大效用水平。U_3 曲线高于预算线，它是消费者既定收入达不到的效用水平。一个理性的消费者追求的目标是在既定收入条件下获得最大满足或最大效用水平。从图上看到，从几何学意义上只有 U_2 曲线与预算线的切点 E 能满足这个要求，因此将该点称为消费者均衡点。也就是说，消费者只有选择该点，才能达到既定收入水平下最大满足程度的均衡。

消费者均衡点 E 是几何学方法得出的结论，还要把它和经济学的意义联系起来。

在 E 点，无差异曲线的斜率等于预算线的斜率。无差异曲线斜率的意义是两商品替代比率，预算线斜率的意义是两商品的价格之比。因此，可以把消费者均衡的条件表达为：

$$MRS_{xy} = \frac{P_x}{P_y}$$

这个条件又意味着什么呢？我们回想一下上一节我们用逻辑分析方法得出的消费者均衡条件的结论：

$$\frac{MU_x}{P_x} = \frac{MU_y}{P_y} = \frac{MU_z}{P_z} \cdots = 每元钱买到的 MU$$

该式中 $\dfrac{MU_x}{P_x} = \dfrac{MU_y}{P_y}$ 经整理可得：

$$\frac{MU_x}{P_y} = \frac{P_y}{P_x}$$

因此，$MRS_{xy} = \dfrac{P_x}{P_y} = \dfrac{MU_x}{MU_y}$ = 每元钱买到的 MU

该条件的经济学意义为：**一个既定收入的消费者在所消费的各种商品和服务项目的选择和替代中，应遵循每元钱支出（边际成本）所买到的满足程度（边际效用）相等的原则，该消费者总的满足程度（或总效用）就达到最大（无差异曲线代表的是总效用水平）。**

以上分析表明，运用几何方法对消费者均衡问题的分析与用逻辑方法的分析得出了相同的结论。由于效用度量上的困难，或只能间接度量，所以逻辑分析总让人们感到有缺陷。因此，从方法论意义上说，几何分析可以说是对逻辑分析结果的一个几何证明。就是说用几何方法可以证明边际效用递减规律和等边际效用原则是成立的。

五、需求曲线的几何证明

序数效用论者用消费者无差异曲线这个工具来证明需求曲线向右下方倾斜的特征，或者说用无差异曲线来推导需求曲线，证明和推导过程如图 3-8 所示。

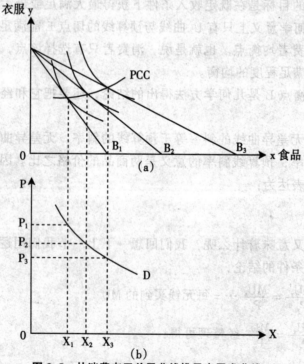

图3-8　从消费者无差异曲线推导出需求曲线

图 3-8（a）是某消费者的无差异曲线。假定在消费者偏好、收入、衣着价格不变的条件下，食品价格由 P_1 下降至 P_3，相应地该消费者的预算线由 B_1 移动至 B_3，与三条无差异曲线形成三个切点，这表明在收入不变的情况下，由于食品价格下降，消费者效用水平提高了。连接三个切点的 PCC 曲线称为价格消费曲线，它表示在收入既定条件下，某商品价格下降，消费者消费水平或效用水平提高的轨迹。

图 3-8（b）中，随着食品价格下降，消费者无差异组合中食品的消费量相应增加，由 X_1 增至 X_3，连接价格 P 与消费量 X 的三个交点，我们得到一条向右下方倾斜的食品的需求曲线。

第五节　恩格尔定律

对每个消费者来说消费欲望是无限的，但实际消费行为模式则是受收入水平或购买力水平决定的。收入水平和价格变动对消费者的消费行为有重要影响。

一、恩格尔定律及意义

厄恩斯特·恩格尔是 19 世纪普鲁士的统计学者。他通过对不同收入水平的家庭消费支出的调查统计结果发现，**随着人们收入水平的上升，食物开支占收入的百分比趋于下降。这一发现被称为恩格尔定律。食物支出占收入的百分比称为恩格尔系数**。恩格尔定律看上去很简单，但它却有重要的经济学意义。

首先，恩格尔系数已被世界各国用作判断一个地区或社会（国家）经济发展水平或富裕程度的一个指标。恩格尔系数越高，意味着该地区居民或消费者要将收入的较大比例（百分比）用于食物的消费支出，解决温饱问题，而没有能力消费其他更高层次的项目。这表明该地区经济发展水平较低，居民比较贫困。恩格尔系数较低，则意味着该地区的消费者只用较少比例的收入就解决了基本的生存（食物）需要，而有更多的收入用于其他更高层次的消费项目，比如汽车、娱乐、旅游、教育等，从而为这些项目的市场发展提供了基础。这表明该地区经济发展水平较高。

其次，恩格尔定律所揭示的消费者消费模式变动的规律，为预测需求和市场的变动趋势提供了线索。

萨缪尔森指出，任何两个家庭都不是以完全相同的方式来消费他们的收入，然而对各种收入水平的人们所做的千百次家庭消费开支的调查结果表明，人们把收入分配于食物、衣着、住房和其他主要消费项目上的方式，平均说来，是相当有规律性的。图 3-9 表明了家庭消费支出模式随收入水平变动而变动的规律。[①]

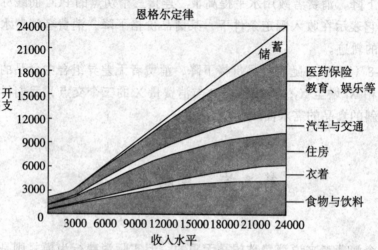

图 3-9　1976 年美国家庭预算开支随收入的不同而表现出有规律的变动

图 3-9 中，在横轴上的每一收入水平与 45° 线做垂线就可以看到每一收入水平上各消费项目开支的比重。图 3-9 反映的调查结果表明，低收入家庭当然必须将他们的收入主要花费于生活必需品、食物、较低水平的衣着和住房。随着收入的增长，人们会吃、穿得好一些，但更多的消费支出增加在住房、汽车、教育、娱乐、保健等消费项目上。而且在这些项目上消费开支增加的比例大于收入增加的比例，就是说这些项目的收入弹性趋于上升。食物开支所占的百分比则趋于下降，就是说食物的收入弹性趋于下降。可见，收入水平变动是家庭消费模式变动的决定因素。

观察一下成千上万、五花八门的商品市场就会看到一些商品的市场趋于衰落和消亡，一些商品的市场则在兴起和发展，其原因是什么？**一是消费者偏好、时尚、生活习惯、文化传统等的变动。**例如，如果消费者偏好或时尚变化使一些产品成为过时的产品，其市场就会逐步衰落。这种变动一般是无规律可循的。**二是消费者收入水平的变动。**低收入地区，低档饭店、低档服装和房屋租赁市场比较兴旺。随着收入水平的提高，高档食品和服装市场就会兴起。随着收入水平逐步提高到更高的层次，汽车市场、房产市场、娱乐市场、保健市场会逐步兴起和发展，这是有规律可循的。一个汽车制造商或推销商，到一个地方推

---

① 萨缪尔森：《经济学》第 10 版，上册，商务印书馆，1982 年版，第 294 页。

销汽车产品，那么首先应该调查该地区居民的收入水平及增长速度，知道该地区有多少消费支出会用于或将会用于消费汽车产品的层次，这样，才会知道产品的消费群体有多大，需求有多少，市场份额有多大等。不然就是一个盲目的推销商，可能疲于奔命而收获甚少。

二、恩格尔曲线

恩格尔曲线表示某一物品的消费量与收入变动的关系。因而它是一个有用的市场调查工具。

图 3-10 描述了随着收入的增长，某物品的消费数量变动的情况。在图 3-10（a）中，当收入由 1000 增至 3000 时，仕奇牌西服的消费数量也由 2 单位增至 6 单位。当一种物品的消费量与收入同方向变动，经济学将它称为正常品。在图 3-10(b) 中，当收入由 500 增至 2000 时，健力宝饮料的消费量由 10 单位增至 30 单位；当收入由 2000 增至 3000 时，健力宝饮料的消费量却由 30 单位下降至 20 单位。当一种物品的消费量随收入增加而减少时，经济学称它为低档品或劣等品。

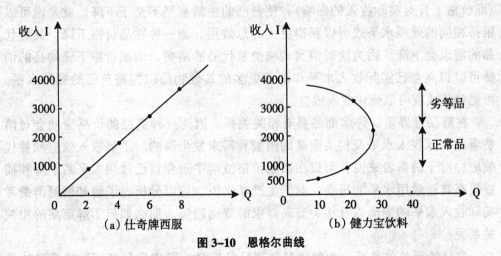

图 3-10 恩格尔曲线

从图 3-10（b）中我们还可以看到，正常品和低档品的划分是相对于一定收入水平而言的，因而是相对的。如图 3-10(b) 图所示，当收入由 500 增至 2000 时，健力宝饮料的消费量随收入增长而增长，它是正常品，当收入水平在 2000 以上时，它又成了劣等品。以一般的消费行为规律而言，当人们的收入水平较低时，人们更多地消费便宜的低档品；随着收入水平的提高，人们会减少低档品的消费，增加正常品和高档品的消费。但从物品的角度而言，在一定的收入水平范围,它是正常品,到更高的收入水平范围,它又成了低档品。

三、收入效应和替代效应

消费者的收入水平除收入自身的变动外,还受价格水平变动的影响。在消费者收入水平既定的前提下,商品价格变动会对消费者实际收入水平或实际购买力水平和消费方式产生两方面的影响,这种影响分别被称为收入效应和替代效应。

在消费者货币收入水平既定的条件下,物品的价格下降,意味着消费者用该货币收入可购买到更多的物品,即实际购买力水平或实际收入水平提高了。如果物品的价格上升,则意味着消费者用既定的货币收入只能购买到较少数量的物品,或者说消费者的实际购买力或实际收入水平下降了,**经济学家把物品价格变动对消费者实际收入水平的影响称为"收入效应"。**

替代效应是指具有替代关系的商品的价格变动对消费者消费模式的影响。当一种商品价格上升时,其替代品的需求会上升。因为消费者用增加价格相对低廉的替代品的消费来替代价格上升物品的消费,可以排除收入效应的影响(即价格上升对实际收入的影响),使自己的生活水平不至于下降。就是说可以维持相同的效用水平或可以获得更大的总效用。当一种物品价格下降,其替代品的需求会下降。因为这时消费者减少替代品的消费,增加价格下降物品的消费可以提高自己实际收入水平和消费更多的其他物品以提高自己的效用水平。可见替代效应可以强化收入效应。

在商品世界里,许多商品具有相关关系,因而一种商品的价格变动会对消费者的实际收入水平及相关商品的消费和需求发生影响。了解收入效应和替代效应,对于消费者来说,可以在市场价格波动中避免自己效用水平的下降和捕捉提高自己效用水平的机会。对于生产者来说,可以分析、了解和预测消费者实际收入水平的变动以及相关商品需求的变动趋势。那么如何了解商品的相关关系呢?

商品的相关关系可分为**替代品和互补品两类。替代品是指两种或几种物品可以相互替代来满足消费者相同的满足或效用水平的物品。**当然这要以消费者对这几种商品具有大致相同的偏好为前提。比如苹果和梨,电影票和录影带,大米和面粉等具有替代关系的几种商品,其中一种商品价格变动会对其他替代品的消费量产生重要影响,因此可以通过一种商品的价格变动对其他商品需求的影响来判断商品之间的替代关系。**如果一种物品价格上升,会导致另一种或几种物品需求上升,则这些物品互为替代品。**如果一种物品价格变动对另一种物品需求没有影响，则这两种物品互为独立品。

　　互补品是指两种或几种物品必须同时消费才能满足消费者同一消费目的的物品。比如汽车和汽油、机油，录音机和磁带，课本和笔记本、笔等是具有互补关系的物品。消费者要消费汽车，就必须消费汽油和机油。当价格变动引起一种商品消费量上升，其他相关物品的消费量也会上升，反之亦然。因此，也可以依据一种商品价格变动对其他商品需求的影响来判断商品的互补关系：**如果一种物品价格上升导致另一种物品需求下降，则这两种物品为互补品**。

　　收入效应和替代效应本来是很简单的概念，有的西方学者要用这两个概念解释"吉芬难题"就使这两个概念复杂化了。1845 年爱尔兰大饥荒，主要的食物就是土豆了，土豆价格上涨，需求量也上涨，出现了需求量与价格同方向变动的违反需求定理的反常情况。吉芬发现了这种情况，并要求经济学的需求定理给予解释，这就是所谓的"吉芬难题"。爱尔兰的土豆也就成了"吉芬物品"。规律只反映普遍情况而不排除个别现象。大饥荒中的情况更是例外。大饥荒中食物奇缺，对食物的需求必然会集中在主要食品土豆身上，而且需求增加、价格上升；价格上升，人们不能不吃，需求也会增加。因为，在大饥荒中只有土豆等食物，可以替代的食品很少。即使土豆的价格上升到比平时肉类食品的价格都高，你还得吃土豆，因为没有肉可吃。如果有肉吃，那还叫饥荒吗？这种情况在饥荒中是普遍的，也是正常的，无须大惊小怪，它也不能推翻需求定理。

本章总结和提要

　　一个理性消费者的行为实际上是要解决 3 个问题：想要什么（欲望）？能要什么（收入约束）？如何选择？消费者在解决这 3 个问题的过程中会自觉或不自觉地遵循两条基本的消费规律：边际效用递减规律和等边际效用原则。了解了消费者行为的规律就了解了需求变动的规律。全体消费者行为的总和就构成市场的需求曲线。学习本章重点要理解效用的概念、总效用和边际效用的关系、两条消费规律、消费者剩余、收入效应和替代效应和恩格尔定律。

思考题

　　1. 萨缪尔森说效用是个很奇妙的概念，它奇妙在哪里？你如何评价效用概念体现的两个历史进步？

　　2. 你是一个理性消费者还是一个盲目的消费者？你在消费中意识到两条消费规律的存在吗？

3. 你同意萨缪尔森对价值之谜的解释吗？

4. 你如何理解消费者剩余？

5. 你注意到身边一些市场在消亡，一些市场在兴起吗？用你观察到的事例说明恩格尔定律。

第四章 生产理论和供给

本章对构成市场经济系统的生产环节进行分析，主要内容包括两方面：一方面从生产者追求产量最大化的行为分析出发，运用生产函数这个工具分析生产的一般规律；另一方面，从生产成本变动规律的分析中说明供给曲线的基础。最后对均衡价格理论做出总结。

第一节 生产理论概述

生产过程是由企业投入各种生产要素：劳动、资本、土地、技术等，产出产品和服务的过程。因此，生产过程也被称为投入产出过程，生产过程的技术关系被称为投入产出关系。

一、生产要素在生产中的特性

1. 各种生产要素在生产上具有相互作用或相互依赖的性质

西方学者认为，物品的产量共同地取决于投入的各生产要素的数量，是各生产要素共同创造的产品和产量。农业时代的威廉·配第把财富生产中的这一特性做了形象的表述：劳动为财富之父，土地为财富之母。产品这个孩子是父母相互作用共同努力的结果。所以，这一特性是亚当·斯密以来西方学者关于劳动、资本、土地、技术四要素共同创造价值的理论在生产论中的具体说明。农业时代只有劳动和土地两种生产要素。在农业生产中，只有劳动，没有土地，或者只有土地，没有劳动，是生产不出任何农产品的，这是一个显而易见的事实。工业革命以后，出现了资本要素（工厂、机器、设备）。同样的道理，只有劳动，没有资本，或者只有资本，没有劳动，也是生产不出任何工业产品的。而且工厂不能吊在空中，必须坐落在土地上，所以劳动、资本、土地共同创造价值和国民财富。20 世纪 80 年代信息技术革命以后，经济学家认为应该把技术作为一个独立的生产要素并入生产方程。现在，经济学家们认为，这四要素是生产中的基本要素，它们相互依赖共同创造产品和产量。

2. 不同的生产要素在一定程度上可以互相替代，因而它们是相互竞争的，但它们不能完全相互取代

西方学者认为，四要素在生产过程中不仅是相互依赖的，而且是相互竞争的。例如，劳动和资本两种要素，如果资本（机器、设备）的价格过高，厂商可以多使用劳动，少使用资本，用劳动替代资本，采用劳动密集型生产方法。这样，劳动的收入会提高，资本的收入会减少。如果劳动的价格过高，则可以多使用资本，少使用劳动，采用资本密集型生产方法。这样，资本的收入会提高，劳动的收入会减少。因此这一特性产生了一个重要的结果：劳动的使用量不仅取决于劳动自身的价格，也取决于资本（如机器）的价格。反过来，资本的使用量不仅取决于资本自身的价格，也取决于劳动的价格。就是说，由于各要素在一定程度上可以相互替代，它们之间存在着激烈的竞争。例如，如果劳动要求的工资过高，厂商可以多使用资本，少使用劳动，就会导致工人失业和劳动收入减少。如果资本（机器）要求价格过高，厂商可以多使用劳动，少使用资本，就会导致资本（机器）过剩和资本收入减少。因此，这种竞争对要素市场各要素的价格决定和平衡有重要影响。但是，尽管各要素在一定程度上可以相互替代，在生产上不能只用劳动不用资本，或者只用资本不用劳动，即它们不能完全相互取代。

上述生产要素在生产上的两个特性是西方经济学生产理论和分配理论的基础。

二、生产函数的概念和性质

由于产出和投入之间存在依存关系，这个关系用数学语言表达就是函数关系，所以，西方学者把投入产出关系称为生产函数。而且可以用生产函数这个工具分析投入产出的一般规律。因此，也可以说**生产函数是表示和分析投入产出一般规律的一个工具，它表示在既定的技术水平和各种生产要素的投入数量条件下，都存在着一个可以获得的最大产品数量。**用公式表示即：

$Q = f(A) (L, K, \cdots)$

式中：Q 代表产出量，A 代表技术系数，L，K，…代表劳动、资本等投入的各生产要素的数量。

该定义说明了生产函数的两点性质：**一是一个生产函数代表一定的技术水**

平的生产，技术进步所引起的各要素生产率提高的百分比称为技术系数。二是生产函数反映的是在既定的技术水平和各要素数量条件下，都存在一个可以获得的最大产量。

生产函数作为研究生产一般规律的一个工具，就是要说明在生产中如何以最小的投入获得最大产出，从而使有限的生产资源得到最有效率的利用。这个问题既要考虑如何选择各要素的最佳配合比例，因为它涉及生产的技术水平和产出效率，又要考虑各要素的价格，因为它涉及生产成本和投入产出比。这种关系普遍存在于各种各样的生产过程中，因此，可以说每家企业都有自己的生产函数，即自己的投入产出关系。而且不仅一个企业，一个行业或部门，一个国家都有自己的投入产出关系，即总量生产函数。

生产函数只是表示和**抽象**分析投入产出一般规律的一个工具，它只是表示在既定的技术水平和各种生产要素的投入数量条件下，都存在着一个可以获得的最大产品数量。**但并不是说可以用生产函数计算出最大产量。**

例如，柯布和道格拉斯对美国制造业 1899~1922 年间投入和产出的统计资料进行实证分析和研究，发现这一时期资本要素对总产出的贡献是 25%（资本和土地的收入占 GNP 的比重为 25%），劳动要素对总产出的贡献是 75%（劳动的收入即工资总额占 GNP 的比重为 75%），而这一时期美国刚刚进行产业革命不久，技术进步对各要素生产率提高的贡献为 1%多一点，柯布和道格拉斯将这一研究成果用数学式表示出来，即 $Q = 1.01L^{0.75}K^{0.25}$，Q 为制造业的总产出，1.01 为技术系数，$L^{0.75}$ 表示劳动要素对总产出的贡献为 75%，$K^{0.25}$ 表示资本和土地要素对总产出的贡献为 25%。因此，柯布—道格拉斯生产函数只是表达了美国制造业 1899~1922 年间投入产出的规律，而且这一规律是用对美国制造业 1899~1922 年间 GNP 统计资料的实证分析得出来的，而不是用生产函数计算出来的。

柯布—道格拉斯生产函数的经济学意义：第一，它表明了 20 世纪初美国制造业中劳动和资本两要素在总产出中的贡献比例为 3∶1，这基本上与两要素在国民收入中所占份额是吻合的。第二，技术系数为 1.01，这表明 20 世纪初美国制造业的生产技术水平还是较低的。技术进步使劳动和资本的生产率的提高每年平均在 1%~2%之间。

三、可变要素和不变要素，短期生产和长期生产

考察投入产出的关系，在生产实践中可以观察到，一些要素比较灵活，可以随时或很短时间调整它的投入量来调整产出。比如劳动，厂商可以按照生产

的淡季和旺季随时调整劳动要素的投入量来调整产量。经济学一般把短期内可随时调整的生产要素称为可变要素。一些要素一旦投入，就有一个使用周期，长时期在生产中发生作用，而且调整它也需要较长的时期和花费一定的成本，比如资本（厂房、设备等）。经济学一般把短期内相对固定，一般不随时调整的生产要素称为固定要素或不变要素。但是，这只是从生产实际的一般意义上讲的。因为，如果短期内不调整劳动的投入量，只调整资本的投入量来调整产量，那么，劳动就是不变要素，资本就是可变要素。因此，不变要素和可变要素的划分不是依据要素本身的性质，而是依据在短期内是否调整为转移的。因此可以说，只调整一种生产要素来调整产量的生产称为短期生产，调整的这种生产要素称为可变要素。其他不调整的生产要素称为固定要素或不变要素。

与生产要素的调整周期或方式相适应，经济学把生产分为短期生产和长期生产。短期生产是指在该时期里，企业能够通过调整一种可变要素来调整生产的产量。长期生产是指在该时期内，企业可以调整或改变所有要素的投入量来调整产量。或者说，在长期生产中，所有要素都是可变要素。可见，短期生产和长期生产不是时间概念，而是与生产要素的调整方式相联系的。

因此，**不变要素、可变要素，短期生产和长期生产是依据生产要素的调整方式和周期来划分的。而不是依据生产要素本身的性质和生产时间的长短来划分的。**从理论分析的角度讲，如果考察劳动变动对总产出的影响，假定资本为不变要素，劳动为可变要素；如果要考察资本变动对总产量的影响，可以假定资本为可变要素，劳动为不变要素。相应地，只调整一种可变要素来调整产量的生产称为短期生产。如果要考察劳动和资本的变动对总产量的影响，那么劳动和资本都是可变要素。相应地，调整两种或所有可变要素来调整产量的生产称为长期生产。

第二节 边际产量递减规律

本节考察短期生产行为，即假定企业可以调整一种可变要素的投入量，而不能调整其他固定要素的投入量来调整产出的生产，有的学者把这种生产称为短期生产或一种可变要素的生产函数。如果假定劳动为可变要素，资本等其他要素为不变要素，一种可变要素生产函数式可表示为：$Q = f$（L、$\bar{K}$），该式表示在资本等其他要素投入既定的条件下，考察劳动投入变动对产量的影响。

一、总产量、平均产量、边际产量

为考察一种可变要素（劳动或资本）的调整（或变动）对产量的影响，把产量分为总产量、平均产量和边际产量。其英文简写顺次为 TP、AP、MP。或者说，为了揭示边际产量的变动规律，经济学将产量分为总量、平均量、边际量，其定义分别如下：

总产量 TP 是指与可变要素的投入量相对应的最大产量。假定劳动为可变要素，其定义公式为：

$$TP = f(L、\overline{K})$$

式中：TP 还是劳动和资本共同创造的。只是 L 为可变投入，$\overline{K}$ 为不变投入。

平均产量 AP 是指每单位可变投入分摊的总产量。假定劳动为可变要素，其定义公式为：

$$劳动的\ AP = \frac{TP}{L}$$

边际产量 MP 是指每增加一单位可变要素投入量所增加的产量。假定劳动为可变要素，其定义公式为：

$$劳动的\ MP = \frac{\Delta TP}{\Delta L}$$

二、总产量、平均产量、边际产量的变动规律

当其他要素投入量不变，只有一种要素 L 的投入量变动，会对产量变动产生什么影响呢？以 1 为单位，顺次增加劳动的投入量（1 单位劳动可以代表 100 工作小时或 1000 工作小时等，将工作小时×小时工资，就是每单位劳动投入的价值量。假定其他投入不变。比如，资本的投入是 10 个单位，每单位资本可以代表 10 万或 100 万价值的机器、设备、厂房投资等）。根据上述定义公式，我们可以编制一种可变要素的生产函数表，表中产量的数字，每 1 单位数字代表若干数量的产品。

将表 4-1 中的数字标在坐标曲线图上，可以直观地看到产量随劳动投入增加而变动的规律。图 4-1 反映了各种产量随一种生产要素投入量的增加而呈现出的变动趋势。将其要点归纳如下：

表 4-1　劳动投入变动对产量的影响

劳动投入量 L	资本投入量 K	总产量 TP	平均产量 $AP=\dfrac{TP}{L}$	边际产量 $MP=\dfrac{\Delta TP}{\Delta L}$
0	10	0	0	0
1	10	8	8	8
2	10	18	9	10
3	10	24	8	6
4	10	28	7	4
5	10	30	6	2
6	10	30	5	0
7	10	28	4	2

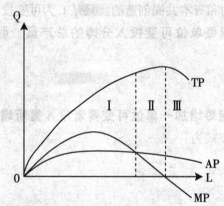

图 4-1　产量随劳动投入变动而变动的规律

1. 总产量的变动规律

当边际产量为正值，总产量一直上升，至边际产量为零时，总产量达到最大值，当边际产量为负值，总产量开始下降。

2. 平均产量的变动规律

平均产量也呈先升后降的趋势，而且也与边际产量相关。当边际产量高于平均产量时，平均产量上升；当边际产量低于平均产量时，平均产量下降。因此，下降的边际产量曲线必然经过平均产量曲线的最高点。

3. 边际产量的变动规律

边际产量上升到一定点后就呈下降趋势，当其小于平均产量时，引起平均产量下降，当其为负值时，引起总产量下降。

因此，总产量、平均产量的变动趋势是与边际产量的变动趋势相关的，是由边际产量的变动规律决定的。

边际量是经济学中最重要的概念，为了强调它的重要性，萨缪尔森说，只要记住是狗尾巴摇动狗身子，而不是狗身子摇动狗尾巴，那么经济学并不难学。这里，萨缪尔森把边际量比喻为狗尾巴，把总量、平均量比喻为狗身子。在经济学中是边际量决定总量、平均量的变动趋势，而不是相反。

三、边际产量（报酬）递减规律及意义

边际产量递减规律可以表述如下：**在生产的技术条件不变，其他要素投入量不变的条件下，一种要素的投入量逐步增加，其边际产量上升到一定点后，就呈现出下降趋势。**

边际产量递减规律最早是由马尔萨斯发现、提出并证明的。就像所有规律都有例外一样，在实际生产中，该规律也有例外。但是该规律仍是普遍存在于大多数生产过程中的现象。这是可以用实验或实证方法证明的。证明时一定要注意保持技术水平和其他投入不变。从理论上讲，该规律之所以能成立，是因为对于任何产品的生产来讲，各要素都有个最佳配合比例的问题。当可变要素投入为零时，其他要素的投入总是存在的。随着可变要素投入的增加，其边际产量上升，当达到各要素最佳配合比例时，其边际产量也达到最大值。之后再增加可变要素的投入，其边际产量就呈递减趋势了。因为生产要素的组合越来越偏离最佳组合比例。各要素的投入，如资本、土地等都存在这一规律。该规律是生产论说明的第一条生产的基本规律。

该规律的意义是显而易见的。**由于边际产量递减，一种要素的投入不是越多越好，而是有个最佳阶段或与其他要素的最佳组合比例问题，否则就会造成生产资源的浪费。**例如图 4-1 中，可以依据劳动要素投入量的增加，边际产量、平均产量、总产量的变动关系将总产量的增加分为三个阶段。劳动要素最佳投入量在劳动的平均产量达到最大和总产量达到最大值之间（Ⅱ阶段）。当劳动的边际产量为负时，再增加劳动的投入量，显然是一种资源的浪费。因为增加的投入不仅不能引起总产量的增加，反而导致总产量的下降（Ⅲ阶段）。

第三节 替代规律

由于各种生产要素都存在边际产量递减规律，各种要素的投入就不是越多越好，而是有个最佳阶段和与其他要素的最佳组合比例问题，否则就会造成生产资源的浪费。从长期看，在各种要素投入量都可以调整的情况下，企业如何选择最佳要素配合比例，以最小成本生产最大产量。要说明这个问题，为了技术分析的方便，假定企业只投入劳动和资本两种生产要素。或者说，用两种生产要素代表所有可调整的生产要素，它的道理是一样的。这样，可以使用两种可变要素的生产函数这个工具分析这个问题。所以有的学者将这个问题的讨论称为长期生产函数或两种可变要素的生产函数，即 $Q = f$（L、K）。该式表示在 L、K 两种要素的投入量都可调整的情况下，企业如何选择最低成本的要素组合获得最大产量。

一、替代规律及意义

从生产实践中可以观察到，当劳动的价格（工资水平）较低，资本的价格（机器、设备的价格）较高时，企业会多使用劳动，少使用资本，即用劳动替代资本，来生产既定的产量；反之，当劳动的价格较高，资本的价格较低时，企业又会少使用劳动，多使用资本，即用资本替代劳动来生产既定的产量。而且还可以看到，厂商总是把劳动密集型的产品迁移到劳动力便宜的地区或国家去生产，而把资本密集型的产品迁到资本比较便宜的地区去生产。为什么呢？因为这样将以更低的成本生产既定产量或更多的产量。可见，追求最大利润的企业在生产中遵循着一条规律，即替代规律，我们可以把它表述如下：**替代规律是指不同生产要素可以互相替代来生产同一产量的规律。该规律的意义在于，它使生产者可以依据不同生产要素的价格，选择各种要素的最佳组合比例，以最小成本生产最大产量成为可能。**

当然，理论分析不能停留在经验的表面，下面就进一步深入分析该规律的性质。根据 $Q = f$（L、K），可以做出等产量曲线。根据既定成本和两要素的价格，可以做出等成本线。运用等产量曲线和等成本线两个工具，通过分析生产者均衡的条件，说明企业如何以最低成本获得最大产出的问题。

二、替代规律的几何分析

1. 等产量曲线

在产量既定的条件下，企业如何选择各要素的配合比例问题可以用等产量曲线来表示。

表 4-2　产量既定两种要素的不同组合

组合方式	L	K	产量 Q
A	1	5	200
B	2	3	200
C	3	2	200
D	5	1	200

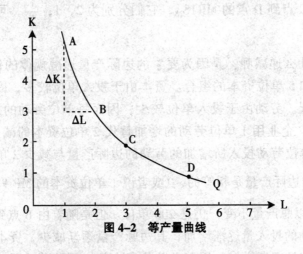

图 4-2　等产量曲线

表 4-2 中，我们假定劳动 L 和资本 K 可以有不同的组合方式来生产 200 单位的产量（即 $200 = f$（L、K））。或者说，既可以用 1 单位劳动和 5 单位资本的组合来生产 200 单位的产量，也可以用 3 单位劳动和 2 单位资本的组合来生产 200 单位的产量等。表 4-2 中假定了 4 种组合方式，实际上可以有更多的组合方式供生产者选择。

将表 4-2 中 A、B、C、D 四种组合数字标在横轴代表劳动投入的数量，纵轴代表资本投入的数量的坐标曲线图上，连接各点，就得到一条 Q = 200 的等产量曲线。它表示在该曲线上的任一点所代表 L 和 K 的组合都可以生产 200 单位的产量。

观察等产量曲线，可以看到等产量曲线具有下列性质：

第一，一个坐标平面上可以有无数条等产量曲线。离原点越近的等产量曲线，代表的产量水平越低；离原点越远，代表的产量水平越高。

第二，任意两条等产量曲线不能相交，否则与第一特征相矛盾。

第三，等产量曲线是一条凹向原点，向右下方倾斜的曲线，斜率为负值。等产量曲线斜率的经济学意义有两点：①等产量曲线斜率表示两种生产要素的替代比例，称为两要素的边际技术替代率。记为 $MRTS_{LK} = \frac{\Delta K}{\Delta L}$。这里，由于 $MRTS_{LK}$ 只是表示两要素的替代比例，所以取绝对值，不记正负号。例如图 4-2 中，从 A 点到 B 点，表示企业愿意减少 2 单位资本的投入来增加 1 单位劳动的投入。换句话说，用 1 单位劳动替代 2 单位资本，其替代比例为 $MRTS_{LK} = \frac{\Delta K}{\Delta L} = \frac{2}{1} = 2$。②斜率为负值表示 **$MRTS_{LK}$ 递减**。如果依次计算从 A 点到 B 点，从 B 点到 C 点，从 C 点到 D 点的 $MRTS_{LK}$，它们分别为 2，1，$\frac{1}{2}$，可见边际技术替代率递减。

$MRTS_{LK}$ 为什么递减呢？是因为要素的边际产量递减规律的作用。在 A 点，是 1 单位劳动和 5 单位资本的组合。资本由于投入单位较多，因而每单位资本的边际产量较低。劳动由于投入单位较少，因而每单位劳动的边际产量较高。从 A 点到 B 点，企业用 1 单位劳动的增加替代 2 单位资本的减少，产量不变，这表明增加 1 单位劳动投入所增加的劳动的边际产量与减少 2 单位资本所减少的 2 单位资本的边际产量是相等的，（或者说 1 单位资本的 MP 只相当于 $\frac{1}{2}$ 单位劳动的 MP）所以总产量不变，仍是 200 单位。但是随着由 B 点到 C 点，再由 C 点到 D 点，劳动的投入量逐渐增加，其边际产量逐渐减少，资本的投入量逐渐减少，其边际产量逐渐增加。用劳动替代资本的比例就递减了。这一论点可以用下面的数学方法加以证明：

在产量不变的前提下，增加劳动的投入，减少资本的投入。劳动投入的增加带来总产量的增加，其值为 $MP_L \cdot \Delta L$；同样资本投入的减少带来总产量的减少量为 $MP_K \cdot (-\Delta K)$，在等产量线上，总产量不变，其改变量为零，因此可得：

$$MP_L \cdot \Delta L + MP_K \cdot (-\Delta K) = 0 \qquad ①$$

由①得：$MP_L \cdot \Delta L = MP_K \cdot \Delta K$ ②

由②得：$\frac{MP_L}{MP_K} = \frac{\Delta K}{\Delta L} = MPTS_{LK}$

可见：两要素的替代比例等于两要素的边际产量之比；沿着等产量曲线，

不断用劳动替代资本，资本的边际产量逐渐上升，而劳动的边际产量逐渐下降，其结果是边际技术替代率递减。

2. 等成本曲线

选择最佳生产要素组合比例的问题，是在既定成本和各要素价格的前提下进行的。等产量曲线只是说明了各种生产要素可以相互替代生产同一产量的可能性。在生产实践中，厂商调整各生产要素组合比例是在既定成本条件下，依据各要素的价格及变动进行的。因此，在说明了等产量曲线这个工具的性质后，再来讨论第二个工具等成本线的性质。等产量曲线和等成本曲线与消费者均衡的几何分析运用的无差异曲线和预算线是相同方法。所以，这里可以简化一些。

假定企业的成本为 C，劳动的价格即工资为 W，资本的价格为 r，成本方程：$C = WL + rK$。如果企业将全部成本用来购买劳动，可购买 $\frac{C}{W}$ 的数量。另一个极端，如果企业将全部成本用于购买资本，可购买 $\frac{C}{r}$ 的数量。据此，可以做出等成本曲线：

图 4-3 描述了等成本曲线。横轴代表劳动的数量，纵轴代表资本数量。纵轴 A 点表示全部成本用于资本可购买的数量。横轴 B 点表示全部成本用于劳动可购买的数量。连接 A、B 点的线称为等成本线。线上任一点表示在两要素价格既定条件下，用既定成本可购买的两要素的任一组合。

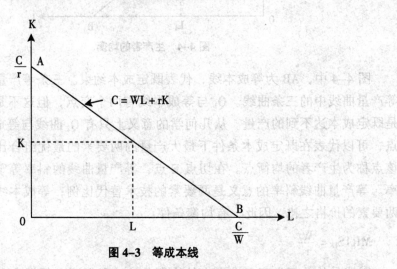

图 4-3　等成本线

等成本线具有两点性质：①成本和两要素价格变动，等成本线也会变动。②等成本线斜率的意义为两要素的价格之比。$\frac{C}{r} \Big/ \frac{C}{W} = \frac{W}{r}$（取绝对值）。它表示两种生产要素在成本约束条件下的替代比例。例如，如果工资率为 5 元/小时，资本的价格为 10 元/每单位，企业用 1 单位资本替代 2 单位劳动，而总成本不变。

3. 生产者均衡

可以用等产量曲线和等成本线这两个工具来讨论生产者均衡问题，也就是讨论企业如何以最小投入获得最大产出的条件。这个条件也称生产者均衡条件，生产要素投入量最优组合条件。等产量曲线代表不同要素的替代规律和企业可能的各种选择；等成本线代表在成本约束条件下，不同要素替代的可能性。企业追求最大产量的均衡，就要在成本约束和替代规律的双重作用下进行权衡、比较和选择。图 4-4 就是对这一选择过程的描述。

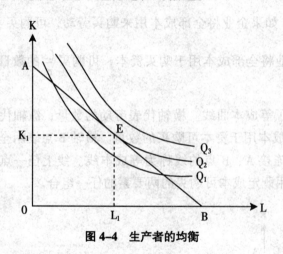

图 4-4　生产者的均衡

图 4-4 中，AB 为等成本线，代表既定成本约束。三条等产量曲线是无数条等产量曲线中的三条曲线。Q_1 与等成本线有两个交点，但这不是最大产量；Q_3 是既定成本达不到的产量。从几何学的意义上只有 Q_2 曲线与等成本线的切点 E 点，可以代表在既定成本条件下最大产量的两要素的最优组合比例。因此，把该点称为生产者的均衡点。在切点 E 点，等产量曲线的斜率等于等成本线的斜率。等产量曲线斜率的意义是两要素的技术替代比例；等成本线斜率的意义是两要素的价格之比。因此，有均衡条件：

$$MRTS_{LK} = \frac{W}{r} \qquad ①$$

①式是从几何学意义上得出的均衡条件。我们还必须把它和经济学的意义联系起来。由于两要素的 $MRTS_{LK} = \dfrac{MP_L}{MP_K}$，所以由①式可得：

$$\frac{MP_L}{MP_K} = \frac{W}{r} \qquad\qquad ②$$

由②式可得 $\dfrac{MP_L}{W} = \dfrac{MP_K}{r} =$ 每元钱成本的边际产量相等 　　③

①②③式都可看做生产者均衡条件，但③式更具有经济学意义。如果用经济学语言表述，可以把企业以最小成本获得最大产量的条件表述如下：**企业只有在各要素的投入上使每元钱成本带来的边际产量相等，企业才能实现以最小的成本获得最大产量的均衡。**

第四节　规模收益

各生产要素的调整涉及生产规模的变动。因此，调整生产要素不仅要考虑最佳要素组合比例的问题，还要考虑最佳生产规模问题。最佳经济规模才能使各要素的效率得到充分发挥并获得规模收益的好处。

一、规模收益的概念

规模收益（报酬）是指企业从最佳经济规模上获得的好处或收益，它表现为企业投入产出比的提高。

企业的经济规模过小或过大，都会影响所投入的各要素的效率的发挥，从而影响产量最大化的目标。最佳经济规模由于可以使各要素的效率充分发挥，从而提高投入产出比而获得规模收益。

二、最佳经济规模的判断方法

1. 决定企业最佳规模的因素

企业的生产规模不是越大越好，而是有自己的最佳规模。一般来讲，决定企业最佳规模的因素有以下三点：

（1）**产品本身的性质。**就产品本身的性质来说，飞机产品和豆腐产品所要求的最佳生产规模显然有很大的区别。如果把豆腐厂建造得像飞机制造厂那么大的规模，那么黄豆从工厂这个门进去，豆腐从工厂那个门出来就臭了。

（2）**企业面临的市场状况**。就企业面临的市场状况来说，一个地域性的产品和一个国际性产品，其市场容量有很大差异，所要求的最佳生产规模显然也有很大差别。工厂确定自己的产量是依据它面临的市场需求状况，即销售量来确定的。所谓以销定产，有多大市场，生产多大的产量，这是决定企业生产规模的决定因素。否则就会造成企业产品积压，经营困难，甚至破产，更不要谈什么规模收益了。企业面临的市场需求状况是经常变化的。一方面，企业自身不断降低成本在竞争中努力扩大自己的市场销售量或市场份额；另一方面，其他竞争对手也在这样做，而且消费者的偏好经常在变化，有许多不确定因素。而且不同企业的市场需求差别很大。因此，企业必须瞄准变化的市场，随时调整自己的生产规模。

（3）**技术发展水平**。就技术水平来讲，产品和生产的技术水平高低对生产方式和管理模式有不同的要求，而且一些技术水平高、生产工艺复杂的产品本身就要求一定的经济规模，规模过小生产是不经济的。比如，纽扣产品在家庭作坊就可以生产，汽车产品必须要求很大的规模才不会亏损。可见，**最佳经济规模并没有一个固定的模式或公式，而是因产品、市场、技术而异和变动的。**

2. 如何判断企业的最佳经济规模

一般来讲，判断企业最佳生产规模的方法，可以通过企业生产规模变动与所引起的产量变动之间的关系来考察，即通过投入产出比的变动来考察。在全要素投入产出比为既定的条件下，企业规模扩大（各要素投入按相同比例增加）所引起的产量变动有三种情况，分别被称为规模收益递增，规模收益不变，规模收益递减。

（1）**规模收益递增**是指在既定的投入产出比的条件下，企业规模扩大带来了投入产出比的提高，即产量增加的比例大于各要素投入增加的比例。规模收益递增，表明企业生产规模扩大带来了生产效率的提高。企业获得了规模扩大所带来的收益和好处。或者说企业获得了规模收益。例如，假定原来企业既定的投入产出比为 1∶1，生产规模扩大使企业的投入产出比提高到 1∶2。产出增加的比例就是企业获得的规模收益。同时，它也表明企业没有达到最佳经济规模，还可以继续扩大规模。

（2）**规模收益不变**是指企业规模扩大，投入产出比不变，即产量增加的比例等于各要素投入增加的比例。规模收益不变表明企业产量的增加是由于投入的增加，企业并没有获得规模继续扩大的好处和收益。例如，当企业生产规模扩大使企业的投入产出比提高到 1∶2 后，继续扩大生产规模。但是，企业的投入产出比并没有提高，仍然是 1∶2。这说明企业并没有获得规模继续扩大所带来增加的收益，出现了规模收益不变。因此，相对来讲，企业已达到最佳规模，或规模经济，不宜再继续扩大生产规模。如果继续扩大生产规模，就可能出现规模收益递减。当然，判断企业是否达到最佳规模的临界点，就是看继续扩大生产规模是否出现规模收益递减。

（3）规模收益递减是指随着企业规模扩大，投入产出比下降，即产量增加的比例小于各要素投入增加的比例。例如，当企业投入产出比达到 1∶2 的规模经济后，继续扩大生产规模，投入产出比没有提高，反而降为 1∶1.5，出现了规模收益递减。规模收益递减表明企业规模已过大了。规模扩大不仅不能获得规模收益，反而引起生产效率的下降和投入产出比的下降，这被称为规模不经济，因此，企业应缩小生产规模。

一般来讲，企业在从小到大的发展过程中，大都经历了规模收益递增、不变、递减三个阶段。这也为判断企业最佳规模提供了思路和方法。但企业的最佳规模是因产品性质、市场变化、技术发展的情况而变动的，因而是相对的，没有一个固定的模式或公式。企业应随着产品、市场和技术水平的变动随时调整自己的生产规模，以获得最佳规模收益。

以上几节，分析和说明了生产的三条基本规律：边际产量递减规律、替代规律、规模收益规律。下面换个角度，从成本变动规律来分析，说明供给曲线的基础。

第五节　成本理论

厂商的生产活动构成产品市场的供给。生产成本是供给价格的基础。本节通过对厂商生产成本变动规律的分析说明供给曲线的基础，即说明供给曲线背后的原理。

一、成本的概念

成本即生产费用，是厂商购买各生产要素的支出总和。经济学家按生产要素的分类把成本的构成分为四项，即**成本＝工资＋利息＋地租＋正常利润。**

经济学家对成本的分项与企业会计成本的分项是有差别的。企业会计成本分项要复杂细致得多。如工资一项包括企业使用人工支付的工资、津贴、补助等各项开支。利息一项是通过贷款方式使用银行金融资本的费用。在企业中，不仅包括贷款利息，还包括资本品（机器、设备、厂房等）的折旧、支付的股息或红利等。地租一项包括企业租用地皮或厂房、店面所付的费用。**正常利润一项是企业主自有资本的合理利润和企业家才能的佣金报酬。**西方学者认为，投资和经营企业需要承担风险和责任，应得到合理的报酬。企业主自有资本的投资也应该按合理的利润率获得报酬。聘用的企业家的报酬一般是年金或佣金的形式，它数额较大，不同于工资，具有利润分成的性质。**正常利润也构成生产成本的一部分。超过正常利润的部分称为超额经济利润。**

西方学者认为，在企业的生产经营活动中，有些企业主拥有一些自有的生产要素，如自有的土地、资金、设备，自己经营企业等。将这些自有要素投入生产，**并不形成企业成本的账面支出，**所以这部分成本称为**隐成本。**与此相对应，企业从市场上购买各要素的支出，形成企业成本的账面支出，这部分成本称为**显成本。**西方学者认为，在计算企业实际生产费用时，这两部分都应包括在内。从这个角度看，企业成本又是隐成本和显成本之和，即**成本＝隐成本＋显成本。**

机会成本是比较成本概念而不是实际成本概念。企业在选择生产项目时，要从机会成本的角度比较各种项目所需的成本及可能带来的收益，以做出成本最小、收益最大的项目选择。一旦做出选择和投入，就形成实际的成本支出。但有的经济学家认为，从机会成本的角度考虑，做出一种选择是以放弃其他选择为代价的，这个代价即为机会成本。他们认为机会成本也应作为企业做出一种选择的经济成本考虑在内。

例如：一个 19 岁的青年上大学，一年的学费、书本费、食、宿、旅行等费用总计 12000 元。这是不是上大学一年的全部成本呢？经济学家认为不是。因为这个青年用一年时间上大学就意味着放弃了用这一年时间做其他事情的机会和可能得到的收益。假定该青年用这一年时间工作，可以获得 18000 元工资收入。经济学家认为，该青年上大学所放弃的这 18000 元收入的机会成本也应计算在他上大学的经济成本之内，这样他上大学的经济成本就是 12000 元+18000元=30000 元。因此，**经济成本＝实际成本＋机会成本。**经济成本是经济学家的一种思想。本节考察的企业成本变动规律是企业的实际成本。

二、成本方程和成本函数

成本方程表示成本的构成。记为：

$C = WL + rK$ （假定生产中只有 L、K 两种要素投入）

成本函数表示成本随产量变动而变动的规律。记为：

$C = f \ (Q)$

用成本方程做出等成本线，是为了表示在成本约束下，各要素替代的可能性。本节的成本理论是为了考察成本随产量变动而变动的规律，因此，运用成本函数这个工具。

三、成本的分类

为了考察成本随产量变动而变动的规律，与产量的划分相对应，经济学将成本划分为总成本、平均成本、边际成本三大类。其英文简写分别为 TC、AC、MC。

由于在成本中，有一部分成本不随产量变动而变动。经济学又将 TC 和 AC进一步分类为不变成本、可变成本、平均不变成本、平均可变成本。其英文简写分别为 FC、VC、AFC、AVC。

上述各类成本的概念和定义公式如下：

总成本 TC 指企业生产一定量产品所花费的生产费用的总和。总成本可分为不变成本和可变成本两部分，即 TC = FC + VC。

不变成本 FC 指不随产量变动而变动的成本。如厂房、设备的投入费用和维护费用，保安人员的工资等。这部分费用即使产量为零也存在，而且不随产量增加而增加。而且它只是分摊到单位产品的成本中，因此也称分摊成本。

可变成本 VC 是指随产量变动而变动的成本。如工人的工资、原材料、动力燃料等费用。这部分成本随产量增加而增加，随产量减少而减少。因此称为可变成本。

平均成本 AC 指单位产量所分摊的总成本。即 $AC = \dfrac{TC}{Q}$。

平均成本也分为平均不变成本和平均可变成本。其定义公式分别为：

$AFC = \dfrac{FC}{Q}$ ； $AVC = \dfrac{VC}{Q}$

边际成本 MC 指每增加一单位产量所增加的总成本。其定义公式为：

$MC = \dfrac{\Delta TC}{\Delta Q}$

四、成本变动的规律

明确了成本的概念和分类，现在来考察各类成本随产量变动而变动的规律。表 4-3 是某厂商的成本函数表。第一栏是产量；第二至四栏是总成本的各项，以后各栏的数字是依据边际成本和平均成本的定义公式计算出来的。

表 4-3　各类成本随产量增加而变动的规律

产量 Q	总成本			边际成本	平均成本		
	不变成本 FC	可变成本 VC	总成本 $TC = FC+VC$	$MC = \dfrac{\Delta TC}{\Delta Q}$	平均不变成本 $AFC = \dfrac{FC}{Q}$	平均可变成本 $AVC = \dfrac{VC}{Q}$	平均成本 $AC = \dfrac{TC}{Q}$
0	50	0	50	0	0	0	0
1	50	40	90	40	50	40	90
2	50	70	120	30	25	35	60
3	50	90	140	20	$16\frac{2}{3}$	30	$46\frac{2}{3}$
4	50	120	170	30	$12\frac{1}{2}$	30	$42\frac{1}{2}$
5	50	170	220	50	10	34	44
6	50	230	280	60	$8\frac{1}{3}$	$38\frac{1}{3}$	$46\frac{2}{3}$
7	50	310	360	80	$7\frac{1}{7}$	$44\frac{2}{7}$	$51\frac{3}{7}$
8	50	420	470	110	$6\frac{1}{4}$	$52\frac{1}{2}$	$58\frac{3}{4}$

　　将表 4-3 各类成本的数量标在坐标曲线图上，就可以得到各类成本的曲线，见图 4-5，从而形象直观地从各类成本曲线的特征上看到各类成本的变动规律。

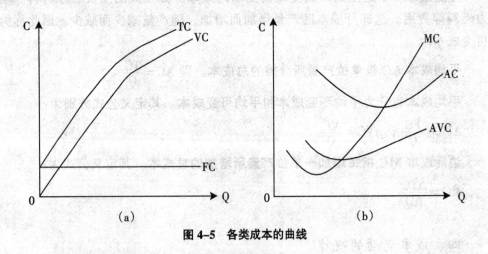

图 4-5　各类成本的曲线

　　现在来观察各类成本的曲线特征及所反映的各类成本的变动规律。

　　根据定义 FC 是一条水平线，它不随产量变动。在其上加上随产量增加而增长的 VC 曲线，便得到上升的 TC 曲线。

　　总成本的变动规律：**总成本随产量增加而增长，它表现为不断上升的 TC 曲线。**

　　边际成本的变动规律：**边际成本随产量增加呈现出先下降后上升的变动趋势。它表现为 MC 曲线先下降再上升，呈 U 形特征。**

　　平均成本和平均可变成本的变动规律：**平均成本和平均可变成本随产量增加也呈现出先下降后上升的变动趋势。它表现为与 MC 相应 AC 和 AVC 曲线也呈先下后上的 U 形特征。**

　　经济学关注的是 U 形的 MC 曲线在其上升过程中依次经过 AVC 曲线和 AC 曲线的最低点，这不是偶然现象。其原因在于，当边际成本 MC 小于平均成本 AC 时，MC 会使 AC 降低。当边际成本 MC 等于平均成本 AC 时，MC 便不再使 AC 下降。当边际成本 MC 上升到大于平均成本 AC，MC 必然使 AC 上升。因此，在上升的 MC=AC 之点，必然存在 AC 的最低点。同样，当 MC 曲线通过 U 形的 AVC 曲线的最低点时，在此点以前，MC 使 AVC 下降，因为 MC<AVC，在此点以后，MC 使 AVC 上升，因为 MC>AVC，可见，AC 和 AVC 曲线的变动是与 MC 曲线相关的，是由 MC 曲线决定的。

　　现在我们来思考为什么 MC 曲线呈现 U 形特征。边际产量 MP 曲线的特征可以理解与边际产量上升阶段对应的是边际成本下降阶段，与 MP 下降阶段对应的是 MC 上升阶段。因为当增加一单位要素投入所增加的产量 MP 是上升的，那么从产量的角度看，增加一单位产量所增加的成本 MC 就是下降的；反之，当增加一单位要素所增加的产量 MP 是下降的，那么从产量的角度看，增加一单位产量所增加的成本 MC 就是上升的。因此，**边际产量递减规律决定了 MC 曲线的 U 形特征和上升趋势。**

五、MC 曲线的意义

　　上升的 MC 曲线依次经过 AVC 曲线和 AC 曲线的最低点意味着什么？

　　从供求理论我们知道，成本是企业制定产品供给价格的基础，如果价格低于企业的成本，企业就会亏损而无能力供货。那么企业是依据哪一类成本制定它的供给价格呢？

　　沿着上升的 MC 曲线上行，到 MC 与 AVC 的交点。如果企业在该点定价，它只能收回它的 AVC，还不能收回 AFC，存在亏损。继续上行至 MC 与 AC 的交点。如果企业在该点定价，它能收回它的全部成本，从而收支相抵。继续沿 MC 上行，超过 AC 最低点，企业不仅能收回它的全部成本，还可获得经济利润。可见，企业是按它的 MC 制定供给价格的，上升的 MC 曲线就是厂商的供给曲线。这一结论在下一章完全竞争市场的均衡分析中还会验证。

以上分析得出成本理论分析的一个重要结论：**即 MC 曲线是供给曲线的基础。或者说，上升的 MC 曲线就是厂商的供给曲线。**MC 是经济学的一个重要概念，具有多方面意义。

六、关于长期成本的变动

长期中，厂商可以根据各要素价格的变动、市场变动、技术的发展等，选择更好的要素组合比例和最佳经济规模。如果企业选择了更好的要素组合比例和经济规模，从而获得规模收益，那么企业的各类成本将水平下降；反之企业的各类成本将水平上升。因此，**长期中，要素组合比例变动或生产规模变动只影响各类成本的水平上升或下降，并不影响各类成本的变动规律或曲线特征。**

生产同一产品的众多厂商构成一个行业。行业的供给曲线则是各个企业上升的 MC 曲线的水平加总。对于一个自由竞争厂商构成的行业，行业的成本水平上升或下降与单个厂商的成本水平上升或下降是同样的，并不影响各类成本的变动规律或曲线特征。如果一个行业中的个别厂商由于采用了更先进的技术或其他原因，使自己的成本大大低于该行业其他厂商的成本。那么在竞争中，他将把其他厂商挤出该行业，成为该行业的垄断者或寡头。即使如此，也只是他的各类成本水平下降，并不影响他各类成本的变动规律或曲线特征。

我们运用生产函数这个抽象分析的工具揭示了边际产量递减规律、替代规律、规模收益这三条生产的基本规律，并分析了其意义。运用成本函数这个工具揭示了边际成本曲线是厂商供给曲线的基础；从而说明了供给曲线背后的原理。

第六节　生产函数的滥用

一、理论和现实与抽象分析方法

理论经济学是用抽象分析方法揭示经济生活的必然性和一般规律。而现实经济生活是由必然性和偶然性构成的，要复杂得多。初学者对理论分析与现实生活的差距感到困惑是由于不了解抽象分析方法的缘故。

例如，每次分析以厂商追求最大利润为分析前提和出发点。那么现实生活中的厂商是否每次行动都是在追求最大利润呢？有许多事例表明并非如此。比如现代大公司的所有权和经营权分离，使企业在追求利润的同时，还有许多其他目标。但是，正如萨缪尔森指出的，如果企业在计算成本和收益时漫不经心，那么达尔文式的适者生存的规律很可能把它清除出经济舞台。因为生存竞争的必然性始终是支配市场经济中厂商行为的规律。

再如，用生产函数曲线、成本曲线和收益曲线分析得出厂商产量最大化的条件，利润最大化的条件等。那么现实生活中的企业是否也是计算出它的复杂的生产函数曲线、成本曲线和收益曲线来实现它的均衡呢？萨缪尔森说，显然不是，只要到企业了解一下就知道。企业是用很简单的方法，即根据各要素的价格，经过简单的加减乘除就可以找到生产既定产量的最低成本，或既定成本下的最大产量。如表4-4所示。

表 4-4　既定产量的最低成本的要素组合

组合方式	劳动 L	资本 K	总成本 $P_L=5\$$ $P_K=7\$$	总成本 $P_L=5\$$ $P_K=3\$$	产量 Q
A	1	6	47$	23$	346
B	2	3	31$	Δ19$	346
C	3	2	Δ29$	21$	346
D	6	1	37$	33$	346

从表4-4中我们看到，当劳动价格为5$ 1单位，资本价格为7$ 1单位，厂商经过简单的计算就可找到 C 种组合方式成本最低。当要素价格发生变动，资本价格下降为3$ 1单位，厂商简单计算就可找到 B 种组合方式成本最低。既定产量的最低成本，反过来就是既定成本的产量最大。实际生活中的厂商都是用这种简单的方法找到他的最低成本或最大产量均衡的。那么厂商是如何找到他的利润最大化的均衡呢？萨缪尔森说，厂商是用在平均成本之上加值的办法来决定它的产品价格和利润率的。例如厂商生产某产品的平均成本是 50 美元，厂商如果决定要 10%的利润率，那么定价为 55 美元，如果要 20%利润率，那么定价为 60 美元，等等，如此而已。但是，正如萨缪尔森所说的，就厂商能够相当准确地猜到它在什么情况下可以实现最大利润而论，它实际上是在使它的边际收益和边际成本大致相等。它做到这一点，并不使用曲线，而是通过试着干的办法摸索到最佳状态的。[1] 可见，**经济学使用的各种曲线不过是抽象分析的**

---

[1] 萨缪尔森：《经济学》第 10 版，中册，商务印书馆，1982 年版，第 178~179 页。

工具，是运用边际增量和抽象分析相结合的方法揭示经济行为背后的、内在的本质规律。不了解这一点，热衷于生产函数、成本函数、收益函数的演算，其实是画蛇添足，差之千里。这是不了解经济学的抽象分析方法的缘故。

二、生产函数的滥用

如果不是把生产函数看做抽象分析的工具，而是以为用生产函数式就可以计算出所谓的最大产量，这就是生产函数的滥用。下面是一道经常让学生计算的生产函数习题：

已知某企业的生产函数为 $Q = L^{\frac{2}{3}} \cdot K^{\frac{1}{3}}$，劳动的价格 $W = 2$，资本的价格 $r = 1$。求：当成本 $C = 3000$ 时，企业实现最大产量时的 L、K 和 Q 的均衡值。

解：解决在 $C = WL + rK$ 的限定条件下，$Q = f$（L、K）的最大值的最优组合问题用拉格朗日方程可得出：

$$MRTS_{LK} = \frac{\frac{\partial f}{\partial L}}{\frac{\partial f}{\partial K}} = \frac{MP_L}{MP_K} = \frac{W}{r}$$

对于 $Q = L^{\frac{2}{3}} \cdot K^{\frac{1}{3}}$

$$\frac{\partial Q}{\partial L} = \frac{2}{3} L^{-\frac{1}{3}} \cdot K^{\frac{1}{3}} = MP_L$$

$$\frac{\partial Q}{\partial K} = \frac{1}{3} L^{\frac{2}{3}} \cdot K^{-\frac{2}{3}} = MP_K$$

因为 $\frac{MP_L}{MP_K} = \frac{W}{r}$，$W = 2$，$r = 1$

所以 $\dfrac{\frac{2}{3} L^{-\frac{1}{3}} \cdot K^{\frac{1}{3}}}{\frac{1}{3} L^{\frac{2}{3}} \cdot K^{-\frac{2}{3}}} = \dfrac{2}{1}$

整理上式得 $\dfrac{2K}{L} = \dfrac{2}{1}$

那么　　　　　　$K = L$

将 $K = L$ 代入 $Q = L^{\frac{2}{3}} \cdot K^{\frac{1}{3}}$ 得：

$Q = L = K$

将 $Q = L = K$，$W = 2$，$r = 1$ 代入 $C = WL + rK$ 得：

C = 2L + 1K

C = 3L 或 C = 3K

当 C = 3000 时

L = 1000，K = 1000，Q = 1000

答：当成本 C = 3000 时，企业最大产量时的 L、K 和 Q 的均衡值均为 1000。

这个结果有什么意义？可以说没有任何意义。这个结果是说，当劳动投入为 1000 单位，资本投入为 1000 单位时，可获得最大产量 1000 单位。那么 1000 劳动和 1000 资本是什么？要使这个结果有实际意义必须解决劳动和资本的技术单位问题。劳动的技术单位好解决。1000 单位可以指 1000 个某种技术等级的工人或某种技术等级工人的 1000 个工作小时。资本的技术单位是什么？这是一个无法解决的技术难题。因为资本是指拖拉机、载重汽车、机床、发电机、输油输气管道、厂房、设备等。一个工厂的资本设备是由成千上万种机器、设备、厂房构成的。必须把各种技术设备还原为一个统一的，在生产中发挥效率的技术单位如功率、马力等来表示资本，这 1000 资本才能有实际意义，否则是不能把资本套入函数式，计算出所谓的最大产量的。就是说，Q = 1000 没有任何实际意义。英国剑桥学派很早就指出，由于无法解决资本的技术单位这个难题，试图用生产函数式计算出最大产量是一个毫无实际意义的空想，是不可能的，是生产函数的滥用。另外，从纯数学的角度讲，指数运算，底数必须相等。在生产实践中，产量最大化要求劳动和资本的投入量必须相等吗？显然不是。可是，在我们的生产函数运算中，由于是指数运算，其结果必然是 L = K，这种运算有什么意义？纯属无稽之谈。在生产函数中假定 5 单位资本是什么意思呢？这是用假设条件抽象掉资本技术单位无法确定这个难题，只是对资本在生产中的作用进行抽象分析，而绝不是说可以用函数式计算出所谓的最大产量。

以上分析已说明，生产函数从性质上讲是抽象分析投入产出关系一般规律的一个工具，用生产函数计算最大产量，从理论上讲是不可能的，从实践上讲，没有任何一家企业是用生产函数计算出它的最大产量均衡的。那么在教学中让学生去演算生产函数、成本函数有什么意义呢？这显然是教学上的一个误区。造成这个误区的原因是不了解生产函数的性质和经济学抽象分析的方法，而把学生的思路引入歧途。

这个误区对学生的危害是严重的。类似于生产函数、成本函数的演算，收益函数、效用函数、均衡价格方程等的演算也是如此。在西方经济学教学中充满了这种毫无意义的数学游戏。一方面，学生花了大量时间、精力去演算这些函数，而对其意义又百思不得其解。本来就没有意义，怎么能有解呢？从而造成西方经济学深奥难懂的神话。另一方面，学生的精力和时间是有限的，这些毫无意义的教学游戏浪费了学生大量时间、精力和生命，把学生搞得疲惫不堪，这种状况是到了应该改变的时候了。

第七节　均衡价格理论小结

西方经济学价值理论的发展经历了亚当·斯密的价值理论，马歇尔的均衡价格理论和凯恩斯的国民收入（国民生产总价值）决定理论三个阶段。马歇尔的均衡价格理论是微观经济学的核心理论。但从价值理论总体上看，它实质上是关于价值量的决定理论。从理论的逻辑演进的角度，在我们讨论分析了第二至四章的内容后，可以对马歇尔的均衡价格理论做一小结。我们可以把均衡价格决定理论的要点归结如下：

（1）均衡价格是指物品的供给量和需求量相一致时决定的市场价格。也称市场出清价格。市场出清是指供求量正好相等，物品全部售出，没有过剩和短缺。但是，这只是价格决定的第一层次。因为供求一致时，不同物品会有不同的价格。比如，为什么供求一致决定的汽车价格是 10 万元一辆，决定的面包价格是 2 元钱一个？要解决这个问题，就要进一步说明供求曲线背后的原理。

（2）需求曲线的背后是边际效用曲线。我们在第三章说明了需求曲线的背后是边际效用曲线，边际效用递减规律是需求曲线向下倾斜的原因。需求曲线上的每一点代表消费者依据对物品边际效用的评价所愿支付的需求价格。

（3）供给曲线的背后是边际成本曲线。本章生产理论中我们说明了供给曲线的背后是边际成本曲线，边际产量递减规律是边际成本上升以及供给曲线向上倾斜的原因。供给曲线上的每一点都代表生产者提供一定量产品依据其边际成本所要求的供给价格。

（4）因此，在均衡价格决定的均衡点上和两个层次上分别有：供给等于需求，边际效用等于边际成本。这四个因素共同决定物品的均衡价格。

因为不同物品的边际成本不同，所以会有不同的市场价格。对于没有边际成本的非生产物品，比如土地、钻石等，在第二层次上是由它的稀缺性所决定的边际效用决定的。

（5）由于供给和需求，边际效用和边际成本都是变动的，因此，物品的价值量或均衡价格本质上具有相对性质。除上述两个层次、四个因素外，价值量或均衡价格的相对性质还由于价值的度量尺度——货币数量的变动。货币数量变动会使价值尺度伸缩，从而它度量的物品价值量也会伸缩。

本章总结和提要

　　本章说明了边际产量递减规律、替代规律和规模收益3条生产的基本规律，要在生产经营中以最小成本获得最大产量和收益，就要按这3条规律行事。边际产量递减意味着边际成本上升，通过对成本变动规律的分析说明了供给曲线的基础。此外，还要理解生产要素在生产中的特性、生产函数的含义和边际量的意义。

思考题

　　1. 仔细说明边际产量递减规律的意义。

　　2. 你能说明劳动密集型产业和资本密集型产业在世界各地流动和分布的原因吗？

　　3. 边际成本有什么重要意义？

　　4. 去一些企业做调查，了解用生产函数能计算出最大产量吗？了解他们是怎样做到使产量最大化的。

　　5. 你如果经营一个企业，你怎样获得规模收益？

　　6. 仔细分析一下均衡价格的实质是什么？

第五章　市场论

本章主要内容包括三方面。首先，要对市场机制配置资源的效率进行分析。分析的理论思路是从厂商追求利润最大化的行为出发说明市场机制对追求最大利润厂商的调节和引导，最终会导致一个怎样的资源配置效果。因此，厂商均衡分析不是目的，说明市场配置资源的效率才是本章的目的。其次，要介绍现代市场理论最新的研究成果，不确定性和风险及博弈理论。最后，要对一般均衡论的唯心主义性质进行分析和讨论。

第一节　市场论概述

市场作为经济活动的中心，生产资源的配置和调节、社会财富的生产和分配，以及财富的社会尺度——价格的形成，都是在市场竞争中自然而然解决和决定的。竞争性是市场机制起作用的关键因素。本章进一步讨论市场机制配置资源的效率问题，仍然要抓住竞争性这根主线，并且经济学讨论的市场是指单个商品的市场，有多少种商品就有多少个市场。

一、市场的分类

市场是可以从不同角度分类的。比如，从产品市场划分可以分为：耐用品市场、非耐用品市场、低档品市场、奢侈品市场等。从要素市场划分可以分为：劳动力市场、资本市场、技术市场、土地市场等。由于本章考察和分析的是市场配置资源的效率，而市场竞争程度的强弱对市场配置资源的效率有决定性的影响，所以本章依据市场竞争程度的强弱对市场进行分类。首先，经济学将市场分为两大类：完全竞争市场和不完全竞争市场。对于不完全竞争市场，又依据竞争程度的差别依次分为三个市场类型：垄断竞争市场、寡头市场、完全垄断市场。

西方学者认为，影响市场竞争程度的具体因素主要有以下四点：①同一种产品市场上厂商的数目；②同一种产品的差别程度；③厂商对价格的控制程度；④厂商进出一个行业的难易程度。因此，依据上述因素的差别划分的各类市场的特点如表 5-1 所示。

表 5-1　市场和厂商类型的划分和特点

市场和厂商的类型	厂商的数目	产品的差别程度	对价格的控制程度	进出一个行业的难易程度	市场类型的例子
完全竞争市场	很多	无差别	没有	很容易	金融市场，农产品市场
垄断竞争市场	较多	有差别	有一些	较容易	服装、糖果市场等
寡头市场	几个	有或无差别	相当程度	较难	钢铁、汽车市场等
完全垄断市场	1个	唯一产品	很大程度	很困难	公用事业，水电市场

市场类型和厂商类型是相联系的。例如，如果一个产品的市场是完全竞争市场，那么生产该产品的厂商就是完全竞争厂商。

1. 完全竞争市场

完全竞争市场是众多小厂商生产无差别的同一产品的市场。例如小麦市场。种植小麦的农户众多，而且小麦产品没有什么差别。所以，小麦的价格完全是由市场供求关系决定的。任何一个麦农都无能力控制市场价格。而且进出小麦行业是很容易的。今年可以种小麦，明年可以改种其他作物等。因此，**完全竞争市场是没有垄断、没有管制、没有干扰造成的变形的纯粹的自由竞争市场状态。**

2. 垄断竞争市场

垄断竞争市场是众多厂商生产有差别的同一产品的市场。例如，服装市场。尽管生产服装的厂商众多，但服装产品在质量、花色、款式、品牌等方面存在差别性。所以服装的价格尽管仍是由市场供求关系影响和决定的，但厂商在一定程度上可以依据自己产品在质量、款式等方面的优势控制价格。比如甲的服装比乙的质量好、款式新，甲就可以比乙卖更高的价格。西方学者对垄断下的定义是：**垄断是对价格的控制。**由于产品的差别性使厂商在一定程度上可以控制价格，该类市场就含有了一些垄断因素，是既有垄断又有竞争的市场。但是由于众多厂商之间的竞争，进出一个行业也是比较容易的，竞争性是主要的。现实生活中的大部分市场是垄断竞争市场。该类市场的主要方面是自由竞争的。

3. 寡头市场

寡头市场是指几个规模很大的厂商垄断一个行业的市场。 比如，各国的钢铁市场、汽车市场都是几家大厂商垄断的市场。大厂商被称为寡头。寡头之间的竞争一般会导致它们联合起来控制市场价格和瓜分市场。因此该类市场比垄断竞争市场垄断因素更强，竞争程度更低。

4. 完全垄断市场

垄断市场是指独家厂商垄断某种产品的生产和供给的市场类型。 由于在同一产品的生产商中没有竞争对手，厂商在很大程度上可以控制产品价格。该类市场垄断程度最高，竞争程度最低。独家垄断市场只是排除了同一产品生产厂商之间的竞争，它还不能完全排除市场竞争。垄断厂商面对的竞争来自：①生产相关产品或替代品的厂商；②不同地域的市场竞争；③消费者。由于消费者的竞争，垄断厂商的垄断价格常常受到政府管制。

二、完全竞争市场模型的意义

尽管完全竞争市场在现实生活中是不多的，但是完全竞争市场模型的分析却具有重要的方法论意义。**因为要考察市场机制配置资源的效率，首先应该选择一个没有任何垄断因素和干扰的完全竞争市场，才能在一个纯粹的市场状态下说明市场竞争机制对追求最大利润厂商的引导和调节会达到一个怎样的资源配置效果。其次，在说明了完全竞争市场资源配置的效果，才能通过比较说明各类不完全竞争市场中垄断等因素对资源配置效率的损害。最后，现实的市场活动中尽管各种竞争的不完全性经常干扰市场，但是竞争性始终是市场上长久地、持续地起作用的因素。许多竞争的不完全性是转瞬即逝的，因此完全竞争模型的分析有助于理解和说明复杂多彩的现实世界。** 从方法论的意义上说，从完全竞争到不完全竞争的分析正是从抽象到具体的分析方法。

萨缪尔森在谈到完全竞争市场模型分析的意义时说："完全竞争模型是假设没有垄断、没有不完全性、没有动态的技术革新及政府的干扰造成的变形等。因此该模型类似于物理学者没有阻力的模型……虽然工程师都知道阻力的存在，他却发现无阻力的模型是个有价值的工具，它有助于说明有阻力的各种情况。我们的理想化的竞争模型也是如此，它有助于理解和说明复杂的现实。因此，它是可以大致描绘现实的。"[①]

正如物理学者运用没有阻力的模型分析建立一种标准，用来测定和说明有阻力的各种情况一样，完全竞争市场模型分析的意义在于**在一个纯粹的市场状态下说明市场竞争机制资源配置最佳效率的标准**。从而帮助人们理解竞争的不完全性和垄断对市场效率的损害。

第二节 完全竞争市场

一、完全竞争市场厂商面临的需求曲线

根据完全竞争市场的特征，完全竞争厂商是既定市场价格的接受者，他不能控制和影响市场价格。这意味着该厂商所面临的需求曲线是一条水平的需求曲线，沿着这一条线，他可以卖掉任何数量的产品，而不会影响价格。就是说，**在完全竞争市场，市场均衡价格是由供求关系决定的**。这个价格对于单个厂商来说，就是一个既定的价格。他只能按这个价格出售他任何数量的产品，他既**不能影响市场价格，也不能控制和决定自己产品的价格。因此，这个既定的市场价格，就是单个厂商面临的一条水平的需求曲线**。图 5-1 (a) 中 $\bar{P}$ 为市场供求曲线决定的均衡价格水平，图 5-1 (b) 表示这一既定的价格水平就是单个厂商面临的水平的需求曲线。之所以要说明单个厂商面临的水平的需求曲线，是

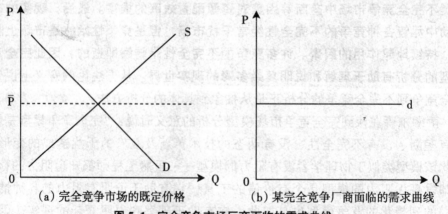

(a) 完全竞争市场的既定价格　　　　(b) 某完全竞争厂商面临的需求曲线

图 5-1　完全竞争市场厂商面临的需求曲线

① 萨缪尔森：《经济学》第 10 版，中册，商务印书馆，1982 年版，第 354 页。

因为水平的需求曲线对完全竞争厂商的收益规律有决定性影响。

二、完全竞争厂商的收益规律

1. 厂商收益的概念

厂商收益即厂商的销售收入，是销量与价格的乘积，即 Q·P。为分析厂商的收益规律，经济学把厂商收益分为总收益、平均收益、边际收益。其英文简写分别为 TR、AR、MR，其定义公式分别为：

$$TR = Q \cdot P; \quad AR = \frac{TR}{Q}; \quad MR = \frac{\Delta TR}{\Delta Q}$$

2. 完全竞争厂商的收益曲线

依据完全竞争厂商面临的水平的需求曲线和各类收益的定义公式，可以编制某完全竞争厂商的收益函数表。假定该厂商面临的既定市场价格为 P = 5 元。这个价格就是厂商面临的水平的需求曲线，在这个价格水平他可以销售任意数量的产品，表 5-2 中假定他销售了 50~250 单位的产品。后面 TR、AR、MR 各栏的数据是按各种收益的定义公式计算出来的。

将表 5-2 的数字标在图 5-2 坐标曲线图上，就得到完全竞争厂商的收益曲线，它可以形象直观地反映完全竞争厂商的收益规律。

完全竞争厂商的收益曲线具有如下特征：第一，AR 曲线、MR 曲线与需求曲线 d 是重叠的。其意义为，对完全竞争厂商来说，在任何销售量上都有 AR = MR = P。第二，TR 曲线是一条由原点出发呈上升趋势的直线。其意义为，对于完全竞争厂商来说，只有通过增加销售量来增加收益。因此，可以把完全竞争厂商的收益规律概括如下：**完全竞争厂商只有通过增加销售量来增加收益，而且在任何销售量上都有 AR = MR = P。**

表 5-2 某完全竞争厂商的收益函数表

价格 P	销售量 Q	总收益 TR=Q·P	平均收益 AR=TR/Q	边际收益 MR=ΔTR/ΔQ
5	50	250	5	5
5	100	500	5	5
5	150	750	5	5
5	200	1000	5	5
5	250	1250	5	5

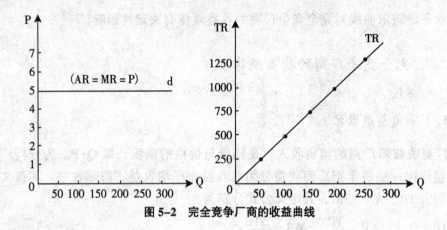

图 5-2   完全竞争厂商的收益曲线

三、完全竞争厂商的均衡分析

1. 厂商实现最大利润的均衡条件

生产论中讨论了产量最大化的条件，这里进一步说明利润最大化的均衡条件。产量乘以价格是收益。收益减去成本是利润。那么厂商如何实现利润最大化呢？很简单，只要厂商销售一单位产品所获得的收益即 MR，大于生产该单位产品所花费的成本即 MC，厂商的利润总额就在增长。直到厂商销售一单位产品所获得的收益不再带来利润的增加，即 MR = MC，厂商的利润总额就达到最大量。这个道理就和当边际产量 MP 为零时，总产量 TP 达到最大值是类似的。因此，**MR = MC 是厂商实现最大利润的均衡条件。这一条件适用于完全或不完全竞争的所有厂商。**

2. 完全竞争厂商的短期均衡分析

了解了完全竞争厂商的收益规律和厂商实现利润最大化的均衡条件，现在可以讨论市场机制对追求最大利润的厂商的调节会导致一个怎样的资源配置效果。说明这个问题要通过短期和长期均衡的分析，先讨论短期均衡分析。

我们知道，在一个完全竞争的市场上，市场价格是由供求关系决定的，而且是随供求关系的变动而变动的。对于众多的，具有不同生产成本状况的完全竞争厂商来说，可能面对时刻变动的不同的既定市场价格。面对既定的不同的市场价格，他们的短期均衡分别有不同的情况，下面用单个厂商的短期均衡图加以分析和说明。

图 5-3 描述的是某完全竞争厂商成本既定，面临不同市场价格时的均衡情

况。图中的 MC、AC、AVC 曲线代表该厂商既定的成本状况；P_1、P_2、P_3 代表厂商面临的不同的既定市场价格或水平的需求曲线。

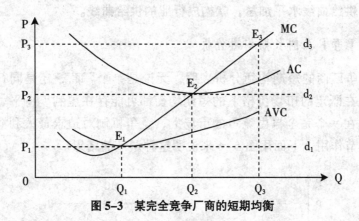

图 5-3　某完全竞争厂商的短期均衡

图 5-3 说明，如果厂商面临的市场价格为 P_3，d_3 与该厂商的 MC 曲线的交点 E_3 即为厂商的短期均衡点。在该点，MR = MC（MR 与 d 曲线重叠）符合厂商利润最大化的条件。但是注意，该点高于厂商的 AC 曲线，因此，厂商在该价格销售他的产品，可获得超额经济利润。

如果该厂商面临的市场价格为 P_2，d_2 与该厂商的 MC 曲线的交点 E_2，即为该厂商的短期均衡点。因为在该点，同样有 MR = MC 的均衡条件。但是注意，该点正好与 AC 曲线相切。厂商在该价格水平销售掉他的产品，正好收回他的全部成本，既不亏损，也无经济利润。

如果该厂商面临的市场价格为 P_1，d_1 与该厂商的 MC 曲线的交点 E_1，即为该厂商的短期均衡点。因为该点同样有 MR = MC 的均衡条件。但是注意，该点正好与 AVC 曲线相切。因此，厂商在该价格水平销售掉他的产品，只能收回他的 AVC 成本。就是说厂商只能补偿他的工资支出，还不能补偿他的设备损耗，厂商存在亏损。

通过上述分析，可以得出以下两点结论：

（1）**面对既定的市场价格，完全竞争厂商的短期均衡分别有盈利、持平、亏损三种情况。**图 5-3 分析的是单个厂商的成本既定，面对不同市场价格的情况。反过来，在市场价格既定，对于众多的不同成本状况的厂商的均衡分析，道理是同样的。

（2）均衡点 E_1 表明厂商均衡存在亏损，厂商必须采取降低成本的措施。如果无力降低成本，厂商必须停业或退出该行业。因为厂商不能在亏损状态下长期经营，所以该点也称为厂商停止营业点。均衡点 E_2 表明厂商能收回全部成本，所以该点称为厂商收支相抵点。超过该点沿着 MC 曲线上行，厂商获得经济利润，上行越高，利润越大。在每一均衡点上，都有 MC = P，而且都对应相应的均衡数量 Q₁、Q₂、Q₃。因此，**上升的 MC 曲线确实构成厂商的供给曲线。单个厂商的供给曲线水平加总，就构成行业的供给曲线。**

3. 完全竞争厂商的长期均衡分析

完全竞争厂商的短期均衡分析表明，无论是单个厂商，还是同行业众多的其他厂商，在既定的市场价格下的短期均衡都可能存在盈利、持平、亏损三种情况。但是在一个完全自由竞争的市场上，竞争机制对追求最大利润的厂商起着充分的调节作用。下面用图 5-4 来说明这种调节的结果。

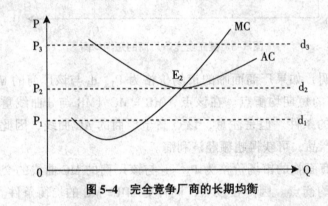

图 5-4　完全竞争厂商的长期均衡

图 5-4 中，MC、AC 代表厂商或行业的成本状况，P 代表价格。假定生产某种产品的同行业的众多厂商最初面临的既定市场价格为 P₃，在该价格水平销售掉产品，许多厂商或整个行业都存在经济利润。厂商是追求最大利润的，该行业的超额经济利润会吸引其他行业的厂商进入该行业，从而使该种产品的产量和供给量增加。根据供求规律，在需求量为既定的情况下，供给量增加，会压低市场均衡价格水平，从而使 P₃ 的价格下行，直到 P₂ 为止。这时市场均衡价格与 AC 曲线相切，整个行业的超额经济利润消失，其他行业的厂商也就停止进入该行业。因此，经过一个较长时期的调节，该行业的供给量、需求量和价格就达到稳定的均衡状态。

假定生产某种产品的众多厂商最初面临的既定市场价格为 P₁，在该价格水平销售掉产品许多厂商或整个行业存在亏损。在这种情况下，追求最大利润的厂商面临两种选择：一是降低成本以扭亏为盈，二是如果没有能力降低成本只有退出该行业。这样，随着一部分厂商退出该行业，该种产品的产量和供给量减少。根据供求规律，在需求为既定的情况下，供给量减少会使市场均衡价格上升，从而 P₁ 会上升至 P₂。这时，市场均衡价格水平与 AC 曲线相切，全行业厂商的亏损情况会消失，厂商也会停止退出该行业，该行业的供给量、需求量和价格达到稳定的均衡状态。

上述分析描述的是完全竞争市场厂商均衡的动态过程。在一个完全竞争的市场上，市场价格是由供求决定的，对每个厂商都是一个既定的价格，众多厂商的成本状态又各不相同，因此短期看各个厂商的均衡难免有盈利、持平、亏损三种情况。但从长期看，随着一些厂商的进入和退出，市场竞争机制会调节生产某种产品的众多厂商都达到既无亏损又无盈利的均衡状态。

通过上述分析，可以得出如下结论：

（1）在完全竞争市场，**市场竞争机制会使生产某种产品的众多厂商最终都达到在 E_2 点的均衡。在该点：MR = MC = P = 最低的 AC，该行业及厂商既无经济利润也无亏损。**

（2）在完全竞争市场，**竞争机制不仅能使全行业的厂商以最低的 AC 进行生产，而且通过竞争和某些厂商的进入和退出，竞争机制还可以使该行业能够以数目合适的厂商进行生产。从而可以避免一个行业厂商数目过多所导致的资源浪费。也就是说，可以避免社会资源在生产某种产品上的配置的不合理或低效率。**

（3）**全行业的厂商都以最低的 AC 进行生产，那么就意味着生产某种产品的社会成本达到最低状态。因此，完全竞争市场，竞争机制会使社会以最低的成本生产某种产品。与第（2）点结合起来，可以说完全竞争机制可以使社会在生产某种产品上的资源配置效率达到最佳状态。这个最佳状态的条件是：厂商的 MR = MC = P = 最低的 AC。**

以上分析，证明了在没有干扰的情况下，市场竞争机制可以将一个经济社会的资源合理地、最有效率地分配于各种产品的生产上。**最有效率是指：一方面，资源的配置没有浪费（厂商数目合适），社会生产成本最低（最低的 AC）。另一方面，消费者能以最低的价格（P = MC）获得尽可能多的消费品，从而实现了社会的最大经济利益。**这样，就证明了亚当·斯密那只"看不见的手"的原理的正确性。以上证明过程是萨缪尔森做出的，这是萨缪尔森对市场机制研究的一个重要贡献。

第三节　不完全竞争市场

一、不完全竞争的含义

不完全竞争市场是指多少含有垄断因素，从而对市场竞争机制造成干扰、限制的、竞争性不完全的市场。依据垄断程度的差别，反过来是竞争程度的差别，经济学家将不完全竞争市场分为三种市场形式，见表5-1。

1. 垄断的定义

西方学者给垄断下的定义是：**垄断是对价格的控制**。通过对完全竞争市场的分析知道，完全竞争厂商是没有经济利润的。原因是完全竞争厂商是既定市场价格的接受者，是受市场价格支配的人。显然，追求最大利润的厂商是不甘心这种状况的。他们在竞争中总是千方百计开发新材料、新资源、新技术或者开发出独一无二的新产品等，努力使自己的产品能比别的竞争对手质量更好，设计更有特色，从而能在一定程度上控制自己产品的价格。就是说比别的厂商卖出更好的价格。这些努力既是厂商追求最大利润的手段，又是使市场竞争出现差别性和产生垄断的原因。可见，**市场竞争一方面促使厂商千方百计降低成本，促使厂商千方百计制造出千差万别、丰富多彩的产品，丰富人们的物质生活；另一方面又使竞争出现差别性和产生垄断。因此，竞争的差别性或不完全性是在市场竞争中自然发展形成的。**

2. 垄断形成的原因

（1）**产品的差别性。**产品的差别性不是指不同产品的差别，而是指同一种产品在质量、款式、花色、品牌等方面的差别。张伯伦认为，"如有差别，则垄断发生，差别的程度越大，垄断的因素也越大"。因为厂商可以根据自己产品的差别性和优势制定较高的价格，从而在一定程度上控制自己的价格。一定程度是说他制定价格仍然要受到供求关系的影响，受到同种产品厂商和消费者的竞争。他制定的价格要与其质量、花色、款式等方面的差别相适应，否则消费者是不接受的。这就是千差万别的同种产品市场上既有不同价格差别，又有激烈的竞争的原因。

（2）**自然垄断。优胜劣汰是竞争的法则**。一些在竞争中开发出新技术、新产品或在其他方面具有优势的厂商在竞争中会逐渐扩大自己的经济实力和生产规模。一旦获得规模收益的优势，他就会以更低的成本优势把其他厂商挤出该行业，自然形成几家大厂商或一家大厂商垄断一个行业的情况。这就是自然垄断。**自然垄断包含的另一层意思是，从技术上讲，一些行业的生产要求较高的技术水平和较大的生产规模**。比如汽车、钢铁、通信等行业。一些在竞争中具有优势的企业，以自己雄厚的经济技术实力优先涉足这些行业，形成规模收益和低成本的优势。一般小厂商是很难与他们竞争的，从而自然形成行业壁垒和垄断。

（3）**对某种生产资源的独占或某种新技术和产品的专利权的独占**。在竞争中，如果企业开发出某种新材料、新资源，那么一定时期中用该材料或资源生产的产品就成为企业独有的产品。企业开发的新技术和产品申报专利，就会受到专利权的保护。在这种情况下，就排除了经济中其他厂商生产同种产品的可能性。独家厂商可以在一定时期内垄断某种产品的生产和供给。

（4）**政府特许**。一些公共服务行业，如自来水、电力行业，需要稳定的供给和价格。政府将这些行业委托给有经济实力和信誉的一家或几家大厂商垄断经营，并根据消费者要求对其价格进行管制。

以上分析表明，垄断因素或竞争的不完全性是在市场竞争的发展中自然形成的。因为，创造出比竞争对手质量更好，设计更有特色的产品，开发新材料、新资源、新技术或者开发出独一无二的新产品等正是厂商竞争和获取最大利润的手段。在竞争中获胜的厂商自然会取得经济规模的优势并走向垄断。**但是，经济学更关注的是垄断因素对资源配置效率的影响。**

二、不完全竞争厂商的收益规律

1. 不完全竞争厂商面临的需求曲线

依据不完全竞争厂商的特征和定义，不完全竞争厂商是在一定程度上能控制自己产品价格的厂商。就是说，面对市场需求状况，不完全竞争厂商可以在高价少销或低价多销的策略上做出选择，控制或确定自己产品的价格。市场需求状况就是市场需求曲线，因此，**不完全竞争厂商面临的需求曲线就是市场需求曲线**。它是一条非水平的向右下方倾斜的需求曲线。说明不完全竞争厂商面临的需求曲线是一条非水平的向右下方倾斜的需求曲线的意义在于，向右下方倾斜的需求曲线对于不完全竞争厂商的收益规律具有决定性的影响。

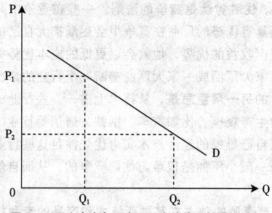

图 5-5　不完全竞争厂商可以在价格和销量上选择

2. 垄断厂商的收益规律

由于不完全竞争厂商都是面临向右下方倾斜的市场需求曲线，他们具有相同的收益规律。下面以垄断厂商为例说明不完全竞争厂商的收益规律。

依据向右下方倾斜的需求曲线和厂商的收益公式，可以编制某垄断厂商的收益函数表。注意，表 5-3 中假定的商品价格 P 和商品销量 Q 两栏的数字是反方向变动的，它代表向右下方倾斜的市场需求曲线。其余各栏的数字是依据各种收益定义公式计算的。

观察该表：①价格和销量的数字反方向变动，代表向右下方倾斜的需求曲线。各栏收益的数字是依据收益公式计算所得。②当价格为 11 时，销售量为 0。这表明，即使是完全垄断厂商，他也不能随心所欲地制定高价。消费者不购买他的产品，他就没有任何收益。

将表 5-3 的数据标在坐标曲线图上，可以得到该垄断厂商的 TR、AR、MR曲线，它可以形象直观地反映不完全竞争厂商的收益规律。

表 5-3　某垄断厂商的收益函数表

商品价格 P	11	10	9	8	7	6	5	4	3	2	1
商品销量 Q	0	1	2	3	4	5	6	7	8	9	10
总收益 TR=P·Q	0	10	18	24	28	30	30	28	24	18	10
平均收益 AR=TR/Q	0	10	9	8	7	6	5	4	3	2	1
边际收益 MR=ΔTR/ΔQ	0	10	8	6	4	2	0	-2	-4	-6	-8

图 5-6 中的横轴表示商品的需求和销售数量 Q。纵轴表示商品价格 P。图5-6(a)是 AR 和 MR 曲线，图 5-6（b）是总收益 TR 曲线。

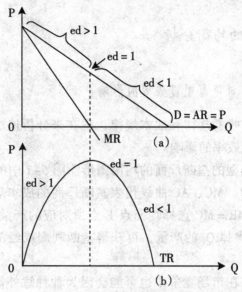

图5-6 某垄断厂商的收益曲线

该垄断厂商的收益曲线表现出如下特征：第一，AR 曲线与需求曲线重合。这意味着在每一销售量上，AR 都等于商品价格。第二，厂商的 MR 曲线也向右下方倾斜，且位于 AR 曲线的左下方。这意味着在每一销量上，厂商的 MR 都小于 AR。第三，厂商总收益 TR 曲线是先上升到最高点后再下降。TR 曲线这一特征的原因在于每一销售量上的 MR 值都是相应的 TR 曲线的斜率，即 MR=$\Delta TR/\Delta Q$，因此，当 MR 为正值时，TR 曲线斜率为正，TR 曲线是上升的；当 MR 为负时，TR 曲线斜率为负，即 TR 曲线是下降的；当 MR 为零时，TR 曲线斜率为零，即 TR 达到极大值点。

此外，结合需求弹性知识，从图 5-6 中还可看到，当 ed > 1 时，MR 为正值，TR 与销量同方向变动；当 ed < 1 时，MR 为负值，TR 与销量反方向变动。

依据曲线特征可以把不完全竞争厂商的收益规律概括如下：**不完全竞争厂商的总收益变动决定于边际收益的变动。当边际收益为正值时，总收益增加和上升；当边际收益为零时，总收益的增加达到最大值；当边际收益为负时，总收益下降。而且，在每一销售量上都有：平均收益等于销售价格，边际收益小于平均收益。**

三、垄断厂商的均衡分析

1. 垄断厂商均衡对资源配置效率的影响

依据垄断厂商的收益规律和成本规律，现在来分析追求最大利润的垄断厂商的均衡对资源配置效率的影响。

图 5-7 是一个典型的垄断厂商的均衡图形。图 5-7 中的 AR、MR 曲线代表垄断厂商的收益规律。MC、AC 曲线代表垄断厂商的成本规律。厂商依据利润最大化的均衡条件 MR = MC 选择均衡点 E 点所对应的产量 Q_1 和价格 P_1。厂商在 P_1 的价格水平销售掉 Q_1 的产量，可获得垄断利润或经济利润为 P_1HFG 的长方形面积。

当然，垄断厂商在市场竞争中也可能会因为种种意外情况出现亏损、持平等情况。如市场需求发生变化，需求曲线降到厂商平均成本 F 点以下，厂商就会出现亏损等。但是，从长期看，厂商都可以通过调整自己的成本或市场份额获得垄断利润，否则他就会被挤出市场。因此，凡是在市场竞争中能生存下来并发展壮大到垄断地位的厂商，其典型的情况是获得垄断经济利润。正如图 5-7 所表现的情况。

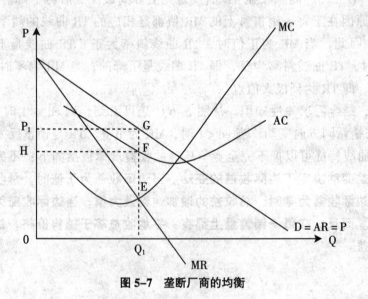

图 5-7 垄断厂商的均衡

从图 5-7 中可以看到垄断厂商的均衡具有下列特征：①垄断厂商的价格高于其边际成本，即 P > MC（G 点与 E 点的垂直距离）。②垄断厂商的平均成本

AC，不是最低的 AC（即 F 点不是 AC 曲线的最低点）。

　　上述两点特征表明，对于具有某些垄断势力的厂商来说，通过 MR = MC 取得最大利润的均衡，一方面不会以最低的 AC 进行生产，另一方面又会制定高于其 MC 的市场价格。那么这对社会又意味着什么呢？完全竞争市场均衡分析所揭示的社会资源最佳配置效率的条件：MC = P = 最低 AC，上述两点特征意味着一方面社会需要花费较高的成本生产较少数量的产品；另一方面消费者要支付较高的价格，获得较少数量的消费品。所以垄断一方面意味着对社会资源的浪费和利用的低效率；另一方面意味着对整个社会的剥削。

2. 垄断的危害

　　萨缪尔森在谈到垄断的危害时说："垄断的最大祸害并不是它榨取垄断利润，而是它规定的垄断价格远远高于社会按照边际成本所决定的价格。"就是说，"垄断的真正祸害是人为造成的 P 与 MC 的背离"。这种背离，一方面造成生产者以较高的成本（高于 AC 的 U 形曲线的最低点）生产较少数量的产品（没有达到产量最大），这就意味着社会资源的浪费和缺乏效率的分配。另一方面，消费者却要为得到过少的产品而支付过高的价格，这意味着对整个社会消费者的剥削。因此，**"受到剥削的是整个社会，改变这种状况是反托拉斯政策的一个任务"**。[①]

　　图 5-8 说明垄断造成的社会效率的损失。假定完全竞争市场依据 MC = P 决定的价格为 P_1，其市场均衡点为 I 点。在该点每个彼此大致相同的消费者都享有马歇尔所说的消费者剩余。如三角形 P_1IF 的面积所示。当垄断者将价格 P 提高到最大利润的 G 点时，价格为 P_2。消费者损失给垄断者的那部分消费者剩余为表示利润的长方形面积 P_1EGP_2。而消费者得到的消费者剩余仅为三角形

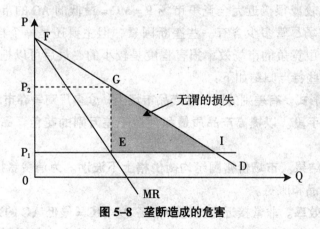

图 5-8　垄断造成的危害

① 萨缪尔森：《经济学》第 10 版，中册，商务印书馆，1982 年版，第 171~193 页。

P₂GF 的面积。三角形 GEI 代表什么？它代表无谓的损失，即社会每个人都得不到的好处。因此，消费者所失掉的东西，大于垄断利润。即使用整笔征税的办法来把 P₁EGP₂ 取回，还是要损失掉由于缺乏效率而导致的"无谓的损失的三角形"。这对社会及每个人都没有好处。对垄断危害的认识是西方国家反垄断政策的依据。

四、不完全竞争的形式

1. 垄断竞争市场

垄断竞争市场的竞争是生产有差别的同一产品的众多厂商争夺一个市场份额的竞争。比如食品市场、服装市场、日用消费品市场等。一般来讲，由于厂商众多，每个厂商所占的市场份额都很小，厂商依据自己产品在质量、品种、花色、款式等方面的差别所制定的较高的价格也只是一定程度上偏离在完全竞争条件下所能决定的市场均衡价格。而且由于竞争激烈，厂商经常要以低于其 MC 的价格抛售过时或过剩的产品。最典型的是服装市场，新品种、新款式上市，厂商把价格定得很高（高于 MC），一过时或到年底，降价抛售（低于MC）。因此，在有众多厂商竞争的垄断竞争市场上，厂商为争夺市场份额所进行的价格战，从一个较长的时期看，是垄断竞争厂商的价格围绕着完全竞争条件下所能决定的市场均衡价格上下波动，它不会长久地、较大程度地偏离 P＝MC 的价格。**这里起决定因素的是垄断竞争市场，是众多厂商之间的竞争。他们不可能在价格上保持一致。**那么取一个较长时期的价格平均值，可以说垄断竞争市场是比较或很接近完全竞争市场 P＝MC＝最低的 AC 的市场效率的。因为垄断竞争市场尽管多少含有一些垄断因素，但主要还是一个自由竞争市场。垄断因素对自由竞争的市场效率损害程度是较小的，最后可以把垄断竞争市场竞争形式的一些特点归结如下：

（1）**竞争形式。**有差别的同一种产品市场上，众多厂商争夺市场份额的竞争。

（2）**竞争手段。以提高产品质量和创造千差万别的花色、品种、款式展开价格战。**

（3）**竞争结果。市场价格围绕均衡价格上下波动。为消费者提供高质量的、丰富多彩的产品和服务。**

（4）**市场效率。非常接近完全竞争市场 P＝MC＝最低 AC 的效率。**

从市场效率的角度可以把垄断竞争市场和完全竞争市场看做一类，统称为自由竞争市场。现实生活中的绝大部分产品的市场是自由竞争市场。

2. 寡头市场

寡头的竞争是几家大厂商争夺和瓜分市场份额的竞争。由于厂商的数量只有几个，且规模都很大，所占的市场份额也较大。所以竞争就具有了新的特点。正如在现实大商战中看到的景象，在激烈的竞争中，势力较小的寡头会被打败，挤出该行业。最后几个势均力敌的大厂商，在经过激烈的竞争和较量后会意识到，既然谁也打不败对手，那么为了不两败俱伤，在价格上大家保持一致，各占据自己的市场份额，对各方都是有利的。因此，寡头之间的竞争最终会形成几个大厂商联合起来，以默契或公开的形式共同维持垄断价格瓜分市场的局面。这个局面一旦形成，也就和独家厂商垄断一个行业基本上是一样的。但寡头之间的联合或合作也受到许多因素限制。如果寡头之间的联合不能形成，那么寡头之间的竞争将导致完全竞争的效果。

寡头之间的竞争是真正意义上的商业战争。实力强大的寡头们力图以价格为武器，击败对手，占据对手的市场份额。因为寡头只要使自己产品的价格比其他对手哪怕低 1 元钱，就会将其他寡头的生意抢走，占据其市场地盘。**决定战争胜负的因素很多，概括起来，主要有以下几个方面：**

（1）武器，即价格。为了降低成本和保持价格优势，寡头们很重视资源、技术的开发和人才的争夺，这就是大厂商都有自己庞大的开发研究中心的原因。除开发新材料、新资源、新技术外，寡头们也很重视技术专家、管理人才的争夺和高素质员工队伍的培养。

（2）人心。即了解和满足消费者的愿望和要求，以获得消费者的好感。大厂商都有自己庞大的市场调查机构，广告宣传队伍及售后服务系统。这些机构是在做争取消费者人心的工作。

（3）战机。市场运行的起伏为厂商提供不同的机遇。研究和预测市场运行规律，则为捕捉战机的重要条件。

（4）阵地。精明的厂商都会将自己的实力不断地从夕阳产业转移至朝阳产业，以在商战中占据有利的阵地。

了解上述商战战略四要素，就能观察到现实中许多的商战实例，并分析它们成败得失的原因。除战略以外，还有战术方面的问题。西方学者用博弈论试图解释和分析寡头市场商战中的战术和策略问题以及对竞争各方的影响。

博弈论主要是由约翰·冯·诺伊曼（1903~1957）创立。博弈论这个术语本来是用在棋弈、桥牌和战争中的。下棋的双方，当一方走一步时，如果他是高明的棋手，他就会猜测和考虑到对方会有怎样的反应，以及采取怎样的策略走下一步。双方都如此较量，就是博弈。**萨缪尔森将博弈论的实质概括为，"两个**

（或两个以上）自由意志者，可以自行选择影响到双方的策略"。[①] 下面我们就引用萨缪尔森的图形，举一个商战的例子，了解博弈论的一般意义。

图 5-9 说明寡头之间的价格战。长虹和康佳是我国彩电业的两大巨头，占据我国彩电业市场的绝大部分市场份额。它们之间曾经的价格战是有目共睹的。在长虹公司宣布大幅度降低长虹彩电的价格后，康佳公司为了不失掉自己的市场份额紧接着也宣布康佳彩电降价，幅度与长虹公司差不多。图 5-9 中的垂直箭头表示长虹公司的削价，水平箭头表示康佳公司与此相抗衡的削价。正像长虹和康佳在下棋，轮到长虹走时，它在上下方向移动；轮到康佳走时，它在左右方向移动。结果下完这盘棋，双方都归于破产，因为价格降到零。

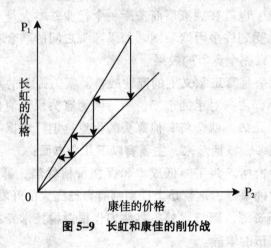

图 5-9　长虹和康佳的削价战

当然，一种情况是双方不会走到这一步就会聪明起来。长虹会意识到，当它降低 P_1 时，对手的 P_2 不会保持不变，会随着 P_1 而降低。原先以为降低 P_1 就会获得更大的市场份额和利润的想法是不明智的。事实上，当康佳做出同样的削价反应时，双方都会向左下方移动，结果双方都只获得更少的利润。因此，明智的办法是双方在价格上能达成一致，把价格抬高到垄断水平。使双方的利润都达到 $P > MC$ 的最大点的均衡。另一种情况是双方在价格上的联合或合作难以达成，一直竞争下去，结果双方的利润都降为零，达到完全竞争市场的均衡。

上述竞争策略的结果还可以用"博弈支付矩阵"来表示和说明。图 5-10 中，长虹可以选择不同的 P_1 所代表的策略，即选择某一个竖行。康佳可以选择不同的 P_2 所代表的策略，即选择某一个横行。在 A、B、C、D 四个方框中，左下方的数字表示长虹在不同的价格下所能取得的利润。右上方的数字表示康佳所能取得的利润。例如在 A 方框中，双方的共同利润为 6 + 6 （万元），代表在

① 萨缪尔森：《经济学》第 10 版，中册，商务印书馆，1992 年版，第 171~173 页。

共同的垄断价格（2元＝P_1＝P_2）下所能取得的最大利润。假定，A方框的情况是不稳定的，因为如果长虹以为康佳只会停留在这个方框中，它会把P_1降低到C框，从而占有市场的大部分份额，得到的利润为9，它给康佳设定的利润为-2。然而实际上，康佳不会不做出反应，将自己的市场份额让给对方，它当然也会将P_2降为1元，使自己进入B框。在B框，康佳为自己设定的利润为9，为长虹设定的利润为-2。结果双方都进入D框。

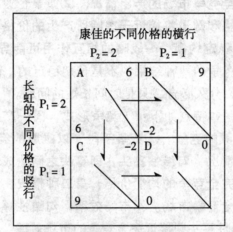

图5-10　萨缪尔森的博弈支付矩阵
（公司名称改为我国读者熟悉的长虹和康佳）

在D框，康佳选定的横行里，0是长虹所能得到的最大利润。而在长虹选定的竖行里，0是康佳所能得到的最大利润。结果双方的利润都为零。处在完全竞争条件下的均衡状态。

上述博弈理论的分析表明，寡头之间的竞争最终会导致两种结果：

第一种结果是，D框中的均衡是不稳定的。因为寡头们不会不明智到这个地步，以致谁也得不到利润。他们最终会勾结或联合起来，在价格上达到默契和一致，从而使均衡从D框移到A框，实现最大垄断利润的均衡。在这种情况下，就会看到寡头市场与垄断竞争市场的一个重要差别：**寡头市场的价格不会围绕完全竞争条件下决定的市场均衡价格上下波动，而是稳定地、长久地偏离均衡价格，即 P > MC。因为寡头们在竞争中一旦达成价格上的默契和一致，该价格就是难以变动和伸缩的。**就是说具有刚性。如果哪一个寡头轻易改变价格，就意味着对其他寡头宣战，会引起新的价格和市场争夺的战火。因此，"和平共处，不要轻易发动战争"是寡头市场"价格刚性"的重要原因之一。

第二种结果是，寡头之间难以达成默契和合作，一直竞争下去，结果就是D框中的均衡，双方的利润都为零，达到完全竞争条件下的均衡。萨缪尔森和诺德豪斯认为，"在现实生活中，存在许多阻碍有效勾结的因素。①勾结是非法的。②企业可能通过对所选择的顾客降低价格以增加其市场份额来欺骗协议中的其他成员。在价格保密，产品有差别，企业数目不止几个，或技术变化迅速的市场上，秘密降低价格的可能性更大。③随着国际贸易的不断深入，许多公司不仅要应付国内竞争，还要迎接外国企业的激烈挑战"。因此，"在不完全竞争领域，一些重要的结论如下：①随着不合作或竞争性寡头的增加，一个产业的价格和产量趋向于完全竞争市场的产出情况。②如果企业决定相互勾结，而不是相互竞争，市场价格和数量将接近于垄断所产生的价格和数量。③在许多情况下，不存在寡头的稳定均衡……战略的相互作用可能导致不稳定的后果"。[1]第③是说，寡头之间竞争的两种结果都不是长期稳定的。两种情况都可能互相转化。所谓合久必分，分久必合，只是时间长短的问题。

寡头竞争形式的一些特点如下：①竞争形式，同一产品市场上，几个大厂商争夺和瓜分市场份额的竞争。②竞争手段，以雄厚的经济实力展开价格战。③竞争结果，第一种情况，勾结性寡头，即寡头之间达成联合，那么寡头垄断价格长期稳定地偏离完全竞争的均衡价格；第二种情况，竞争性寡头，竞争的价格和产出将接近完全竞争市场。④市场效率，勾结性寡头与完全垄断基本相同，即 $P > MC$。竞争性寡头则接近完全竞争的市场效率。

依据以上特点，从市场效率的角度，可以把勾结性寡头市场与完全垄断市场看做一类，统称为非竞争市场。非竞争并不是没有竞争，而是竞争程度很低。竞争性寡头则可以归到自由竞争市场。

第四节　风险和博弈论

市场经济社会是时刻处在变动中的，变动中的市场意味着充满了不确定因素和无法预见的事情，这种不确定性就是风险。在一个充满机遇和风险的市场上竞争就要求收入或效用的最大化，要实现竞争的目标：一方面要将风险降到最低，另一方面要使收入达到最大，因此要有一个最优的竞争策略，这就是现代博弈论研究的主题。正是从这个意义上，可以说竞争就是博弈。市场中充满了竞争，所以说博弈无处不在。随着人们对市场经济生活认识的深入，现代市场理论在风险和竞争策略（博弈）方面出现了一些新的研究成果。本节我们就

---

[1] 萨缪尔森、诺德豪斯：《经济学》第 16 版，华夏出版社，1999 年版，第 142~144 页。

介绍西方学者在这些领域最新的思想成果。

一、风险和不确定性

1. 风险的定义

各种不确定性和风险最终都会影响人们的预期收入，或者说由于风险的存在，人们未来的收益是不确定的，会受到意想不到的损失。因此，萨缪尔森将风险定义为：**风险是指人们预期收益的不确定性。**

2. 人们对风险的态度

不同的人们对待风险的态度不同。对待风险的不同态度对于人们的竞争行为和博弈策略有重要影响。因此，依据人们对待风险的态度，经济学将人们分为风险爱好者（Risk Lover）和风险规避者（Risk Averse）。在市场竞争中，有些人富有冒险精神，或者说他们是风险爱好者。大部分人在生活中是尽量回避风险，是风险规避者。萨缪尔森对区分这两类人提出了一个比较精确的界定方法和定义：

"若一个人为损失一定量的收入而产生的痛苦感大于他为得到同数量收入的满足感，则他就是一个风险规避者或不愿冒风险者。"[①] 反之，他就是一个风险爱好者。

依据这个定义，可以判断是风险爱好者还是一个风险规避者。比如，抛硬币赌博。若硬币出现正面可得到 1000 元，但风险是，若硬币出现反面，则要支付 1000 元。这种赌博的期望值为零（即赢得 1000 元和输掉 1000 元的概率均为 1/2）。一种期望值为零的赌博称为公平赌博。如果不愿意做这样的赌博，那么就是风险规避者；如果愿意做，那么就是风险爱好者。不愿意做，是因为认为损失 1000 元收入产生的痛苦感大于得到 1000 元收入的满足感，所以不愿意冒风险。尽管在像抛硬币这种成败机会均等的情况下，其期望值为零，但根据效用原理，效用期望值为负。因为风险规避者认为获胜得到 1000 元所增加的效用小于失败损失 1000 元所损失的效用。但是，对于风险爱好者来讲，他的效用期望值为正值。因为他认为获胜得到 1000 元所增加的效用大于失败损失 1000 元所损失的效用。所以他愿意冒风险。可见，**人们对风险的不同态度，决定人们在风险博弈中选择不同的他们自己认为最优的竞争策略，用博弈论的术语讲就**

---

① 萨缪尔森、诺德豪斯：《经济学》第 16 版，华夏出版社，1999 年版，第 157 页。

是占优均衡。

二、市场机制分解风险的功能

市场机制这只看不见的手在一定程度上能够自动分解风险。随着人们对市场功能认识的深入，市场分解风险的功能表现为以下几种方式。

1. 保险与风险分摊

由于在经济生活中大部分人都不愿意冒风险或尽量回避风险，为满足人们的这种愿望和需要，保险行业或保险市场应运而生。萨缪尔森指出，**保险市场分解风险的功能表现在，它把对一个人来讲是很大的风险分摊给许多人，从而使每个人所承担的风险很小。**

例如，地震、火灾会对个人的生命、房产和企业财产造成重大损失，交通事故经常威胁人们的生命财产安全，失业会使一个人顿时没有了生计，大病会使一家人生活顿时陷入困境。这些经济生活中的风险对一个人或一个家庭来讲都是很大的风险，有时是难以承受的风险，而且这些风险对个人来讲又是难以预料的事件。"保险公司通过集中各种不同的风险来分摊风险，就是说，它为数以百万计的住宅、生命或汽车提供保险。保险公司的优越之处就在于，对个人来说是难以预料的事件，对整个人群来说则具有很强的预见性。"[①]比如说汽车保险，你的汽车什么时候会发生车毁人亡的事故呢？这很难预料。但对于保险公司投保的一百万辆汽车，依据多年的交通事故统计资料，一百万辆汽车每年发生事故的概率和损失就能比较精确地计算或估算出来。保险公司将这个可能损失的数额再加上保险公司的经营管理费用平均分摊到一百万辆汽车车主身上，作为给每辆汽车提供年度保险的保险价格。这个价格或费用相对于你一旦发生事故就要承担几十万元损失的风险来讲就是一笔很小的费用或风险。对于车主来说，他面对的就是这样一种选择或赌博：要么每年损失数百元的固定收入（保险费），要么就承担有千分之一可能性的数十万元的损失。人们对风险的态度不同，会有不同的选择。一般来讲，大多数人不愿冒风险，只要保险价格合理，就会选择保险来避免重大损失。

2. 保险业的双重性质和运行条件

保险公司一方面是私人办的或几个人（集团）办的私人企业，具有追求利

---

① 萨缪尔森、诺德豪斯：《经济学》第 16 版，华夏出版社，1999 年版，第 158 页。

润最大化的企业动力倾向；另一方面，保险业的运作是将公众交纳的保险金集中起来，并为公众分散风险。因此，保险业又具有社会公益事业的性质。保险业的双重性质决定了保险市场的繁荣和正常运转需要两个重要的条件：**第一个条件是保险的范围必须很大，或者是必须存在大量的、独立的随机事件。**例如，一家保险公司如果只吸收了 100 辆汽车、100 个人和 100 所住宅投保，它就很难经营下去。因为它保险的范围很小，随机事件很少（只有 300 个），发生风险的概率很高且难以估算，保险价格也无法降低，对公众也没有吸引力。在这么小的范围，分摊到每一个人身上的风险仍然很大。也就无法起到保险业分摊和降低风险的作用。如果一家保险公司能吸收 100 万辆汽车、100 万人和 100 万所住宅投保车险、人寿险和住宅险，情况就不一样了。在这么大的范围和 300 万个随机事件中，各种风险的概率和损失都能比较精确地估算出来。而且把这个损失分摊到 300 万人（随机事件）身上，每个人承担的风险很小，保险价格也很低，对公众也具有吸引力。同时，随机事件很多，保险公司自身的经营成本和风险也很小，保险公司就能有效率地运转。因此，保险的范围越大，随机事件越多，或者说保险公司吸收的客户越多，分摊到每一个人身上的风险就越小，保险市场不仅能繁荣发展，而且能更好地发挥市场机制分解风险的功能。而要做到这一点，还必须具备**第二个重要条件，就是保险行业的从业人员必须具备良好的为社会公益事业服务的道德素质。**保险行业具有双重性质，这种双重性质要求保险公司在追求自己合理利润的同时，要承担起为公众分解风险的社会责任。如果保险公司过于追求企业私利（私人企业的个人利益）和利润最大化，从而扭曲了风险损失的概率，制定过高的保险费率（保险价格），减小了公众躲避和防止风险的动力，或者说降低了公众投保的积极性，就会发生道德风险和逆向选择，从而危及保险行业的发展。

　　道德风险和逆向选择。道德风险（Moral Hazard）和逆向选择（Adverse Selecting）不仅会发生在保险公司方面，也会发生在公众方面。从保险公司方面讲，道德风险和逆向选择的表现是，如果保险公司过于追求企业私利而损害为公众分解风险的社会责任，保险公司的社会道德素质就不高。这种较低的道德素质会使保险公司制定高于风险损失概率和合理经营成本的保险费率（保险价格）从而损害公众投保的积极性，使投保人数减少。这样，保险公司就造成了道德风险。从第一个条件知道，投保人数越多，保险公司的运营成本和经营风险就越小。投保人数减少就意味着保险公司的运营成本和经营风险增大。运营成本和经营风险增大，又导致保险公司进一步提高保险费率，保险费率提高又导致投保人数进一步减少，这就是逆向选择。显然，这种道德风险和逆向选择最终会导致保险公司因无人投保而破产，被清除出保险市场。依据以上分析，将道德风险和逆向选择定义如下：**道德风险是指行为人因缺乏基本社会道德或社会责任感而导致的个人利益或社会利益受到损失或风险。逆向选择是指行为人因缺乏基本社会道德或缺乏对市场经济规律的认识而导致的个人经营行为或社会行为的逆向发展。**

在发达国家保险市场的发展过程中，都经历了这种大浪淘沙的竞争过程。缺乏社会责任感的保险公司由于道德风险和逆向选择而被逐步淘汰，具有社会责任感的保险公司在竞争中生存下来，并逐步扩大其保险范围。这一点对于发展中国家新兴的保险业的发展是有启示意义的。萨缪尔森指出："如果能满足下述各项条件——存在很多种风险，所有风险都或多或少具有独立性，随机事件的概率也可以准确地估计，**并且不为个人利益所腐蚀**——私人保险市场就会有效率地运转。"[①]

道德风险和逆向选择在公众方面的表现主要是在更具有公益性质或公共品性质的保险品种上，如失业保险、养老保险、医疗保险等。由于这些品种更具有公共品的性质，信息不对称和市场失灵使道德风险和逆向选择表现得更严重，私人保险公司很难在这些品种上经营并最终退出了这些品种。这些品种最后由政府介入和承担，向公众提供社会保险。失业保险、养老保险、医疗保险就成为国家福利政策的重要内容。这个问题超出了市场机制调节的范围，将在第七章微观经济政策中的福利政策中讨论。

总之，只要满足上述两个条件，私人保险市场就能繁荣发展，从而更好地发挥市场机制自动分解风险的功能。在市场失灵的公共保险领域，则应由政府承担起社会保险的责任。

3. 投机和套利——市场运行在空间和时间上的均衡

经营风险的重要来源之一是市场运行在空间和时间上的不均衡。这种不均衡表现为同一商品价格在不同地区（空间）、不同时期（时间）的价格差距。这种不均衡会导致同一商品市场价格的波动。不均衡程度越大价格波动的幅度越大。市场价格是经营者确定自己正确的竞争行为和策略的信号。如果这个信号波动不定，经营者就会无所适从。如果市场价格下降到经营者成本以下，经营者的经营就会陷入困境而面临破产的危险，这就是经营风险。

一种商品价格的供求均衡起初是在不同的地域范围进行，然后要在一国范围进行，最后这个均衡过程要在全球范围进行。不同地区、不同国家的价格差距最终都会在这个均衡过程中消失，形成大体一致的市场价格。因此，市场价

---

① 萨缪尔森、诺德豪斯：《经济学》第 16 版，华夏出版社，1999 年版，第 159 页。

格在空间和时间上的均衡是市场运行的内在要求，而这个要求的实现则是通过投机和套利活动完成的。或者说，市场机制这只看不见的手创造了投机和套利条件和行为（机会）来完成自己的均衡过程，化解市场运行中的风险。

由于人们对市场经济的认识不足，对市场中的投机和套利行为曾有许多责难，甚至认为它们是造成市场风险的因素。随着人们对市场经济认识的深入，人们对投机和套利行为的经济性质有了全新的认识。萨缪尔森在谈到投机和套利行为的经济性质时指出，"投机市场不仅从时间上和空间上促进了价格及配置形式的改善，还有助于风险的转移。这些任务都是由那些想从价格变动中获利的投机商完成的。事实上，这表现了看不见的手在起作用，即将商品从其数量丰盛时（价格低）到其数量较少时（价格高）进行重新配置……投机可以提高（经济社会）总体效用和分配效率"。[1]

萨缪尔森给投机下的定义是，**投机（Speculation）就是从市场价格差价中获利或套利（Arbitrage）的活动**。投机套利活动一般有两种形式，一是从时间价格差距上套利，二是从空间地区价格差距上套利。例如，农产品市场，在小麦收获季节，由于新出产的小麦数量多，市场价格会下降，投机商大量买进，仓储几个月，等到小麦价格上涨时卖出，就可以获得小麦市场的时间差价。这种投机活动的经济作用是将各种商品从数量丰盛时期"运送"到稀缺时期。从而缓解同一种商品在不同时期的价格差距，提高人们消费商品的效用水平。我们前面说过，一种商品价格的供求均衡首先是在不同地域范围进行的。同一种商品在不同地区的市场上有不同的价格。这种市场价格的地区差距为投机套利行为提供了机会。

投机商从价格低的地区买进，转手就在价格高的地区卖出，以套取地区差价。显然，这种从空间上运送商品的套利活动有利于调节不同地区的供求关系，拉平相同产品在不同地区市场上的价格差价。在经济全球化的今天，看到这种**投机套利活动不仅在一国市场范围内的不同地区进行着，而且在世界市场上的不同国家之间进行着。正是这种投机套利活动使同一种商品的地区差价、国家间差价逐步缩小和趋于均衡。市场经济的运行也更趋于稳定和有效率。**

① 萨缪尔森、诺德豪斯：《经济学》第 16 版，华夏出版社，1999 年版，第 157 页。

三、博弈论

1. 博弈论的含义

博弈论也可译为"对策论"。**博弈论的实质是竞争对手之间策略和对策之间的对弈**。埃维纳什·迪克西把博弈论的精髓概括为，"**战略性思维是在了解对手在做与你相同的事时战胜对手的一门艺术**"（1991 年）。策略论也好，艺术论也好，这说明人们对博弈论的精髓概括起来是不容易的。之所以不容易，是因为博弈论不仅涉及的范围很宽，而且层次也有高低。将军们在战场上博弈，棋手们在棋盘上博弈，商家在商场上博弈，政治家在官场上博弈，艺术家在舞台上博弈，运动员在竞技场上博弈。**实际上，每个人在一生中为了生计都在与自然界、与社会、与特定的人群博弈**。例如，萨缪尔森的"看不见的手博弈"是在与谁博弈呢？是与市场规律博弈，或者说是与市场经济的社会规律博弈。尽管人们在竞争中都想获得最大利润，但是，在完全竞争的市场中，市场这只看不见的手最终会使人们在零利润上达到均衡，这对经济社会的效率是最有利的。再如，萨缪尔森的"污染博弈"是在与谁博弈呢？是与自然界博弈，自然界虽然是无声的，但它也是有生命的，会惩罚追求私利的污染行为。由于在这个领域市场失灵了，自然界的惩罚迫使政府承担起保护自然环境的责任。在这些博弈中，由于人们对社会发展规律和自然界发展规律以及人生意义的认识不同和对风险的态度不同，人们在博弈中有完全不同的策略选择和价值取向。有人以成败论英雄，有人为信仰和道义舍生取义。有人求名，有人逐利。有人追求社会地位，有人追求自己合意的生活方式。所谓谋事在人，成事在天；所谓人在江湖，身不由己。这都是人们在追求和博弈中由于自然或社会因素的限制而发出的无力回天的感叹。所以，博弈论是一个丰富多彩的领域，关于论述博弈策略和艺术的文献可以说是浩如烟海。我国古文献中就有《对策论》的专著。而且，我国古人将决定博弈双方胜败的因素归结为"天时"（自然规律或自然因素）、"地利"（社会规律或社会因素）、"人和"（对弈双方人的因素或团队的因素）三大要素。这种概括是很精辟的，它概括出了决定博弈双方胜败的高层次因素。实际上，竞争策略或斗争艺术相对于这三大要素来讲还是博弈论中低层次的因素。例如，辽沈战役后，国民党军队辽沈战区最高指挥官杜聿明将军在总结战役失败原因时，百思不得其解，最后得出一个结论："战争没有规律可循。"因为在杜聿明将军看来，国民党军队在军力、武器装备和军队指挥官的战略、战术素质方面远远高于人民解放军。特别是国民党军队的高级军官中许多人是在黄埔军校和美国西点军校受过训练的高级将领。可是，战役为什么就打败了呢？从战略、战术博弈方面分析成败的原因确实无法理解。实际上，国民党百万军队一溃千里的真正原因是毛泽东已经在政治博弈上打败了蒋介石，已经占了"天时、地利、人和"的优势，几百万军队不过是蒋介石的殉葬品。

　　从以上对博弈论范围和层次的大致勾画中可以了解，在博弈论这个迷人的领域里，数学模型的作为是十分有限的，这是一个思想和智慧的领域。就像美军的数字化师可以取得一战、一役的胜利，但它不可能征服伊拉克民族一样。博弈中的优胜者属于那些对自然、社会发展规律有着深刻理解和认识的人；属于那些对人类精神领域一切优秀的思想成果有深刻领悟的人；属于那些运用这些思想成果推动社会进步的人。当然，这都属于一些高层次的博弈。在许多具体的情况下博弈模型的分析经常得出一些完全相反的结论。因为，每一个博弈模型都有一个前提条件或假定条件，前提条件一变，博弈结果就不同甚至完全相反。这就适用哲学上的一个重要原理：具体情况，具体分析。任何事情都会在具体的时间、地点和情况下有一个最优选择。

2. 博弈论在经济学上运用的一些例子

　　（1）**囚徒的困境**。囚徒的困境是博弈理论在经济学上运用的一个著名的例子。

　　假定，张某和李某是两个囚犯，曾共同作案。两个囚犯被分别关在两个囚室。法官和每个囚犯单独进行同样的谈话。法官说，"我已有足够的证据判处你们1年监禁。如果你单独坦白交代，虽然犯罪的严重程度应该判刑10年，但我可以只判你5个月，判你的同伙10年。但是，如果你们两人都坦白交代，那么，你们两人都要被判处5年徒刑"。在这种情况下，假定你是囚徒张某，你会怎样选择呢？显然，你首先会想到，哎呀，要是能和李某沟通一下信息就好了，两人达成合作协定，坚决不坦白。这样，两人都能得到最好的结果：只坐1年牢（图5-11中A框的均衡）。但遗憾的是无法和李某沟通信息，无法达成合作意向。在牢房里只能单独考虑自己的出路。这样，你就陷入两难选择的困境。如果不坦白，好的可能性是，你可能得到较好的结果：只坐1年牢（如果李某也不坦白的话）。坏的可能性和风险是，如果李某坦白了，你就要坐10年牢（B框的均衡）。这个风险大得让人难以承受。如果坦白，好的可能性是你只坐5个月的牢（C框的均衡）。坏的可能性是，即使李某也坦白了，你最多只坐5年牢（D框的均衡）。因此，权衡之下，从个人利益最大化的原则，你会选择坦白。就是说，在非合作的情况下，你会选择从A框进入C框。李某和你同样的处境，也会有同样的思考，从他个人利益考虑，他最后也会选择坦白，即选择从A框进入B框。这样，你们两人必然进入D框的最终均衡，两人都被判5年徒刑。

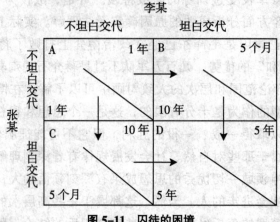

图 5-11　囚徒的困境

　　因此，囚徒困境博弈模型的分析可以得出两点结论：①追求自己利益最大化（自私自利）必然导致较长的刑期——5 年。这显然对双方都不是最好的结果。②合作比不合作好。如果两囚犯能合作，则两人都可以得到最好的结果——只坐 1 年牢。

　　但是，以上两点结论都是从个人的角度考虑个人利益最大化得出的结论。**如果换一个角度，从社会利益最大化的角度考虑，以上博弈结果可以得出完全不同的另外两点结论：**①两囚徒追求个人利益最大化的博弈最终导致了社会利益的最大化或最佳结果。因为两囚徒所犯罪行或给社会造成的危害应该受到 10 年刑期的惩罚。由于两囚徒坦白，依照法律可以减轻惩罚，但也应该受到 5 年刑期的惩罚。所以，这个结果既体现了法律的尊严，又维护了社会正义和利益，从社会利益看是最合理的结果。②不合作比合作好。因为两囚徒如果合作，他们就会只坐 1 年牢，从而逃避了法律的惩罚，损害了社会正义和利益。如果他们不合作，他们追求个人利益最大化的博弈最终会导致坦白和社会利益得到维护，即他们都坐 5 年牢。

　　可见，同一个博弈模型，同样的博弈结果，从不同角度看问题，就得出完全不同或相反的结论。因此，看问题的角度是重要的。

　　有的学者用囚徒的困境博弈模型的分析结果（前两点结论）否定斯密看不见的手的原理。我们得出的后两点结论表明，该博弈模型不仅不能否定斯密原理，反而证明了该原理的正确性。因为两囚徒追求个人利益最大化的博弈最终导致了社会利益的最大化或最佳结果。斯密看不见的手的原理说的是看不见手的调节会导致社会利益提高而不是个人利益最大化。

　　（2）**看不见的手博弈。**图 5-10 "萨缪尔森的博弈支付矩阵"描述的是两个寡头企业的价格战，与萨缪尔森的"看不见的手博弈"模型结构相同。可以将该图形看做"看不见的手博弈"模型，并从博弈论的角度进一步分析寡头垄断市场和完全竞争市场在市场这只看不见的手的调节下，最终的博弈结果。

如果康佳和长虹达成低产出高价格的合谋垄断协定，则双方都进入 A 框的最大利润的均衡，即各自得到 6 万元的垄断利润。这时就出现了**合谋博弈**的合作性均衡（cooperative equilibrium）状态。在这种状态下，双方合作者的利益达到最大化。但是，经济社会的社会利益和效率受到损失，看不见的手的作用受到限制。

如果康佳和长虹达不成合谋垄断，因为垄断是非法的，而且合谋各方经常为了自己的利益欺骗对方导致合作破裂。这样，市场竞争就会导致各方走向有效的或**对抗性博弈**的非合作均衡（noncooperative equilibrium）状态。看不见的手就能充分发挥作用，最终使博弈各方都达到零利润的均衡（即 D 框的均衡），经济社会达到完全竞争的效率状态，社会经济利益达到最优状态。

可见，萨缪尔森的看不见的手博弈模型的分析得出了与囚徒困境博弈模型前两点结论完全相反的两点结论：①在一个完全竞争的经济中，追求自己利益最大化的、非合作的竞争，必然导致经济社会资源配置的最佳效率。竞争者最终都会达到在零利润上的均衡（即 D 框的均衡）。经济社会的利益达到最优，这对经济社会来讲是最好的结果。②不合作比合作好。竞争者之间的合作或合谋，必然导致低产出高价格的垄断（即 A 框的均衡）。这不仅导致经济社会资源配置效率的损失，也导致消费者利益的损失。因此，竞争经济中的合作必然损害经济社会的利益。这就是政府为什么用反垄断法严惩那些合谋控制价格、瓜分市场的垄断行为的原因。

这种完全相反的结论说明什么呢？它说明在有些情况下，从个人的角度看，单独追求个人利益最大化并不一定能获得理想的结果，合作比单干好。如囚徒困境博弈模型分析得出的前两点结论。看不见的手博弈模型从个人利益角度分析也可以得出这个结论。康佳和长虹这两个竞争对手如果从它们企业私利的角度考虑，显然合作或合谋比单独竞争好。如果合作，合谋双方都可以获得 6 万元的垄断利润。如果单独竞争，双方都只能得到零利润。同样是看不见的手博弈模型和囚徒困境博弈模型，如果从社会利益的角度看，非合作的对抗性博弈中，最大限度地追求个人利益与最大限度地促进社会利益是一致的。它会导致社会利益的最大化。因此，从社会利益的角度看，企业之间的竞争（不合作）比企业合作或合谋好。可见，在有些情况下，对个人是最优选择，对社会就不一定是最优选择。对社会是最优选择，对个人就不一定是最优选择。要具体情况，具体分析，特别要注意看问题的角度。

（3）**对抗性博弈，纳什均衡。**现在，用萨缪尔森的对抗性博弈模型讨论垄断竞争市场的价格战。一般来讲，垄断竞争市场的价格战由于厂商众多，厂商之间难以在价格上达成合谋垄断。但是，由于市场的地域分割和发展的不平衡，一些垄断竞争厂商在局部市场的合谋垄断的情况也是经常发生的。下面就以松花江汽车和长安汽车的价格战为例，讨论垄断竞争市场的对抗性博弈，以了解博弈理论的一些重要概念。

我国的汽车厂商在国内市场上讲其规模属于寡头垄断企业，不是垄断竞争的小企业。但这也是相对而言的，随着我国加入世界贸易组织，进入国际市场的竞争，相对于世界市场而言，我国的汽车厂商还属于发展中的小企业。在20世纪90年代，我国的汽车市场还是几家寡头企业联合垄断的市场，各汽车厂商都有自己相对稳定的销售区域和市场份额，汽车价格稳定且远远高于其成本，存在巨额垄断利润。随着"入世"和对世界市场开放，我国的汽车厂商开始了竞相削价争夺市场份额的竞争。因为只有获得了较大的市场份额，才能扩大自己的生产规模。只有获得了规模收益，才能在世界市场的竞争中站住脚和生存下去。我国汽车市场的价格战也是有目共睹。那么，汽车厂商的这种对抗性博弈最终会导致一个什么结果呢？

图5-12中A框的均衡，可以反映松花江汽车和长安汽车在20世纪90年代的情况。那时它们都采取高价格（垄断价格）的销售策略，并各自获得自己的垄断利润。长安汽车2000元，松花江汽车1000元。

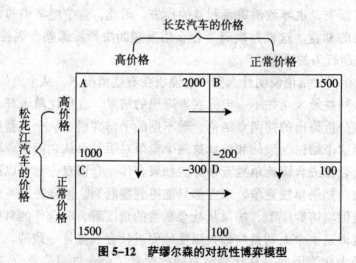

图5-12　萨缪尔森的对抗性博弈模型

随着"入世"和对世界市场开放，松花江汽车开始意识到扩大市场份额的重要性，放弃高价格的销售策略，选择了降低价格至正常价格的竞争策略，即进入C框。这时，松花江汽车由于销售量或市场份额的扩大，获得1500元的利润。长安汽车由于仍然采取高价格的销售策略，销售量下降，出现了 300 元的亏损。这时，松花江汽车选择的竞争策略可以称为**占优战略，即无论其他博弈者采取何种战略，该博弈者的战略总是最好的。**

这时，长安汽车就面临竞争战略的选择或两难处境。是继续采取高价格的销售策略，并希望松花江汽车也回到高价格销售策略上呢？还是降低价格至正常价格，夺回自己的市场份额呢？实际上，希望松花江汽车回到高价格销售策略上来是不现实的。这里涉及博弈论的一条基本准则：**把自己的战略建立在假定对手会按其最佳利益行动的基础上。**松花江汽车会考虑到，如果它回到高价格销售策略上，长安汽车如果降低价格至正常价格，松花江汽车就会出现 200 元的亏损。如 B 框的情况。所以，松花江汽车不会回到高价格销售策略上来，仍然会采取正常价格的占优战略，这符合松花江汽车的最佳利益。这样，长安汽车的占优战略也必然是降低价格至正常价格，以夺回自己的市场份额，消除亏损，争取盈利，即进入 B 框。

这样，松花江汽车和长安汽车最终都采取正常价格的占优战略，并进入 D 框的均衡，各自得到 100 元的正常利润。

在对抗性博弈中，当博弈各方都采取占优战略时，达成的均衡称为纳什均衡（Nash equilibrium）。以数学家约翰·纳什的名字命名。因为每一方选择战略时都没有共谋，他们只是选择对自身最有利的战略，而不考虑社会福利或其他群体的利益。因此，**纳什均衡也被称为非合作均衡。**

萨缪尔森给纳什均衡下的定义是，**纳什均衡是一个在其他博弈者的战略给定时，没有一方还能改变自己获利的状况。也就是说，博弈各方选择的都是对自己最优的战略，而且这种战略也是对其对手战略的最佳反映。**

依据该定义，松花江汽车和长安汽车在 A 框的合谋垄断均衡不是纳什均衡，后来展开价格博弈最终进入 D 框的非合作性均衡才是纳什均衡。而且前面讨论的囚徒困境博弈模型的均衡以及看不见的手博弈模型的均衡都是纳什均衡。**可见，纳什均衡强调的是对抗性博弈，强调博弈各方都采取了占优战略，而且没有任何一方还能改善自己获利状况的均衡。**

对于每一个在市场经济社会生活的人，对于每一个在市场竞争中求生存的人，博弈模型或理论的分析告诉人们：首先，要知道一个人想做什么和能做什么完全是两回事。应该考虑的不是我想做什么，而是应该考虑我能做什么。其次，要找到最能发挥自己的潜能、长处和优势的职业和岗位。美国人有一句格言：上帝对每个人都是公平的，关键在于你要找到自己的岗位。每个人的潜能、长处和优势都不同，适合别人的职业和岗位并不一定适合你。在这样的岗位上，以你的劣势和别人的优势竞争，你必然是博弈的失败者。找到了最适合你自己的岗位，发挥出你自己的潜能和优势，取得的成就和收益，就是你自我价值的实现。就是你的**纳什均衡**。你应该感到满足和欣慰。可能有人比你更强，做得更好。你不要和别人比，人比人永远气死人。当然，这不排除你更努力，把事情做得更好。最后，记住博弈论的一条基本准则：**把自己的战略建立在假定对手会按其最佳利益行动的基础上。博弈各方都采取了自己的占优战略达成的均衡就是纳什均衡。**当然，任何时候都不要忘记具体情况具体分析。

第五节　市场制度资源配置效率的总结

一、亚当·斯密"看不见的手"的原理的证明

通过前三节的分析我们可以对市场制度资源配置效率做一小结，其要点如下：

第一，完全竞争市场模型的分析表明，在市场竞争机制能充分发挥作用，没有垄断等干扰因素造成的变形的纯粹市场状态下，**市场竞争会使社会在每一种产品生产上达到：一是 MR = MC = P；二是厂商的数目合适**，即资源配置不多也不少；三是 AC 达到最低。综合上述三点，就是社会经济资源配置和利用的最佳、最有效率的状态。其标准或条件是 MR = MC = P = 最低的 AC。

第二，市场制度在其自身发展中会产生竞争的不完全性或垄断因素。因为优胜劣汰是竞争的法则，竞争的优胜者会随着其经济实力的扩大而自然走向垄断。但是，垄断竞争市场和竞争性寡头市场由于竞争性起主导作用，其市场效率接近完全竞争市场。

第三，完全垄断和勾结性寡头市场的厂商为追求最大利润的均衡，一方面会制定高于其 MC 的价格，另一方面又不会以最低的 AC 生产产品。这表明垄断一方面限制了市场机制的作用，损害了竞争机制配置资源的效率，造成社会有限经济资源的浪费和社会产品的无谓损失。另一方面，垄断导致消费者以较高的价格买到较少数量的产品。因此，垄断是对整个社会的剥削。这就是经济学者建议政府施行反垄断法来限制市场的垄断因素和促进市场竞争的原因。

二、关于帕累托最优状态的标准和条件

1. 帕累托最优标准和条件的内容

意大利经济学家帕累托用几何方法提出了他的经济社会效率最优状态标准和条件。下面简要介绍如下：

（1）**帕累托最优状态标准**。为简单起见，帕累托把消费者效用、福利、生产者产量、社会经济资源配置效率统称为社会经济利益。

假定一个社会由若干人组成，如果提高一个人的利益而又不损害和降低其他成员的利益，那么这个社会的经济利益就存在着改进和提高的余地，这被称为帕累托改进。 显然只要存在帕累托改进，社会经济利益就没有达到最优状态。

如果提高一个人的利益就会损害和降低其他成员的利益，那么就意味着这个社会的经济利益已不存在改进和提高的余地了。就是说不存在帕累托改进了。也就是说社会经济利益已达到了最优状态，这就是帕累托最优状态标准。即：**如果提高一个人的利益就会损害或降低其他成员的利益，社会就已达到最优状态。**

应该说，帕累托最优状态标准所表达的思想是有意义的，**它有利于对社会经济生活方方面面的细节改进和提高，以促进社会经济整体利益的优化。** 正是从这个意义上，帕累托提出了一个效率优化的标准和概念。如果从实际出发去探求实现这一最优状态的途径或条件，意义会更大。在实际生活中，这个效率优化的标准和概念是很好运用和把握的。只要对社会经济生活方方面面的细节改进和提高，而又不损害和降低其他社会成员的利益，就会促进社会经济整体利益和效率的优化和提高，这是很有意义的。但是，帕累托不从实际出发，这个标准就成了人的头脑设想的美好愿望。从这个美好愿望出发，帕累托用几何方法推论出的实现最优状态的条件是不成立的，是没有任何实际意义的空想。

（2）**帕累托最优状态条件**。帕累托从这个设想的理想状态出发，用几何方法（埃奇沃思方盒）推论达到帕累托最优状态需具备以下三个条件，即交换的最优条件、生产的最优条件、交换和生产的最优条件。下面看这些最优条件是如何推出的。

1）交换的最优条件。将 A、B 两个消费者的无差异曲线坐标对角连在一起就构成交换的埃奇沃思方盒。方盒中两个消费者的两条无差异曲线的切点即为两个消费者的均衡点 E 点。该点有交换的最优条件：任意两个消费者对任意两商品的边际替代率相等。用公式表示即：

$$MRS_{XY}^{A} = \frac{P_X}{P_Y} = MRS_{XY}^{B}$$

式中：A、B 为任意两个消费者，X、Y 为任意两商品。

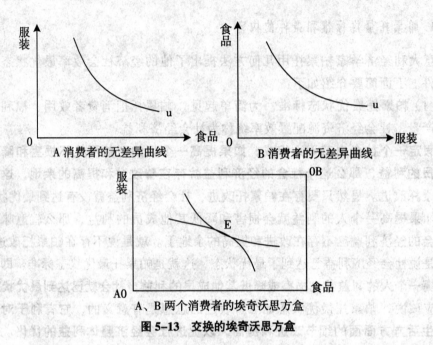

图 5-13   交换的埃奇沃思方盒

2）生产的最优条件。将 A、B 两个生产者的等产量曲线坐标对角连在一起，就构成生产的埃奇沃思方盒。

方盒中两个生产者的两条等产量曲线的切点即为两个生产者的均衡点 E 点，该点有生产的最优条件：任何两种生产要素的边际技术替代率对任意两个生产者都相等。用公式表示即：

$$MRTS_{LK}^{A} = \frac{W}{R} = MRTS_{LK}^{B}$$

式中：A、B 代表任意两个生产者，L、K 代表任意两种生产要素。

3）生产和交换的最优条件。帕累托将交换的最优条件和生产的最优条件连接起来就得到生产和交换的最优条件：任何两种产品的边际转换率等于它们的边际替代率。用公式表示即：

$$MRT_{XY} = MRS_{XY}$$（对所有消费者）

2. 帕累托最优条件的唯心主义性质

从效用理论知道，由于物品效用的大小或等级顺序取决于消费者个人的判

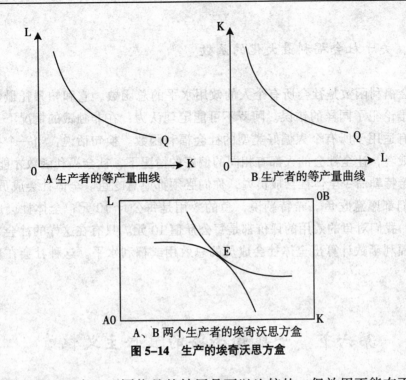

图 5-14　生产的埃奇沃思方盒

断，对同一个人而言，不同物品的效用是可以比较的，但效用不能在不同的人之间进行比较。因为不同消费者由于生活习惯不同、偏好不同、宗教信仰不同等的，不同的人在许多情况下对同一个物品或服务对自己提供的效用或福利的评价是不同的。因此，单个消费者的无差异曲线分析是成立的，把两个消费者的无差异曲线对角连在一起得出任意两个消费者对任意两商品替代率相等，就不能成立。比如，有人爱吃鸡，有人连鸡味都不愿闻。就物品来讲，大到汽车、飞机，小到纽扣、香皂，千差万别。那么任意两个消费者怎么可能对任意两商品替代率（替代比例）相等呢？该式即使在几何学意义上或数学意义上能成立，它在经济学上有什么意义呢？它对实际经济生活又有什么意义呢？正如阿罗不可能定理表明的，由于消费者偏好不同，所以社会福利最大化函数或效用函数不可能成立一样，帕累托最优条件也不可能成立。说它不成立，是因为它没有任何实际的意义，社会不可能按这个条件找到最优状态，也不可能按这个条件判断最佳经济效率。这是典型的由空想到空想的唯心主义。从头脑设想的理想状态出发，然后用数学公式推论实现这种理想状态的条件，而且不考虑和验证这些条件在实际经济生活中是否成立，是否有意义，是典型的唯心主义认识方法之一。第一个条件不成立，后面的条件是和第一个条件相联系的，也就没有讨论的意义了。

三、关于社会福利最大化的函数

社会福利函数是社会所有个人的效用水平的总函数，它和帕累托最优交换条件的推论犯了同样的错误。阿罗不可能定理认为：在非独裁的情况下，不可能存在有适用于所有个人偏好类型的社会福利函数。换句话说，当一个社会有一个独裁者，让全社会的人都有相同的偏好的情况下，社会福利函数才能成立。例如，希特勒命令全体社会成员说，你们必须都愿意吃鱼。全体社会成员回答，是，我们都愿意吃鱼。希特勒说，鱼的效用是每公斤10元，全体社会成员回答，是，我们对鱼的效用的评价都是每公斤值10元。只有在这样的社会，才能用社会福利函数计算出全体社会成员的总效用或福利水平。这种社会在现实中存在吗？

第六节　一般均衡论的唯心主义性质

一般均衡论是经济学的一个神话。本节我们用存在决定意识的唯物主义认识论和黑格尔的意识决定存在的唯心主义认识论的对比分析，来分析这个神话的唯心主义性质，以及对经济学的影响。

一、一般均衡论的思想内容

瓦尔拉的一般均衡论所要表达的思想是：经济学所研究的只是单个产品的供求均衡，例如，苹果市场的供求均衡分析，面包市场的供求均衡分析等。这只是单个市场的或局部的均衡分析。在成千上万个商品世界中，各种商品的供求均衡和价格是相互影响的。例如，蔬菜、水果、粮食、肉类、禽蛋、奶品等成千上万种食品对消费者来说都具有相关的替代关系。多吃水果，可以少吃蔬菜；多吃蛋奶，可以少吃肉类；多吃肉类，可以少吃粮食等。如果人们对蛋奶和肉类的偏好发生变化，多吃蛋奶，少吃肉类。那么蛋奶的供求关系决定的均衡价格就会上升；肉类的供求关系决定的均衡价格就会下降。由于成千上万种食品存在替代关系，它们的均衡价格决定就是相互影响的。瓦尔拉设想是否在这种相互影响中存在着成千上万个商品市场，同时或共同达到均衡，即一般均衡呢？

瓦尔拉建立了一个联立方程试图说明一般均衡的存在问题。一般均衡的联立方程含义如图 5-15 所示。

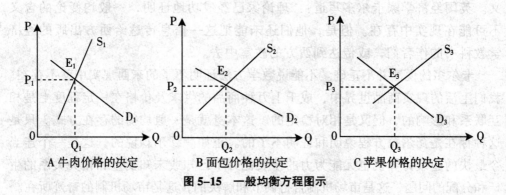

图 5-15 一般均衡方程图示

我们知道牛肉的均衡价格方程为：

$Q_d = a - bP$ （需求函数）

$Q_s = -c + dP$ （供给函数）

$Q_d = Q_s$ （均衡条件）

面包、苹果以及成千上万种食品（用 n 代表），每一种食品的均衡价格决定都有一个均衡价格方程。把成千上万个均衡价格决定方程（n 个）联立起来，就是瓦尔拉的一般均衡方程。当然，成千上万个商品均衡价格决定方程（n 个）的联立只是表现了商品价格决定之间的横向联系，从纵向的角度讲，每一个商品均衡价格的背后，都有生产该商品的劳动市场的均衡、资本、土地、技术等要素市场的均衡以及货币市场的均衡。因此，一般均衡方程代表的是整个商品社会成千上万种商品生产、交换、分配、消费的庞大系统的均衡。

按数学的逻辑，要证明一般均衡存在，一般均衡方程必须有解。但是，这个方程能有解吗？单个商品（比如牛肉）的均衡价格决定方程自它建立以来，一百多年了，它在数学上是否有解仍然是个未解决的问题。因为无法解决方程中 a、b、c、d 四个系数值的确定问题（它涉及几十个时刻处在变动中的相关变量），所以，单个商品的均衡价格决定方程至今仍然是一个数学上的假设。一百多年了，连一个商品的均衡价格方程的解都没有解决，却要奢想解决 n 个（成千上万种）商品的联立方程的解，这个解涉及亿万个已知或未知的时刻处在变动中的相关变量，这是不是痴人说梦啊。

在瓦尔拉创立一般均衡方程时，经济学家们还不太懂数学，感到这个方程很神秘，提出了一个伟大的设想。瓦尔拉也因此成名。瓦尔拉死后，经济学家们发现瓦尔拉的方程没有解，不成立。一些学者仍然不甘心，继续运用数学发展的最新成果——集合论、拓扑学等最新方法试图证明一般均衡方程有解。结果他们证明只有在极其严峻的假设条件下一般均衡方程才能有一组解，而且这些假设条件不可能在现实中存在。因此，这种证明的结果在现实中就失去了意义。英国经济学家卡尔多写道："理论家已经成功地证明，一般均衡论的含义不可能在现实中存在。但是，他们还未能把这一信息传达给西方出版的经济学教科书的作者们，或传达到西方的教室中去。"[1]

卡尔多的说法并不正确。不能说数学方法证明不了的东西现实中就不存在。我们生活的现实商品世界中，成千上万种商品的供求及价格在一定程度上是相互联系和影响的，但又是相对稳定的。这本身就是一般均衡的存在方式。只是这种存在是瓦尔拉方程说明和证明不了的。正如萨缪尔森说的，这是一个连当今最快的超级计算机也无能为力的涉及亿万个已知或未知变量和相关关系的生产和分配的问题，这是市场机制自行调节和解决的，这是市场机制的奇迹所在。[2]而且，**市场从它产生的那天起就具有世界市场的性质。成千上万种商品价格的均衡过程以及它们之间相互影响的一般均衡过程起初是在地域的范围进行，然后是在一国的范围进行，最后，这个均衡过程要在全球范围进行。在经济全球化的今天，我们已经看到了这一过程。如此巨大的一个均衡过程，而且是亿万个已知或未知变量时刻处在调整中的动态过程，岂是一个一般均衡方程能解决的问题？一般均衡方程的性质可以说是由于不完全了解价值、价格和市场的本质而产生的一个梦想。**

二、一般均衡论的唯心主义性质

用均衡价格方程计算出每一种商品的均衡价格；用效用函数计算出消费者的效用最大化；用生产函数计算出生产者的产量最大化；用收益函数计算出公司的收益最大化；用帕累托的埃奇沃思方盒给经济社会提供最优状态标准和条件；用瓦尔拉的一般均衡方程完成整个经济社会的均衡，多么完美的一座理论大厦。问题是实际经济生活的事实如何呢？**二百多年来，世界市场经济国家实际经济生活的事实是：没有任何一种商品的价格是靠均衡价格方程计算出来的；没有任何一个消费者的效用最大化是靠效用函数计算出来的；没有任何一家企业的产量最大化是靠生产函数计算出来的；也没有任何一家企业的最小成本是靠成本函数计算出来的；更没有任何一家公司的收益最大化是靠收益函数计算出来的。帕累托最优状态条件毫无实际意义，社会既不可能按这个条件找到最**

---

① 鲍斯金编：《经济学与人类福利》，学术出版社，1979 年版，第 1240 页。
② 萨缪尔森：《经济学》第 16 版，华夏出版社，1999 年版，第 21 页。

优状态，也不可能按这个条件判断最佳经济效率。一般均衡方程更是一个毫无实际意义的梦想。这些事实都是显而易见的。走出家门就是市场，那里有成千上万种商品，我们可以去调查和了解，看哪一个商品的价格是通过均衡价格方程的计算确定的，哪怕找到一个这样的商品也算有根据。我们周围有各种各样的企业，我们可以到任何一家企业去调查和了解，看哪一家企业的最大产量是通过生产函数的计算得到的。萨缪尔森早在 20 世纪 80 年代就指出，根本就不是那么回事，这到企业一了解就清清楚楚。[①] 我们都是消费者，可以问问我们自己，我们的效用最大化是靠效用函数的计算得到的吗？这些事实并不需要费力就可以了解的。**这就提出了一个问题，这些梦想者为什么完全不顾实际经济生活的事实，痴心梦呓一百年而不醒呢？**

要揭开这个谜还要回到黑格尔哲学的认识论逻辑。黑格尔认为，人的意识认识到的存在才有存在的意义，人的意识认识不到的存在就不存在，或者说即使存在也没有意义。按照这个认识论逻辑，梦想者的思考逻辑是设定一个理想状态，然后用数学公式推导实现理想状态的条件，而且得出的这些条件和结论是不需要经过事实检验的。因为这些没有被人的意识认识到的事实是不存在的，或者说即使存在也是没有意义的，更不要说用这些事实检验条件和结论了。这样，梦想者可以任凭意识的梦游，可以完全不顾实际经济生活的事实，建立起脱离实际经济生活、毫无实际意义的、从空想到空想的经济学理论大厦。

作为对照，我们看看实证分析方法的认识论逻辑。通过对实际经济生活的观察，提出假说。然后通过对实际经济生活的调查、分析，用事实检验这些假说。最后，把符合经济生活事实的，正确反映经济生活规律的假说上升为理论。这样的经济理论才能揭示实际经济生活的客观规律，才能帮助人们正确地认识我们的实际经济生活，帮助人们解决实际经济生活中的问题，才能对实际经济生活的发展具有指导意义。这种方法的认识论前提是存在决定意识的唯物主义认识论。通过对实际经济生活的观察提出假说，是意识对存在（客观事实）的反映。就是说，**实证分析方法承认存在是第一性的，意识是第二性的。**然后，用事实检验假说是否正确。就是说人们的意识是否能正确地反映客观存在，必须经过客观存在的事实的检验。最后，把能正确反映客观存在的假说上升为理论，就完成了意识对存在的认识过程。从实际经济生活出发，到接受事实的检验，到符合事实，再到指导实际生活，是唯物主义认识论的基本要素。**因此唯物主义认识论认为事实是检验一种理论是否正确，是检验真理的唯一标准。**

唯物主义认识论认为，市场经济系统是按照它自身的、内在的、客观规律

---

① 萨缪尔森：《经济学》第 10 版，中册，商务印书馆，1982 年版，第 178 页。

自主运行的，而不是按照人们意识的主观设计、计算运行的。人们的意识是否正确反映和认识了市场经济运行的客观规律，必须经过市场经济运行客观规律事实的检验。只有符合客观规律事实的经济理论才是能够指导实际经济生活的科学的理论。设定一个理想状态，然后用数学公式推论实现这种理想状态的条件，单就一个具体的分析方法而言，本也无可非议。**问题的关键是得出的条件和结论必须经过客观事实的检验，只有符合客观事实的条件和结论才能把它上升为理论。**否则，就是从空想到空想的唯心主义的伪科学。**真理和谬误就在这一步之遥。**萨缪尔森指出，经济学必须解释现实经济生活，"经济学若无解释力，就无所谓科学"。①经济学的目的是为了揭示和说明实际经济生活的客观规律，帮助人们深入理解现实生活，而不是为了编织神话和梦想。

黑格尔的意识决定存在的认识论逻辑二百多年至今对人们仍有很大的影响，是因为这个逻辑确实反映了人们精神生活的一些现象，许多人相信这个逻辑是对的。例如，人们经常听到的一句话：信则有，不信则无。就是说，人的意识相信或认为某种东西存在，它就存在。人的意识不相信或不认为某种东西存在它就不存在。比如，在宗教问题上，你如果信教，那么宗教对你就是存在的，就会对你的生活产生很大的影响。你如果不信教，那么宗教对你就是不存在的，就不会对你的生活产生任何影响。现实生活中，信教的人把他们一生中相当多的时间用于宗教活动。而不信教的人，按他们自己的意愿生活，并没有受到那个"上帝"或"神"的惩罚。所以，生活中确实存在这种现象，许多人就是这么认为的。那么，如何解释这种现象呢？从认识论的角度讲，首先，这种现象是一些人把客观存在与人的意识对客观存在的映象混为一谈。比如，宗教并不是一种客观存在，而是一些人的意识对现实生活（客观存在）的一种认识、理解和信仰，即一些人的意识对现实生活（客观存在）的一种映象或反映。你如果相信某种宗教，只是说明你对现实生活的认识和理解与那些人相同，与那些人具有相同的生活信仰或宗教信仰。你如果不相信某种宗教，只是说明你对现实生活的认识和理解与那些人不同，你有另外一种对现实生活的理解和认识，或者说你有另外一种信仰或主义，这种信仰会支配和影响你过另外一种生活。其次，人的意识对存在具有反作用。就是说人们对现实生活的认识和理解产生的信仰又会反过来支配人们的行为和生活方式。正是由于人们（的意识）对现实生活（客观存在）有各种各样的反映、认识和理解，所以世界上出现了各种各样的宗教或主义。这些宗教或主义又反过来支配和影响人们过着各种各样的生活。最后，如果理解了存在决定意识，同时意识对存在又具有反作用，那么

---

① 萨缪尔森：《经济学》第 16 版，华夏出版社，1999 年版，第 5 页。

就可以理解，如果人们的意识能够正确地反映和认识现实生活的意义，从而产生一种对现实生活正确的理解和信仰，就会使人们过一种健康、幸福的生活。如果人们的意识没有正确地反映和认识现实生活的意义，从而产生一种对现实生活错误的理解和信仰，就会使人们过一种荒谬的生活。在人类几千年生活的历史长河中，人们可以看到一种对生活错误的理解和宗教可以使人们荒谬地生活几百年，甚至上千年。随着人们视野的扩展，看到其他地方的人们完全过着另外一种生活，这才发现自己以前对生活的理解是多么荒谬。历史告诉我们，对客观世界的正确认识，对于我们的生活是多么重要。

三、唯心主义认识论对经济学的危害

前面已经说明了从均衡价格方程、效用函数、生产函数、成本函数、收益函数到帕累托最优条件的推论，社会福利函数的推论，一般均衡方程的推论等一整套理论体系是典型的从空想出发，用数学公式去构建空想主义大厦的唯心主义，毫无实际的理论意义，这是连西方主流经济学都抛弃的东西。我们看一看萨缪尔森、斯蒂格利茨等西方主流经济学家的著作，在他们的著作中，根本就没有这套理论。他们认为这套理论是完全脱离实际生活、毫无实际意义的东西。令人不解的是在我们的一些教科书里却充斥着这些东西。学生学习经济学是为了解决实际经济生活中的问题，花了大量时间和精力却得不到解决实际经济问题的知识和要领，自然感到头痛。这是我国学生感到西方经济学难学的最主要原因。

这种偏向的形成有一个历史原因。20世纪80年代，我国刚引进西方经济学的时候，受"左"的思想的指导，这就是只想学西方的技术，不想要西方的意识形态。经济学语言表达的内容都被认为是意识形态，不要。数学公式是技术，没有意识形态，都搬了进来。这样，我国编写的西方经济学教科书，没有思想，没有逻辑，只有数学公式的堆积。而理论经济学原本就是一门关于经济思想的学科，没有思想，经济学还有什么？这就是学习经济学的学生为什么花了大量时间和精力却收获甚少，感到痛苦甚至感到绝望的原因。

这种偏向形成的一个现实原因是我国市场经济的历史很短，我国的学者和教师缺乏对市场经济的感性认识，更不要说上升到理性认识。知识的缺乏必然产生迷信，特别是对数学语言的盲目崇拜。这样的崇拜自然使人们完全丧失了对用数学语言包装的现代唯心主义的分析批判能力，使它能在我国经济学界风行十多年，对我国经济学的研究和发展造成了严重的损害。

以下两个典型事例足以说明上述问题：

2002 年 5 月下旬的一天，××电视台一位主持人说，我国 GDP 每年增长 7%~8%，可是许多企业在亏损，许多上市公司的业绩也不尽如人意，许多观众对这个矛盾现象感到困惑。现在我们请一位经济学专家给大家解释这个问题。一位经济学专家出现在画面上说，"GDP 是个人消费支出加私人投资支出加政府支出加净出口，和企业经营没有关系。"此论令人吃惊，再一看屏幕，是××电视台，字幕上打的是"经济学专家"。最后主持人总结说，"我们的专家已经说了，GDP 增长和企业经营没有关系，所以大家也不必感到困惑。"这样的场面，如果不是亲眼所见，确实让人难以置信。萨缪尔森指出，尽管宏观经济学几乎在所有的问题上都存在争论，但是在 GDP 的概念上，经济学家是没有分歧的，是很清楚的。把 GDP 定义为最终产品的价值总和是因为 GDP 概念要反映一个经济社会所有企业（无论是生产中间产品还是最终产品的企业）新生产价值的总和，即所有企业生产的价值增值部分的总和。因此，GDP 的增长是直接与企业的生产经营相联系的。但是，在 GDP 的核算上，一件产品是最终产品还是中间产品不取决于产品本身的性质，而取决于产品的最终用途。例如，一吨煤，如果居民买回家做饭取暖用，它就是最终产品；如果工厂买去烧锅炉做动力燃料，它就是中间产品。一件衣服，如果居民买来穿，它是最终产品；如果工厂买去当工作服发，它就是中间产品。一个面包，如果居民买来吃，它就是最终产品；如果工厂买去给职工当免费午餐，它就是中间产品。正是由于人们无法从产品本身的性质上区分它是最终产品还是中间产品，所以把最终产品价值加总求和来直接核算 GDP 是无法操作的。经济学只能寻找间接核算的办法。由于 GDP 是市场成交值概念，成交值的含义是供给方提供的最终产品的价值量 = 需求购买方支出货币的价值量。因此，无法把最终产品的价值加总求和来直接核算 GDP，但可以把购买最终产品的支出加总求和来间接核算 GDP。这样，GDP 等于个人消费支出加私人投资支出加政府支出加净出口，即 GDP = C + I + G + (X − M)。但是，最终产品的购买者绝不等于最终产品的创造者，最终产品还是由企业创造和生产出来的。如果说 GDP 的增长和企业经营没有关系，那么 GDP 是什么？难道所有的企业都亏损了，GDP 照样增长吗？

第二个事例，是 2003 年我国学术界进行的一场价值理论的讨论。如此大规模的一次讨论，争论的核心分歧竟然是"价值"这个词的含义是什么！一种观点认为，价值这个词的本质含义是指"国民财富"。另一种更强的观点认为，价值的本质含义不是指国民财富，而是指一种"关系"。从西方经济学的角度讲，从亚当·斯密到现代西方经济学，价值一词就是指"国民财富"，这一点毫无疑义。亚当·斯密的《国民财富的性质和原因的研究》中，把国民财富就称为国民生产的总价值。只有一个例外，就是马歇尔把价值称为一种"关系"。但是马歇尔这样讲，是为了把价值和价格说成一回事，以建立他的均衡价格理论。这是一种实用主义的说法。从马克思政治经济学的角度讲，马克思认为，商品具有两重属性。一是它的物质属性，或使用价值。即它是一种有用的物质产品。二是它的价值属性。价值属性的本质含义是什么？是表示商品是一种有价值的财富，你要得到它必须支付其价值（即支付一定量货币）或用其他等价值的商品交换，它不是你可以无偿或随便拿走的东西。一种物品（使用价值）必须同时具有价值属性它才能成为一个商品，一个财富。或者说，使用价值和价值是商品同时具有的两种属性，二者缺一不能称为商品，是不能把它们割裂开来和对立起来的。是不能说使用价值是财富，价值不是财富的。例如，商店里的一双皮鞋，它的物质属性或使用价值是：它是牛皮做的一种物品，可以穿用。它的价值属性是标价 200 元。没有标价的物品不是商品。价格是用货币表示的该商品的价值或价值量。你不支付 200 元是拿不走的，是享用不上使用价值的。更重要的是，正是由于商品具有价值属性，它才可以在市场上出售和交换，成为社会成员都可以接受的财富。社会成员都可以接受的财富是什么？是社会财富或国民财富。就是说，价值不仅是财富（商品）的属性之一，而且使财富（商品）具有了社会财富的性质。从这个意义上说，我们说价值的本质是社会财富或国民财富。一个国家一年生产的商品总量构成一国一年创造的国民财富总量。所以，国民财富（商品总量）仍然具有两种属性或两种表现（或存在）形式。一方面它表现为若干万吨食品和钢铁、若干万辆汽车、若干万套衣服等实物形式（使用价值），另一方面它表现为若干万元价值，即国民生产总价值或 GDP、国民收入（国民收入，更具体说，是国民或生产要素所有者获得的货币现金收入）。更明确地说，在商品经济社会，商品和货币（价值）是国民财富存在的两种具体形式。所以，当我们说一个国家一年创造 10 亿元 GDP，一方面是指这个国家一年生产的成千上万的食品和钢铁、汽车、衣服等商品的价值总量是 10 亿元，另一方面是指该国国民或生产要素所有者获得了价值 10 亿元的货币现金收入。你不支付 10 亿元，你是享用不上这些商品的。所以，GDP 是一个市场成交值概念。它体现的是一国国民生产和成交的商品（最终产品）的价值总量。因此，价值的本质就是国民财富。国民财富同时具有的使用价值和价值两种属性是割裂不开的。我们一些学者总是要把它们割裂开来，总是在不相容的对立中思维，用马克思的话说，这是形而上学的表现，是缺乏抽象思维能力的表现。

　　现在，我们来谈谈价值关系。由于价值是商品的属性之一，所以价值关系首先体现的是商品或财富的生产、交换、分配、消费关系，即财产关系或物的关系。其次，商品关系、财产关系或物的关系本质上体现的是人与人之间的关系。因此，全面理解价值关系要包括物的关系和人的关系这两个层次的关系。马克思批评西方学者只看见物的关系看不见人的关系是一种极端片面性，而我们一些学者只看见人的关系看不见物的关系不也是一种极端片面性吗？正是这种片面性使我们一些学者认为，价值不是财富，只是一种人与人的关系。我们的人民辛勤劳作创造价值，难道他们创造的不是财富？只是一种关系？一个国家是靠 GDP（国民生产的总价值）生存和发展的，难道我们靠吃"关系"身上就长肉吗？实际上，经济学就是揭示我们实际生活的规律和道理的。只要联系实际经济生活去思考，经济学的原理和范畴并不难理解。

数学在经济学中的科学运用具有重要意义，如果不是经济学中的数学革命，现代经济学也不可能取得今天的成就。但是，萨缪尔森倡导的数学革命的实质内容是什么？是将边际增量分析方法和抽象分析方法相结合，而不是要把理论经济学数理化。不了解这一点，只要是相关关系，就要用数学公式表示，恨不得把整个理论经济学数理化。一个简单的经济学问题，非要用一个复杂的数学模型来分析，浪费了学生大量的时间和生命。经济学家要考虑经济学的社会责任。特别是在唯心主义认识论基础上的数学在经济学中的滥用已经对经济学的发展造成了严重危害，这些我们应该正视和反思。

本章总结和提要

本章用完全竞争市场和垄断市场的比较分析证明了市场制度是最有效率的社会经济制度，并说明了垄断对市场效率的危害。博弈理论分析了寡头之间的竞争，寡头之间的竞争最终会导致两种结果：竞争性寡头接近完全竞争的市场效率；勾结性寡头与完全垄断基本相同。依据以上研究，经济学家认为，应该尽量限制垄断因素危害，提高市场的竞争效率，这也是反垄断法的经济学依据。

思考题

1. 萨缪尔森是如何证明市场制度效率的？你认为他的证明是否成立？
2. 在市场竞争没有干扰的情况下，市场竞争会使经济效率达到最优，这个最优状态的标准和条件是什么？它对生产者和消费者意味着什么？
3. 什么是垄断？垄断的危害是什么？反垄断符合谁的利益？
4. 为什么寡头之间的竞争最终会导致两种不同的效率结果？
5. 什么是风险？你对风险持什么态度？
6. 你如何理解道德风险和逆向选择的含义？

7. 萨缪尔森认为投机是有益于市场均衡的行为，你同意吗？

8. 什么是纳什均衡？

9. 你认为帕累托最优状态的标准和条件有意义吗？或者存在什么缺陷？

10. 请评价对一般均衡论的唯心主义性质的分析。

第六章　要素市场的价格决定和财富分配

　　本章对构成市场系统的分配环节，即要素市场的供求关系及价格决定进行分析。正如我们在市场系统循环图中所看到的，在要素市场上，劳动、资本、土地、技术等各要素的所有者（公众）以要素供给者的身份出现在市场上，厂商则作为要素的需求者出现在市场上，通过要素市场供求双方的竞争、比较、权衡及所决定的要素价格和交易数量，各要素的所有者依据要素市场决定的各要素价格和自己提供的要素数量获得收入，社会财富自然而然以工资（劳动的价格）、地租（使用土地的价格）、利息（货币资本的价格）、利润（企业资本的价格）等形式分配给各要素的所有者。例如，美国制造业劳动力市场供求关系决定的劳动的价格为 17 美元/小时（劳动的价格以小时工资表示），如果你是一个美国制造业的工人，你一年提供 1500 工作小时的劳动供给（每周工作 35 小时，一年工作 43 周），你一年可获得工资收入 $17 \times 1500 = 25500$ 美元。就是说，市场以工资的形式把 25500 美元的财富分配给你。可见，社会财富的分配问题，也就是各要素价格的决定问题，因为各要素价格的不同或变动，每个社会成员分得的财富就有很大的不同，而这些又都是市场经济系统自然而然调节和解决的。本章只是从理论上说明市场系统对社会财富的分配是依据什么原则进行的，以及存在一些什么问题。

　　社会财富的分配问题是涉及全体社会成员（各要素所有者）的切身利益问题，也是社会最敏感的问题。劳动与资本的对立和冲突的根本原因就在于财富分配上的巨大差距。是谁在分配社会财富？是社会的统治者或管理者吗？不是，是市场。那么市场又是依据什么原则分配社会财富的呢？为什么有人富有人穷？它公平吗？怎样促进社会财富的公平分配？这些问题不仅是社会成员关注的问题，也是经济学家深入探讨的问题。

第一节　生产要素的需求

生产要素的价格也是由要素市场的供给和需求决定的，本节分析要素市场的需求方面。

如上所述社会财富分配问题也就是讨论工资、地租、利息等要素价格的决定问题。但问题并不这么简单，财富分配问题是直接和财富生产相联系的。在社会生产函数 $Q = f$（L、K…）中，我们只知道社会总产品 Q 是劳动、资本、土地、技术等各要素相互依赖、共同生产的，但不知道在总产品 Q 中，各要素各自的贡献份额是多少。如果我们知道在总产品 Q 中各要素各自的贡献份额是多少，那么各要素按各自的贡献在总产品 Q 中获得各自的份额，即谁创造多少财富，谁获得多少收入，那么财富的分配就是公平合理的，社会成员也不会在财富分配问题上产生分歧和争论。正是由于我们不知道在总产品 Q 中，各要素各自的贡献份额是多少，那么，市场机制或供求关系又是依据什么原则将总产品Q 分配给各要素呢，它公平合理吗？这是长期困扰经济学家的一个难题，被称为分配之谜。19 世纪末，美国经济学家约翰·B. 克拉克提出了各要素依据其边际产品或边际产出率得到各自在总产品 Q 中的相应份额的理论，即边际生产率分配论。或者说，市场机制是依据各要素的边际产出率将总产量 Q 分配给各要素的，对这个难题提出了一个解释。这个解释被西方经济学界认可，克拉克也因此享有盛誉。从此，克拉克的边际生产率分配理论成为要素需求曲线背后的原理和基础。

一、要素需求的两个特征

西方学者认为，在要素市场上，厂商对要素的需求与在产品市场上消费者对产品的需求相比，有两个不同的特征。

1. 厂商对要素的需求是"引致需求"

"引致需求"的含义是说厂商对要素的需求是由消费者对产品的需求引起的。因为要素不能用于消费，只能用于生产产品。如果消费者不需要产品，厂商也就不会需求要素。所以，要素的需求曲线可以直接由产品的需求曲线派生出来，见图 6-1。要素需求的这一特征还引起了一个重要的经济后果，即厂商对要素的需求量取决于该要素的边际产品价值与厂商购买一单位该要素所需支付的价格（要素的边际成本）之比。例如，如果厂商增雇一个工人每小时增加生产的产品价值是 4 元，而支付给该工人每小时工资为 5 元，那么厂商就不会雇用该工人了。

图 6-1 表明，白菜地的需求曲线是由白菜的需求曲线引致的或派生的。当白菜的需求曲线向上移动时，白菜地的需求曲线也会向上移动。

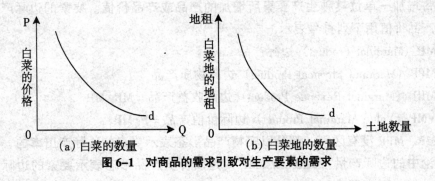

（a）白菜的数量　　　　　　　（b）白菜地的数量
图 6-1　对商品的需求引致对生产要素的需求

2. 厂商对要素的需求是"共同的相互依赖的需求"

这个特征来自生产的技术要求。**它的含义是，由于各种生产要素在生产上是相互依赖和相互竞争的，每种要素又是不可缺少的，所以厂商对要素的需求就是共同的和相互依赖的需求。**这一特征产生了一个重要的经济后果，即厂商对每一种生产要素的需求量，不是单独取决于该生产要素自己的价格，而是取决于一切生产要素的价格。例如，一个厂商在考虑对劳动的需求量时，它不仅要考虑劳动的价格，还要考虑资本的价格，如果资本价格便宜，他就会增加资本需求量来在一定程度上替代劳动，减少劳动的需求量。可见，**这一特征直接影响各要素参与产品的分配，即在财富分配上，各要素是相互竞争的。**如果资本（机器）要求的价格过高，厂商会减少资本的需求量，增加劳动的使用量，资本得到的收入或分得的财富反而会减少。同样的道理，如果劳动要求的价格过高，厂商会减少劳动的需求量，增加资本的使用量，劳动得到的收入或分得的财富也会减少。因此，在社会财富的分配上，不是哪个生产要素要求多高的价格，就可以分到多少财富的。市场供求机制在各要素价格之间有一个协调和均衡的作用。

要素需求的两个特征决定了厂商使用要素的两个原则。这两个原则也是影响要素需求的两个因素。

二、厂商使用要素的两个原则

1. 两个概念

（1）**要素的边际产品和要素的边际产品价值。是指在其他条件不变的情况下，每增加一单位某种生产要素所增加的产品或产品价值。**要素的边际产品和边际产品价值用下列符号表示：

MP（Marginal Product）边际产品

MPP（Marginal Physical Product）边际物质产品

MRP（Marginal Revenue Product）边际收益产品 = MR·MP

VMP（Value Marginal Product）边际价值产品 = P·MP

MP、MPP 没有区别，都是以实物产品形态表示要素的边际产出率的，也即生产论中的边际产量。MRP 和 VMP 则是以价值产品形态表示要素的边际产出率的，但二者有区别，MRP = MR·MP，VMP = P·MP，MR 为产品的边际收益，P 为产品的价格。如果是完全竞争市场，有 MR = P，则 MRP = VMP；如果是不完全竞争市场，有 MR ≠ P，则 MRP ≠ VMP。有的西方学者认为分配问题也要考虑不完全竞争的影响，所以有了 MRP 和 VMP 的区分。但是我们认为，讨论市场机制分配社会财富的一般原则，也要在没有干扰的纯粹的市场状态下进行。因此本章的分析和讨论的基本前提是完全竞争市场，这是本章的重要假定，所以 MRP = VMP。

（2）**要素的边际成本。是厂商增加购买一单位某种生产要素所支付的价格或代价。**由定义可知，MFC=要素的价格。

2. 两个原则

（1）**第一原则：MRP = MFC。**即厂商使用的要素的边际收益产品要等于要素的边际成本。如何理解这一原则的意义呢？厂商收益最大化的条件是 MR = MC，这一条件也支配着厂商使用要素的原则，当厂商使用某要素的边际收益产品 MRP 大于其边际成本 MFC 时，厂商增加使用该要素的数量会使企业的总收益增加，但由于要素的边际产量或边际收益递减，随着该要素使用数量的增加，直到 MRP = MFC 时，厂商的总收益达到最大化的均衡点，这时，厂商再增加使用一单位该要素，不会带来收益的增加，厂商就不会再增加该要素需求量了，这一原则表明，厂商对要素的需求量是和厂商利益最大化的均衡目标相联系的。MR = MC 的条件适用于完全竞争和不完全竞争的所有厂商，所以 MRP = MFC 也是如此。买方垄断的情况有所不同，但我们讨论的是市场机制分配财富的一般原则，这种一般原则只有在完全竞争的条件下才能体现。从抽象分析方法的角度讲，对这种极个别的情况没有必要展开分析了。

（2）第二原则：$\dfrac{MRP_L}{W} = \dfrac{MRP_K}{R}$。厂商使用要素的第二原则是各要素的边际收益产品与其价格之比要相等。该原则是由要素需求的第二特征引起的，该等式的含义是，厂商花在购买各要素上的每元钱所带来的边际收益产品相等。否则，替代规律会使厂商重新调整对各要素的需求数量。

上述对厂商使用要素两个原则的分析表明，厂商对各要素的需求数量是与厂商最大产量的均衡或最大利润的均衡相联系的。

三、要素需求曲线的基础

要素需求特征的分析，说明要素的需求曲线是直接从产品的需求曲线派生出来的；使用要素的原则分析说明厂商对要素需求的数量是和厂商最大产量和利润的均衡相联系的。下面讨论要素需求曲线的基础，即克拉克的边际生产率分配理论。该理论说明了要素需求曲线背后的原理。

克拉克的思路是这样的：对一个既定的生产函数，$Q = f(L、K\cdots)$，只知道总产品 Q 是各要素共同生产的产品，但不知道各要素各自的贡献份额是多少，那么市场供求机制是依据什么原则把总产品分配给各要素的呢？它公平合理吗？

为分析简便，假定只有 L、K 两个要素来分配这个总产品，即生产函数为 $Q = f(L、K)$。先讨论工资，即劳动份额的决定。依据劳动的边际产品或边际收益产品递减规律，以及厂商使用劳动要素的原则，MRP = MFC 和 MFC = W 的关系，可以编制下列劳动的边际产品和边际收益产品表（见表 6–1）。

表 6–1　劳动要素的边际产品或边际收益产品

要素数量 L	L 的边际产品 MP_L	产品价格 P	MRP 或 $VMP = MP \cdot P$	要素价格 W
1	10	2	20	20
2	9	2	18	18
3	8	2	16	16
4	7	2	14	14
5	6	2	12	12
6	5	2	10	10
7	4	2	8	8
8	3	2	6	6

　　表 6-1 中，要素数量 L 一栏，假定厂商对劳动要素的使用或需求由 1 单位增至 8 单位。劳动的边际产品 MP_L 一栏，依据边际产量递减规律，假定，当劳动使用量为 1 单位时，其边际产品为 10 单位，当劳动使用量增至 2 单位时，增加的这一单位的劳动的边际产品为 9 单位，当劳动使用量增至 3 单位时，增加的第三单位的劳动的边际产品为 8 单位，以下类推。产品价格 P 这一栏，假定在完全竞争的产品市场上，劳动要素的产品为一个既定的市场价格 2。劳动的边际收益产品 MRP 和边际价值产品 VMP 一栏，由于完全竞争市场 MR＝P，所以 MRP＝VMP＝MP·P，即该栏的数字是边际产品与产品价格的乘积。要素价格 W 一栏，由于使用劳动要素的 MFC＝W，在完全竞争市场，厂商需求要素的原则为 MRP＝MFC＝W，该栏的数字与 MRP 一栏相同。

　　将表 6-1 中劳动的 MP 和 MRP 的数字与劳动需求量或使用量的对应数字标在坐标曲线图上，就得到劳动的边际产品曲线和劳动的边际收益产品或需求曲线。

　　从图 6-2 中看到，劳动的 MP 曲线（a）乘以价格 2 就得到劳动的 MRP 曲线（b），而且 MRP 曲线与劳动要素的 W 线重叠。这表明：要素的边际产品或边际收益产品递减规律是要素需求曲线的基础，或者说要素需求曲线背后是要素的边际产品或边际收益产品曲线。图中 S 曲线代表 5 单位（或 5 个人）劳动使用量或供给量，即劳动的供给曲线。

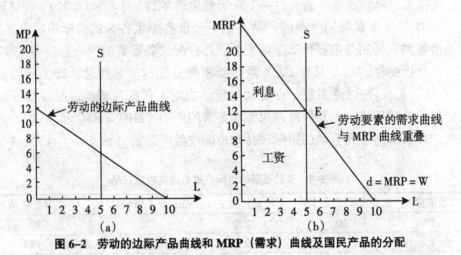

图 6-2　劳动的边际产品曲线和 MRP（需求）曲线及国民产品的分配

　　现在继续讨论工资份额的决定，假定厂商雇用或使用了 5 个工人，从图 6-2（b）上可以看到，第 1 个人的 MRP 很大，是 20 元（10 单位 MP×2）；第 2 个人的 MRP 为 18 元；第 5 个人的边际收益产品为 12 元。那么如何确定这 5 个人的工资呢？因为他们都是同样的人，只能得到相同的工资，是第 1 人的 MRP，还是第 5 人的 MRP？克拉克和萨缪尔森认为，在自由竞争的条件下，如果厂商支付给第 5 个人的工资超过他的 MRP，他就不会雇用第 5 人，所以一切被雇用的工人只能得到最后 1 人的最少的 MRP 作为工资。即 6 单位 MP 乘以 2 元的产品价格等于 12 元（MRP）。该厂商支付的工资总额为 $5 \times 12 = 60$ 元（见图 6-2（b）中的长方形面积）。

　　同样的道理可以说明国民生产总值中的工资份额的决定，假定全国工人总数为 500 万人，那么工资总额为 $500 万 \times 12 = 6000$ 万元。

　　那么，第 1 人或其他人超过最后 1 人的 MRP 部分哪去了？它留在厂商手里，构成利息或利润，即资本的收入，见图 6-2（b）中三角形的面积。那么这不是资本剥削劳动吗？不要着急，让我们换一下图 6-2 中的符号，来考察资本份额的决定。假定图 6-2 中横轴代表资本的数量，纵轴代表资本的 MP 或 MRP。资本的边际产品或边际收益产品递减，构成图中资本需求曲线的基础。假定资本的使用数量（供给量）也为 5 个单位，那么同分析劳动一样，现在图中方框部分就是根据第 5 单位资本的 MRP 所决定的利率水平及所有资本所得的利息收入部分。图中的三角形面积则是前面几单位资本多的 MRP 部分构成的工资收入，那么这是不是劳动剥削了资本了呢？显然都不是，这只是以一种抽象的方式来说明，各要素的收入是由它们的边际产品或边际收益产品决定的。

　　这样，克拉克用这种简单的方法抽象地说明了各要素的收入是依据其边际产品（或边际收益产品）得到它在总产品 Q 中的相应份额的。由于在完全竞争条件下，P 是个常量，可以省略掉。这样 MRP 也可省略为 MP，克拉克的结论可表示为：

工资 = 劳动的边际产品 MP_L

利息 = 资本的边际产品 MP_K

……

以下以此类推。

　　克拉克的说明方法过于简单，以致人们疑惑这个结论是否成立。为了消除这一怀疑，西方学者用欧拉定理证明了克拉克的结论是成立的。证明过程如下：

　　克拉克的结论可表示为下述公式，假定 $Q = f（L、K）$

$$Q = L \cdot MP_L + K \cdot MP_K \tag{1}$$

即总产量等于劳动要素的投入数量乘以劳动的边际产品加资本要素的投入数量乘以资本的边际产品。如果能够证明该式两边正好相等，那么克拉克的结论就能成立。

　　由于 MP_L 可以表示为 $\frac{\partial Q}{\partial L}$，$MP_K$ 可表示为 $\frac{\partial Q}{\partial K}$，所以（1）式可表示为：

$$Q = L \cdot \frac{\partial Q}{\partial L} + K \frac{\partial Q}{\partial K} \tag{2}$$

在完全竞争和其他条件不变情况下，欧拉证明（2）式等式两边相等。该式表明，总产量 Q 百分之百分配给各要素，不多也不少，因此（2）式被称为产量分配净尽定理，或欧拉定理。

这样，欧拉定理证明了克拉克的要素边际生产率分配理论是成立的。它说明市场机制是按各要素的边际产品或边际产出率来分配社会总产品的。

至此，我们就完成了要素需求方面的分析，我们可以把本节分析的结论总结如下：

（1）要素的需求曲线是直接从产品的需求曲线派生出来的。

（2）要素的需求数量是和厂商最大产量和利润的均衡相联系的，或者说是生产函数决定的。

（3）要素需求曲线的背后是要素的边际产品或边际收益产品曲线，要素的边际产品递减规律是要素需求曲线的基础。它表明市场机制是按照各要素的边际产出率来分配社会总产品的。

综上所述，决定要素需求曲线的因素有：产品的需求、生产函数、要素的边际产出率。以上三点适用于所有要素需求曲线的说明。

第二节　劳动的供给及工资的决定

一、工资的定义

工资是劳动的价格，或劳动要素的价格。工资可分为名义工资和实际工资。名义工资是以当年货币额表示的工资。实际工资是指货币工资在一定时间和地区的实际购买力。

例如，美国 1966 年到 1976 年名义货币工资增长了 100%，而这一时期物价水平上涨了 50%，那么以货币工资指数比价格指数 200/150 = 4/3，表明实际工资只增长了 1/3。

二、劳动的供给曲线

劳动的供给曲线受到以下三个因素的影响：

1. 人口数量及劳动力占人口的比例

人口数量过多，会使劳动要素的供给大于需求而压低一般工资水平。这也是世界上人口密度大的国家一般工资水平较低的原因。

2. 劳动力的质量

劳动力质量包括劳动力的技术水平、工作态度、受教育程度等多方面因素。一个高质量的劳动力相当于几个、几十个一般劳动力的供给。

3. 周或年工作小时

在前两项为既定的前提下，劳动的供给数量是以工作小时来衡量和计算的，而且这一项对经济学特别有意义，是因为一方面劳动的供给和需求决定一般工资水平，另一方面工资水平对每年的工作小时的供给会产生增加或减少两方面的影响。

假定一个劳动者每周愿意提供 35~40 小时的劳动供给，那么其余的时间就是闲暇时间。经济学家把公众对劳动的供给看做是在劳动和闲暇之间做出选择。劳动可以获得工资收入，但要受累；闲暇可以获得享受（效用），但要付出代价，即放弃收入机会（机会成本）。一般来讲，工资水平较低，公众会选择增加劳动供给替代闲暇，以获得更多的收入，经济学家把它称作替代效应。工资水平较高时，人们收入高，比较富裕可能会使人们倾向于减少工作时间、多享受闲暇的选择，经济学家把它称作收入效应。但另一方面，小时工资率较高，意味着每小时闲暇的机会成本也较高，这也可能使人们减少闲暇时间，增加劳动时间。一般来讲，随着收入提高，人们有能力享受更多的闲暇，收入效应会大于替代效应。这也是经济学家把劳动的供给曲线画成先上升后弯曲形状的原因。

如图 6-3 所示是一般的劳动的供给曲线。在 C 点以下，替代效应大于收入效应；在 C 点以上收入效应大于替代效应。

三、一般工资水平的决定

劳动的需求曲线与供给曲线的交点，即劳动市场的均衡点，它决定一般工资水平和就业的劳动数量，见图 6-4。

我们不要忘记供求曲线背后的因素。这些因素通过影响供求曲线的变动来影响一般工资水平的变动。

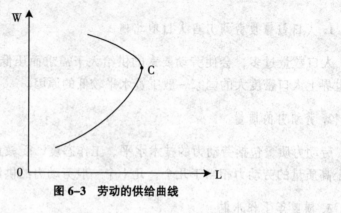

图6-3 劳动的供给曲线

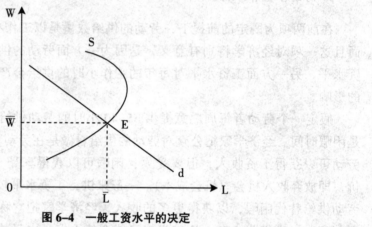

图6-4 一般工资水平的决定

四、工资的国民差异

以上我们只是说明了一般或平均的工资水平的决定。现实的经济生活中工资的差别是很大的，不仅各国的一般工资水平不同，而且一国之内，不同地区、不同岗位、不同职业、不同人群的工资差别也很大。工资理论需要对这些差别做出解释。

1. 各国一般工资水平的差异

一般来讲，造成各国之间一般工资水平差异的有以下几个因素：

（1）**人均资源占有量**。一国人均占有的资源：土地、矿产、森林等的量，直接影响单位劳动的边际产品的量。例如，一个国家一亩土地上站着10个人，另一个国家一亩土地上站着2个人，那么哪个国家的L的MP高是很明显的。

（2）**资本和技术**。一国的资本存量的多少，技术水平的高低，对劳动的边

表 6-2　各国一般工资水平的差异

制造业的一般工资水平

地区	美元/小时 1995 年
西德	31.88
日本	23.66
美国	17.20
意大利	16.48
英国	13.77
韩国	5.25
墨西哥	1.51
印度	0.71

资料来源：U.S. Burean of Labor Statistics Monthy Labor Review 1996。

际产出率有重要影响。资本存量多，意味着一单位劳动可以和较多的资本共同发生作用，其 MP 自然也比较高。技术水平高，意味着单位劳动的质量高，其生产率水平也高。

（3）**人口的数量**。前面我们已经谈到人口数量过多，在劳动需求既定的情况下，会压低一国的一般工资水平。自第一次世界大战以来，美国人担心大量移民涌入美国，会降低他们的生活水平，所以美国实行了严格的限制移民的政策。萨缪尔森认为，这是在工资市场上干扰自由竞争的显著例子。通过限制劳动供给数量，移民政策把美国的工资保持在高水平上。由此可以得到这样一个基本原理："相对于所有其他生产要素而言，如果对任何级别的劳动供给加以限制（或者是自然条件造成的限制），会提高该级别劳动的工资率；在其他条件相等的条件下，供给的增加往往压低工资率。"①

2. 国民工资差异

现在我们来讨论一国之内不同职业、不同岗位的工资差别。如果所有的工作岗位都是相同的，人们在工作能力和质量上也没有差别，那么一个完全竞争的劳动市场的竞争会使人们都得到相同的工资。因此，萨缪尔森认为，造成国民工资差异的主要原因有以下几方面：不同工作岗位的差别；人们工作能力和质量的差别以及劳动市场竞争的不完全性。

不同工作岗位的差别是指工作条件的差别。有的岗位工作条件较好，比如办公室的工作，应征者多，供大于求，工资水平会由于竞争而被压低。有的岗

① 萨缪尔森：《经济学》第 10 版，中册，商务印书馆，1982 年版，第 273 页。

表 6-3 美国不同的主要工作部门的工资差异

产业	1996 年全日制工人的平均工资 （美元/年）	1997 年 1 月平均小时工资 （美元/小时）
农业	18709	—
采矿业	48329	16.05
制造业	37165	13.02
零售业	18821	8.23
餐饮业	—	5.93
服务业	29935	12.25
计算机编程	—	22.74
金融和房地产业	44629	13.16
政府机构	35300	—

资料来源：美国劳工部。

位工作条件差，如野外工作、高空作业、脏累的工作，等等，应征者较少，供不应求，工资水平就会提高。所以一般蓝领工人的工资要高于白领工人的工资。这种单纯用来补偿不同工作岗位、工作条件差别的工资差别，被称为"补偿性的工资差别"。

劳动者教育和训练的程度不同，工作能力和质量也是不同的，这种劳动质的差异，在不同岗位和职业的各个等级上都是明显的。这种由于劳动质的差别造成的工资差异称为"非补偿性工资差别"。

现实生活中有许多因素制约着劳动市场的竞争，这种竞争的不完全性也造成一些工资上的差别。概括起来，劳动市场竞争不完全性的表现有：①地区性的工资差别。由于信息不完全、居住习惯、交往范围等因素，劳动者从一个地区迁移至另一个地区并不是很方便的。这是经济发展水平不同地区存在较大工资差异的一个重要原因。②种族、性别歧视。这种现象是社会文化、心理对劳动市场竞争的干扰。随着社会文明程度的提高，这种干扰会减少。③厂商的工资政策等。

3. 劳动市场的一般均衡

尽管工资存在着种种差异，但由于不同的工作之间具有流动性，在竞争的作用下，萨缪尔森认为："市场往往造成这样一种工资差别的均衡形式，在这种形式下，每一类别的劳动的总需求正好等于其竞争的供给。只有这样，才会出现工资差别既不缩小，也不扩大的一般均衡。"因此，在了解了造成国民工资差异的各种因素后，我们仍不难理解供求原理仍是各种工资决定的基础。

第三节　地　　租

本节讨论土地这一生产要素的价格决定。

一、地租的概念

土地作为生产的一种重要资源，其本身是否具有价值，在西方学者中的认识并不一致。例如萨缪尔森认为，土地本身没有价值，土地的价值是由土地产品的价值引起的。这种看法与西方学者对于价值质的规定是矛盾的。既然价值质的规定是社会财富，那么土地本身是能给人们提供各种效用的（如种植作物、盖房屋，等等），被人们视为重要财富并可以交换的物品，所以土地本身也具有价值。土地的价值量的决定在于土地资源的稀缺性和供求关系。乡村的土地和城市的土地相比，价值量（或价格）差别很大。原因在于城市的土地与乡村的相比更为稀缺，有更多的需求。

土地可以直接在市场上交易，交易价格称为土地的价格。

土地租借出去所获得的收益称为地租。所以地租是土地服务的价格。

这两种价格都是由土地的稀缺性、边际产出率及供求关系决定的。

二、土地租借市场的特点及地租的决定

土地的需求曲线与其他要素相同。土地的供给具有新的特点：**土地的供给来自大自然的赋予，其数量是既定的、不变的。**就是说，土地的供给量不以市场价格的高低增减供给量，因此土地的供给曲线是一条完全没有弹性的垂直线。**土地供给的这一特点决定了地租水平的变动完全取决于土地需求的变动，**如图6-5所示。

图6-5说明地租的决定。需求增加，则地租上升，需求下降，则地租下降。

三、土地收益的性质：“自然剩余”

西方学者认为，地租收益是不花费任何代价和成本的纯经济收入。被称为“纯粹经济地租”，它具有**“自然剩余”**的性质。**“自然剩余”**的含义是指它是大

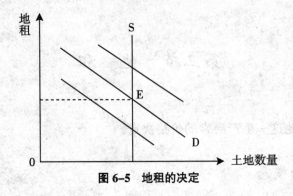

图 6-5 地租的决定

自然恩赐的收益。地租收益的这一性质产生了两个问题：①它被私人占有是否合理？这个问题一直是西方分配论中争论的一个焦点。②对地租收益征收重税会不会影响生产的积极性或效率？西方学者认为，"自然剩余"完全被私人占有是不合理的，应该对地租收益征收重税，而且由于土地的供给是既定的，征收重税不会影响生产效率和积极性。因为征收重税并不会使土地的供给减少。就是说，土地的供给没有弹性，征收重税只是使土地所有者不花代价得到的面包大一点和小一点而已，土地所有者不会因为面包小一点就把土地荒废而不出租。社会的土地供给量不会因为征收重税而减少。

由于地租是自然恩赐的、供给不变的土地的收益，西方学者认为，一切具有上述两个特征：自然恩赐、供给不变的稀缺资源的收益，都具有地租的性质，可以称为一般化的地租或准租金。例如，具有天赋才能的歌星的收益就具有地租的性质。西方学者认为，**对具有地租性质的收益征收重税既不会影响生产效率，又能为增加公共收入和收入再分配提供资金。这是赋税政策在调节分配和效率方面的一个重要原理。**

第四节　资本和利息

一、资本要素的特殊性质

资本资源是现代工业社会最重要，也是最复杂的生产要素。西方学者认为，劳动资源、土地资源都不是经济社会生产出来的。劳动资源的数量不取决于经济情况，而取决于生物和社会因素。土地资源则是数量既定的自然资源。因此，这两种生产要素被称为**"初级生产要素"**。资本要素与初级生产要素相比，其特殊性质在于：①资本要素（资本物品）是由经济社会生产出来的，而且能不断地生产出来和积累起来。②生产资本物品是为了用做投入以便进一步生产更多的消费品。就是说，资本物品既是产出物，又是投入品，其寿命长短不一。③资本物品的投入会带来收益，而收益率又反过来调节资本物品的生产和积累数量。由于以上特性，**资本要素被称为"中间生产要素"**。

　　资本具有两种形式，实物形式和价值形式。资本物品是资本的实物形式，它是指各种建筑、机器、设备、工具，等等。这些资本物品可以直接投入生产，也可以在竞争的市场上交易或出售。资本物品还可以被租借出去，以获得一定的租金收益。租金率一般比照货币金融资本的年利息率。**资本的价值形式表现为货币形式，称为金融资本。**

　　由于资本要素的上述特殊性质和复杂形式，资本和利息理论是分配论中最复杂的部分，理解利息的性质，要从讨论资本要素的本质入手。

二、资本的本质：资产的资本化和资本化的价值

　　在任一时期（比如说一年）人们从事劳动或其他经济活动取得的收入（Income）用于个人消费后的余额，构成人们积累的财富（Wealth）或称资产（Assets）。

　　对于这些资产人们可以有两种处置方式，第一种处置方式是继续用于消费，即购买日用消费品、服务、娱乐等，那么这些资产的价值就会被逐步消费掉，以致你就没有了任何资产。第二种处置方式是将**这些资产或其中的一部分用于投资，以获得更多的将来的收益。这就是资产的资本化。投入的资产的价值，就成为资本化的价值。**

　　资产资本化的方式很多，你可以将这些资产购置房产，出租以获得租金收益；如果有好的项目，也可以购置机器、设备进行生产以获得更多的利润。如果没有好的项目，你可以把它存入银行，让银行代你去投资，而你可以获得利息收益，还可以购买股票，以获得股息收益等。一旦你这样做了，你的这部分资产就变成了资本，资产的价值就成为资本化的价值，它可以不断地给你带来收益。

　　经济学认为：**凡是能提供财产收入的资产（如一笔提供年利息收入的存款，一张提供年金收入的契约，一幢或一块提供租金收入的房产或地产，等等），其价值都是资本化的价值。**正是从这个意义上，我们可以理解资本的本质：**资本是带来收益（价值）的价值。**换句话说，不能带来收益的资产就不是资本。

在经济学家看来，资本不论采取何种形式（实物形式、货币形式），不论转移到哪一个人的手里，它总能带来收益，而且永远能带来收益，这正是从资本本质上讲的。所以资本价值也被称为永久性收入的价值，或称永久性的资本化价值。其公式可表示如下：

$$V = \frac{N}{R}$$

式中：V 为资本化的价值（如果现在要兑现现金，也称作"现在的贴现值"）；N 为永久性的年收入（资本按百分比所得的年收益）；R 为利息率（资本收益率的百分比）。

永久性收入的价值的最典型例子是提供永久性年金收入的契约。假定某人一生劳作和经营积累了 500 万元的资产，但他的子女既不善经营，也不会理财，只会吃、喝、玩、乐。那他去世后，这笔财产就会在他子女手上消费一空，他的子孙后代就会受穷。为了避免这种后果，他把这笔财产永久性地抵给银行，就相当于把 500 万元永久性存入银行一样。他和银行签一张契约，契约规定，他的子孙后代的任何人都不得从银行提取这笔财产，但他的子孙后代都可以凭这张契约每年从银行获得一笔年金收益。假定某年的利息率为 6%，那么该年这笔财产的年金收益为（依据上面的公式）：

500 万元 × 0.06 = 30 万元

就是说该年他的某一代子孙可以从银行获得 30 万元的年金收入。这张契约可以被他的子孙后代代代继承，而他的子孙后代世世代代每年都可以从银行获得一笔年金收益。这笔财产就成为永久性资本化的价值。一般来讲，银行的平均年利率为 5%，每年 25 万元年金，20 年就可以收回 500 万元的本金，以后就是该资本价值为子孙后代创造的纯收益了。所以，资本化价值的本金，也被称为 20 年收益的价值。

三、资本的净生产率

为什么资本价值会带来收益呢？因为资本物品具有一个净生产率，人们节省一些眼前的消费，把收入的一部分用于生产资本物品，人们可以得到更多的将来的消费品。

资本的净生产率是指，在扣除一切折旧之后，资本具有一个可以用每年的百分比表示的净生产率。萨缪尔森举了两个岛屿的例子来说明资本具有一个净生产率是一个技术上的事实。

为了理解这一点，我们再举一个例子。假设，某工厂的原料矿（甲地）离加工厂区（乙地）距离 100 公里。我们要将 10 吨的原料货物从甲地运往乙地，我们可以用两种方式完成这个工作量。第一种方式是完全用人力，即劳动。假设一个工人背负 20 公斤货物，1 小时可以走 10 公里。那么完成这个工作量需 5000 个工作小时。假定每小时工资为 3 元，那么完成这个工作量创造价值为 15000 元。第二种方式是我们用一辆 10 吨的载重汽车（资本品）完成这个工作量。时速 50 公里，2 小时就可以完成这个工作量。假定该车价值 20 万元，使用寿命 10 万公里，即每公里折旧费 2 元。完成这个工作量需折旧 200 元，油耗 25 升 × 3 元 = 75 元，司机小时工资 10 元（司机为复杂劳动，工资高两倍）。那么完成该工作量的成本总计 200 + 75 + 10 × 2 = 295 元。假定运费价格为 0.6 元/公里，那么该车运费收入为 0.6 元 × 10 吨 × 100 公里 = 600 元，减去成本 295 元，该车新创造价值为 305 元。

我们现在来分析用这两种方式完成这同一工作量的差别。

首先，既然完成的是同一工作量，那么两种方式创造的价值应该是相同的，但我们看到它们之间有很大的一个差额。劳动的净收入为 15000 元，汽车（资本品）的净收入为 305 元，二者差 14695 元。这个差额意味着什么？经济学家把这个差额归结为技术进步给社会带来的好处，称为**"生产者剩余"**。就是说用**资本物品（汽车，它是技术进步的成果）从事生产，它实际创造的价值大于它得到的报酬，它给社会提供了一个"剩余"。**正是由于有"生产者剩余"，才会有"消费者剩余"。消费者才会以较低的价格获得较大的效用。

其次，为什么 2 小时一辆货车可以完成 5000 个工人 1 小时的工作量呢？显然，因为这辆货车的机械力做的功和 5000 个工人的力做的功是一样的，尽管它得到的报酬比 5000 个工人得到的总报酬少得多，只有 600 元，在扣除折旧等成本后，它净生产价值为 305 元，这个净生产价值与资本物品价值的比率称为资本的净生产率，即 $\frac{305}{200000} \times 100\%$。理解了资本的净生产率，我们就可以理解西方学者对资本积累的来源和利息率性质的看法。

利息率的性质是资本的净生产率。萨缪尔森给一般市场利息率下的定义为：**市场利息率是任何无风险的借款；或任何无风险的资本资产的价值在竞争的市场上每年所获得的收益的百分比。**

在任何时期，各种风险程度不同的资本都有与一般市场利率相适应的利息率，并随之变动而变动。例如，银行的一笔投资贷款，如果贷款项目风险过高，那么银行会在一般利率水平上再加上风险利率。

资本积累的来源是节俭。即人们减少现在的消费，把收入节省下来用于资本物品的生产。因此，人们现在的收入和消费水平是资本积累速度的限制因素。

如果收入高，人们就可以用更多的收入生产资本物品，资本积累速度就快。反之，资本积累就慢。西方学者认为，利息率的作用之一是诱使人们牺牲现在的消费来增加储蓄和资本的数量。但随着资本数量的增加，资本的边际收益率递减，资本的净生产率、利息率也越来越低，这是一个矛盾。

四、利息的定义和利息率的决定

理解了利息率的性质，我们现在可以将利息定义如下：**利息是资本服务的价格。**

与其他生产要素一样，资本的需求曲线由资本的边际产出率和对资本的需求数量决定；由于边际收益递减规律，它是一条向右下方倾斜的曲线。

资本的供给曲线，短期由既定的资本物品的存量决定，由于短期看，既定存量是固定的，所以资本短期供给曲线是一条垂直线。如图 6-6 所示，短期资本供给曲线与资本需求曲线的交点 E，为短期均衡点及所决定的利率水平。短期均衡的含义是该均衡还是变动的。因为如果利率水平比较高的话，会吸引人们把一部分收入储蓄起来，储蓄的增加意味着社会新资本的形成和增加。随着新资本的增加，一方面资本边际产出率递减，另一方面，资本数量增加使资本短期供给曲线逐步向右移动，直到 S′点对应的 E′点。利率降到很低的水平，人们停止储蓄，新资本形成停止，就达到了长期稳定的均衡。这是对资本市场均衡的一个一般的动态的描述。有许多因素会影响利率的变动。如新技术的发明会抵消资本边际收益率递减规律的作用，使资本需求增加，利率上升；利率上升，资本会由于正储蓄而增长，利率下降，资本会由于负储蓄而减少；等等。因此，长期均衡点 E′代表在技术水平不变情况下的稳定、长期均衡。

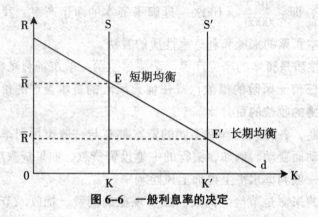

图 6-6　一般利息率的决定

第五节　公平与效率

前面几节，我们已说明了市场制度是如何分配社会财富的。从以上分析中我们看到，各要素通过市场竞争以及要素市场决定的各要素的价格（其背后是各要素的边际产出率）和自己提供的要素数量得到各自在总产品中的相应份额，这似乎看不出有什么不公平。或者说，市场是按照供求关系和各要素的边际产出率来分配社会财富的。**因为市场制度在财富分配上对各要素实行的是同一原则和标准。因此，就制度而言，它是公平合理的。**但是，现实生活中却存在着收入和财富分配的巨大差距或不平等，其原因何在？它公平吗？另外，照顾公平是否会影响市场制度竞争的效率？社会应该如何在公平与效率这对矛盾中做出选择？这是本节要讨论和回答的分配论中的一个重要问题，也是现代经济社会面临的一个重要选择。

一、洛伦兹曲线和收入分配的不均等

洛伦兹曲线是分析和衡量收入分配不均等程度的一个工具。美国统计学家M. O. 洛伦兹在考察收入和财富在国民之间分配的不均等时，依据统计资料，将一国总人口按收入由低到高排队，分成若干等级，然后将各等级的收入占国民总收入的百分比由低到高累计排队，将人口累计的百分比和收入累计的百分比的对应数值标在图形上，就得到洛伦兹曲线。假定将某国居民的家庭收入分为5个等级，最低收入的20%人口的收入占国民总收入的比重为5.1%，第二个20%人口的收入占国民总收入的比重为6.6%（累计为11.7%），其余依次类推，就得到表6-4，将表6-4所对应的数据标在曲线图上，就得到图6-7的洛伦兹曲线。

表6-4　收入分配的不均等

单位：%

人口累计	收入累计
20	5.1
40	11.7
60	31
80	58
100	100

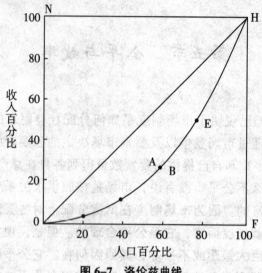

图 6-7 洛伦兹曲线

在图 6-7 中，横轴 OF 表示人口的百分比。纵轴 ON 表示收入的百分比。45°线 OH 为绝对平等线。折线 OFH 为绝对不平等线。弯曲的曲线 OEH 即为洛伦兹曲线。

显然，洛伦兹曲线弯曲度越小，越靠近 45°线，表示一个国家或地区的收入分配越均等；洛伦兹曲线弯曲度越大，越靠近折线 OFH，表明一个国家或地区收入分配越不均等。

洛伦兹曲线将 OFH 的面积分为 A 和 B 两部分。A 为不平等面积，A + B 为完全不平等面积。不平等面积与完全不平等面积之比称为基尼系数。设 G 为基尼系数，则：

$$G = \frac{A}{A + B}$$

基尼系数是表示一个国家或地区收入分配不均等程度的一个指标。显然，基尼系数不会大于 1，也不会小于 0。基尼系数越大表明收入分配越不均等。

用洛伦兹曲线这个方法和工具可以直观地分析和比较不同国家和地区收入与财富分配的不均等程度。根据萨缪尔森的研究，在发达的市场经济国家中，日本和瑞典的洛伦兹曲线最平坦，收入分配最为平等。美国和加拿大的洛伦兹曲线最不平坦，收入分配最不平等。而且财富占有的不平等远远大于收入分配的不平等。比如，在美国，1% 的家庭占有大约全部财富的 40%。

二、收入分配不均等的原因

萨缪尔森在他的《经济学》第 10 版中谈到在自由竞争的市场制度下收入分配的不均等时说："在自由放任的完全竞争下，残废人可能要挨饿，儿童可能会营养不良，洛伦兹曲线所表明的收入和财富分配的不平等在几代人中也许不会消失，或者永远存在下去。""因为人们并没有被赋予相等的购买力，某些人非常贫穷，然而原因并不在于他们本人，某些人非常富有，却未必由于其本人和其先人的美德和努力。因此，按照许多不同的伦理体系的标准，存在于个人需求曲线之后的货币选票的数量未必是公平合理的，甚至是不能容忍的。"但是，"如果以货币财富为代表的选票，天赋的能力，在生命的早期所受到的熏陶和训练，这些事物的最初分配是恰当的，那么完全竞争可能导致比许多封建贵族道德的传统所能允许的还要广泛的平均主义社会"。①

可见，萨缪尔森认为，市场制度分配收入的原则是公平的，但是由于历史的、社会的原因导致了收入分配的巨大差距和不公平。具体讲，导致收入分配不均等的原因有以下几方面：

1. 财产的差别

造成收入差别最主要的因素是由于财产占有的不均等造成的。富人的收入主要是财产的收入，而穷人没有任何财产，只靠劳动获得收入。财富占有上的差别从历史上看主要有两方面的原因：第一个因素是封建社会遗留的等级差别和财富占有的不平等。市场制度并不是从天上掉下来的，是从封建等级社会的解体中产生的。人们在进入市场制度前财富占有已经不平等，就是说在进入市场制度前人们并没有被赋予相等的货币购买力或选票。而这种财富占有上的差别在进入市场竞争后必然导致不平等竞争和收入差距的扩大，因为优胜劣汰是竞争的法则。英国社会的不平等更多的是由于财产差别造成的，因为英国是具有长期的封建等级社会历史的国家。

造成财富占有差别的第二个因素是运气和勇于革新、探索的企业家精神。美国人强调这一点是因为美国是一个没有封建社会历史的国家。美国是从世界各地去的拓荒者新开发的国家。在拓荒时代积累起来的财富中，企业家精神和运气起了决定性的作用。正如萨缪尔森所说，在《华尔街日报》和伦敦的《金融时报》中，这种由于搞革新和交好运而在大约 30 年中发财致富的故事比比皆是。

---

① 萨缪尔森：《经济学》第 10 版，中册，商务印书馆，1982 年版，第 114~115 页，第 358 页。

2. 个人能力的差别

个人能力差别是造成劳动收入差别和不均等的主要原因。人们的能力是有差别的，即使一个家庭内部也存在着明显的体力和智力的差别，这种差别对于人们之间的竞争自然会有影响。人们能力的差别一方面是由于遗传，另一方面是由于社会环境，即成长过程中所具有的政治、经济、文化条件。

3. 教育和训练机会的差别

是否能获得受教育和训练的机会，对于人们的社会能力的发展和培养具有重要意义，从而也对人们在市场竞争中是否具有优势地位和获得更多收入具有重要影响。在封建等级社会，受教育是上层社会的特权。在市场经济社会，是否能获得受教育和训练的机会则取决于经济情况 。昂贵的学费是贫穷家庭支付不起的。

除上述主要原因外，种族歧视、性别歧视等社会的不平等也影响收入分配的不平等。以上我们介绍了萨缪尔森对于收入分配不均等的主要原因的看法，此外还有下面第四个重要原因。

4. 市场竞争的不完善或垄断势力的限制

市场制度的基础是参与市场竞争的各方具有平等的地位。正如在商品市场上，生产者和消费者在平等地位基础上的公平竞争，才能决定商品的均衡价格并公平协调生产者和消费者的利益一样，在要素市场上，资本和劳动只有在平等地位基础上的公平竞争，才能决定合理的要素的均衡价格并公平分配社会财富。但是，由于历史的、社会制度方面的原因，资本和劳动地位是不平等的，这是市场竞争不完善的一个重要原因。

德国人认为，传统的资本主义企业制度是资本所有权的企业制度，在这种企业制度中，资本和劳动的地位是不平等的，这是导致资本和劳动收入不平等的一个重要原因。因此，德国人建立了资本和劳动共享企业产权的"合作产权"企业制度，并在这种企业制度基础上建立了德国的"社会市场经济模式"。我们将在第十四章介绍德国模式的重要思想。

法国经济学家让·保尔·菲杜西在《民主与市场》一书中指出，市场需要相互抗衡的势力。例如，劳动市场只有在雇主和雇员都能自由组织起来保卫各自权益的情况下，才能正常运转。《当中国改变世界》一书的作者，法国经济博士埃里克·伊兹拉莱维奇指出，中国市场经济还处在初始阶段，"法律建设还处在萌芽状态，制衡势力几乎不存在"。① 这一点正是我国市场经济发展中，资本和劳动收入两极分化的重要原因之一。作者在书中生动深刻地描述和分析了我国市场经济初级阶段资本和劳动收入两极分化的现状和原因。广东的一位老板说，广东的工资 10 年以来一直没有涨过，10 年以后他也不认为有涨工资的必要。这句话使参加法国驻华大使馆商务处召集的中国投资机会研讨会的法国工业界人士大为震惊。"尽管在至少 10 年以来，广东省的工业生产以每年 20% 的速度增长，但工资却基本没动，而且在最近几年也不大可能提高。"而日本、韩国在经济起飞时期，劳动者的工资与 GDP 基本保持同步增长。作者也看到了中国的人口压力，"离开农村的农民、被国营企业解雇的工人、刚走出学校的年轻人，这些人都是目前的工业革命在中国制造出的大量'劳动力后备军'。有几亿人在待命，准备接受任何报酬的工作。这个后备军的存在对工资的影响很大，对工作条件的影响也很大"。但是，人口压力只是影响工资的一个因素，它不是导致劳动力工资低下的必然原因。就人口压力而言，日本的人口密度是全世界最高的，它的人口压力不亚于中国，但是日本的劳动者工资水平居世界第二位，比美国还高。作者指出："在那些最发达的资本主义国家……资本家早已懂得，为了使自己的产品拥有购买者，就必须使职工获得足够的工资。这是汽车制造商亨利·福特在 20 世纪初的天才直觉。……发达国家甚至接受了组织工会的自由，承认他们的职工有通过集体组织来保卫自己利益的权力。"② 因此，中国劳动力一盘散沙，不能组织起来与资本平等竞争，是资本与劳动收入两极分化、财富分配不公正的主要原因。这里有社会、文化、市场竞争制度不完善等多方面的原因。

过去，我们一直认为市场经济必然导致劳动和资本收入的两极分化，这是必然性，是市场规律。德国人和法国人的思想给了我们很大的启发。市场经济制度的基础是参与市场竞争的各方必须具有平等的地位，在平等地位上的公平竞争，才有完善的市场经济，才能使全体社会成员心情舒畅地充分发挥自己的潜能，才能充分激发市场竞争的高效率。我国尽管进行了 30 多年的社会主义市场经济的改革与发展，但是，由于历史的、文化的、社会的原因，劳动和资本的地位一直是不平等的。资本处于强势，劳动处于弱势，要素市场的这种不平等竞争是劳动者一直处于贫困地位的一个重要原因。因此，增进社会财富的平等分配，需要完善市场竞争制度。这不仅需要社会文化建设，需要劳动和资本都具有现代民主意识，还需要政府为促进要素市场平等竞争的一系列制度建设。**首先**，资本所有者应该明白，财富是劳动和资本共同创造的，资本只有尊重劳

---

① ② 埃里克·伊兹拉莱维奇：《当中国改变世界》，中信出版社，2005 年版，第 11、59、61 页。

动的平等地位，企业才会有长远的凝聚力和竞争力。特别是我国的资本所有者要向亨利·福特先生学习，要懂得为了使自己的产品拥有购买者，就必须使职工获得足够的工资。这是一个富有经济哲理和现代民主意识的思想。**其次**，劳动者也应该明白，创造社会财富只靠劳动是不行的，必须与资本合作。但是，这种合作是在平等地位上的竞争与合作。劳动者要作为一个要素获得与资本平等的地位，必须以工会的形式组织起来形成与资本平等的抗衡势力，来维护自己的权益。这是发达市场经济国家成功的经验。**最后**，政府要承担起自己的社会责任。建设劳动与资本平等竞争和合作的要素市场只靠劳动和资本自身是不够的，还需要政府为促进要素市场平等竞争进行一系列制度建设，这包括企业制度、法律制度、市场竞争秩序、社会财富再分配的制度，等等。在这方面，德国、日本、法国等发达市场经济国家都有很成功的经验。市场经济社会发展具有共同的一般规律，发达市场经济国家的经验对我们后来者是有借鉴意义的。

通过上述分析我们看到，收入分配不均等主要是由于历史的、社会的和市场制度不完善等多方面原因，而不是由于市场制度分配财富的原则。但是市场制度的不完善和不平等竞争会扩大这种不均等的差距。正如我们在第二章说明市场的竞争性特征时指出的，市场竞争遵循优胜劣汰、胜者全得的原则。历史的、社会的原因形成的人们财富占有的不平等必然导致不平等竞争，而市场胜者全得的竞争原则又必然使收入和财富进一步向竞争的优胜者集中，这是市场经济社会收入两极分化的一个重要原因。由于竞争的优胜者只是社会成员中的少数，所以市场竞争一方面极大地促进了社会经济效率的提高，另一方面又使社会大多数成员处在低收入、贫困的地位，这是不公平和不公正的。收入的两极分化不仅会导致社会成员严重的利益冲突，还会危害社会的安全、稳定和效率，所以公平与效率的矛盾是市场经济社会必须妥善处理的一个基本矛盾。

三、公平与效率的矛盾——一个世纪的选择

工业革命开辟了人类历史的新纪元。从那时起，民主、自由、平等就成为人类追求的崇高理想。但是由于历史文化的差异和工业文明发展程度不同，人们对这个理想的认识和理解上有很大的差异。

对于平等的理解，西方社会更注重政治权力的平等和经济机会的平等。政治权力的平等是指"人人生来平等"，人人应该享有平等的选举权和被选举权，言论和思想自由，等等。经济机会的平等是指人人应该享有平等的机会参与竞争和获得相应的收入，不应该有种族、性别、宗教信仰的歧视，等等。东方社会更注重经济结果的平等，即不论职业、岗位、能力及贡献的差别，人们都应

该享有相同的收入和消费水平。

人们在意识和认识上的差异是一个方面，另一方面是经济社会本身发展的矛盾。前面几章已经证明市场制度可以极大地促进社会经济效率的提高，本章也说明了在财富占有不平等和个人能力差别的前提下，市场竞争机制会扩大财富和收入分配的差距和不平等，效率和公平的矛盾由此产生。

在整个 19 世纪，自由竞争的市场制度高效率地促进了西方工业社会财富的巨大增长。但同时，财富和收入分配差距的日益扩大，导致了严重的社会冲突。这种社会冲突最终导致了 20 世纪前半期的两次世界大战和几十个东方国家抛弃了市场制度选择了社会主义。这种结果使西方工业国家意识到社会公平的重要性，开始花大力气增进社会经济平等。这包括累进收入所得税政策，救助社会贫困人口的各种社会福利政策、医疗保险、失业保险，等等。这些努力缩小了收入分配的差距，增进了社会的平等。但是这些增进平等的努力是有代价的，这就是经济效率的损失和经济增长率的下降。到 20 世纪七八十年代，一方面西方工业国家的经济增长率持续下降，政府财政收入减少；另一方面政府为增进平等，每年要维持巨额财政支出，其中各种福利支出占财政总支出的比例平均高达 3/5 以上。这种入不敷出的循环导致西方工业国家几十年间积累了庞大的财政赤字。损失效率的后果，迫使西方社会不得不考虑如何在不使国家破产的前提下，重新设计和调整反贫困和增进平等的政策。在此背景下，20 世纪 80 年代以来，经济自由主义重新抬头，强调减少政府干预，发挥市场机制的作用以提高效率，减少和调整福利政策以促使人们通过竞争获取收入。至 20 世纪末，这种提高效率的努力，又使缩小了的收入分配差距重新扩大，西方社会仍然处在公平与效率这对矛盾的两难选择之中。

增进社会经济平等，为什么会损失效率呢？让我们来看一个极端平等的社会情况，这就是社会主义半个世纪的实践。社会主义国家确实实现了广泛的社会平等。但是实现广泛的社会平等是以生产资料公有制和社会生产统一计划管理来排除市场机制在资源配置和收入分配等方面的调节作用为前提的。全体社会成员不论岗位、职业及能力、贡献的差别，由国家统一平均分配收入，岗位、技术等级的工资差别是微不足道的。这种广泛平等的经济社会运行几十年的结果如何呢？这是众所周知的。由于经济效率的损失，它导致了广泛的社会贫困。经济效率为什么会损失呢？这主要是由于两个方面原因：一方面，从微观上看，由于全体社会成员不论努力与否，不论贡献大小，都得到而且只能得到相同的收入，这就排除了任何成员通过努力获得更多收入和改善自己生活的可能性。这种可能性的排除，使社会成员从根本上丧失了努力工作的积极性和动力，而这个动力正是一个经济社会经济效率的源泉。而且，人是有惰性的，不努力就可以获得收入，为什么还要去吃苦受累呢？况且吃苦受累并不能得到更多的收入。在这样的状态下，一个经济社会怎么可能有活力和效率呢？另一方面，从宏观上看，要保证社会财富的统一平均分配，就必须对社会生产进行统一的计划安排和管理。那么这对资源配置效率有什么影响呢？全国的资源和数百万种不同品种、规格、花色的产品生产由政府的计划首脑配置和安排，那么，这位首脑有多大的能力呢？他在安排生产计划时，能将社会数亿成员中的每一个人每年想吃些什么、穿些什么、用些什么都考虑得那么周到、安排得那么合适，这可能吗？设想一下，你是计划委员会的主任，你在安排全国的生产计划时，能考虑到数亿社会成员中 A 先生需要一双某种款式的皮鞋，或者 B 女士需要一件某种花色的裙子吗？稍加思考，我们就会理解，这是不可能的。在人类智力和社会技术发展的现阶段，这是人的能力所做不到的事情。就像萨缪尔森说的，这是一个现代最快的超级计算机也无能为力的事情。其结果，就是政府计划安排生产的一些产品，不符合居民的需要，居民不购买，造成局部过剩；居民需要的一些产品，政府却没有安排生产，造成短缺。以至于 20 世纪六七十年代社会主义国家有了一个专有名词"短缺经济"。结构性短缺和过剩并存的现象意味着什么？它意味着社会需要的产品本来可以生产出来，却没有生产出来；它意味着稀缺的经济资源生产了一些社会不需要的产品，造成资源的浪费。这种资源配置的低效率和浪费，使稀缺的资源更加稀缺。在这两方面原因的作用下，社会主义国家的低效率和普遍贫困就不足为奇了。

1978 年，邓小平首先意识到了这种贫困对一个经济社会意味着什么。提出了"贫穷不是社会主义"的口号。在中国发起了引入市场竞争机制的经济体制改革。把社会主义可以集中社会力量办大事的优势和市场机制的高效率结合起来，取得了巨大的成功。30 多年的改革开放彻底改变了中国人的命运和面貌，它所爆发出来的经济能量和取得的巨大成就令世界感到惊讶。它使全世界想起了拿破仑的一句名言："当中国觉醒的时候，世界将为之震撼。"尽管收入分配差距的扩大带来了一些社会问题需要关注和解决，但这一成就的巨大意义怎样评价也是不过分的。正如江泽民指出的，它开始了中华民族的伟大复兴。

然而仅仅滞后了 10 年，1989 年，普遍的社会贫困最终导致了前苏联及东欧国家经济的衰败。这一事实说明了什么？它说明没有效率的经济社会是无法生存的。这一事实所体现的经济学的真理对那些至今对我国的经济体制改革心存疑虑，对平均主义分配理想抱有幻想的人们应该是一个有意义的启示。

纵观人类一个世纪的探索，我们能得到一些什么启示呢？

（1）效率和公平对一个经济社会都是重要的，但二者又是矛盾的。只有效率没有公平社会将发生严重的利益冲突；只有公平没有效率社会将破产和消亡。

因此，二者都很重要，必须兼得。二者又是矛盾的，提高效率水平会损害公平程度，提高公平程度又会损害效率水平，因此在二者兼得的情况下，完全的效率和完全的公平都是不可能的，社会必须做出哪个为主、哪个为次的选择。

（2）经济学的理论和历史已经证明，市场制度的竞争性越高、越完善，其资源配置和利用效率越高；资源利用效率越高，社会财富增长越快；财富增长越快，才能越快地为解决社会财富分配不均和贫困提供条件。因此，保证市场制度的效率是主要的，社会应在保证市场制度效率的前提下，兼顾解决公平问题。效率优先，兼顾公平是处理这一矛盾的唯一选择。

（3）本章的分析已表明，市场按各要素的边际产出率和供求关系分配社会财富的制度是公平合理的。现实生活中的不平等主要是由于历史的、社会的和市场制度不完善等原因造成的。这里有合理的因素，也有不合理的因素。不合理的因素如财富占有的不平等、垄断、种族、性别歧视，等等；合理的因素如个人能力的差别、勇于探索、创新的企业家精神，等等。在所有这些因素的前提下，市场竞争会扩大财富和收入分配的差距，这会造成社会的不平等和不公正，是需要解决的。搞清楚造成不平等的原因和机制有利于社会在设计增进平等的政策上更细致、更合理，而且尽量不要损害效率。

（4）基于对公平与效率问题的上述认识，经济学家提出的缓解二者矛盾的对策是：以反垄断政策来限制市场的垄断因素，提高市场的竞争程度，以充分发挥市场配置资源的效率；以税收政策、社会福利和保险政策来兼顾公平，缩小收入分配的差距。这些政策都是有意义的，但是需要改进。增进公平的政策要尽量避免损害效率，如对土地和歌星的收益征收重税，既不损害效率又为增进公平提供资金。提高效率的政策要尽量不损害公平，这是政策最优搭配的设计原则。

（5）最后，我们要明确：现代经济学已经证明市场竞争制度是工业社会最有效率的社会经济制度。但是，这个制度也存在着致命的缺陷，而且这个缺陷是市场制度自身无法克服的。这就需要政府承担起社会责任，制定相应的微观经济政策，弥补市场制度缺陷，促进市场制度更有效率的运行。

本章总结和提要

本章说明了市场是按照各要素的边际产出率和市场供求关系（包括要素市场的供求关系及各要素之间的竞争）分配社会财富的。由于市场在财富分配上对各要素实行同一的规则，因此就市场制度而言，它是公平合理的。现实生活中财富分配的不平等有历史的原因，也有社会原因，还有市场制度不完善的原因。特别是劳动与资本收入的两极分化是由于要素市场的不平等竞争造成的，是不公平的。

　　公平与效率的矛盾困扰了人类一个世纪。在富裕的市场经济国家，欧洲人选择了公平优先、兼顾效率；美国人选择了效率优先、兼顾公平。在新兴市场经济国家效率优先、兼顾公平是普遍的选择，这可能与市场经济社会发展的一般规律相关。

思考题

1. 要素的需求曲线是由哪些因素决定的？其意义是什么？

2. 你同意克拉克对分配之谜的解释吗？为什么？

3. 你如何理解工资的国民差异？我们现实生活中的工资差别合理吗？

4. 什么是"自然剩余"？为什么说对土地的收益征收重税不会影响生产效率？

5. 为什么把资本称为中间生产要素？什么是资产的资本化和资本化的价值？

6. 什么是"生产者剩余"？它是怎样产生的？

7. 仔细分析书中的例子，你是否认为资本有一个净生产率？

8. 请通过社会调查或到统计部门收集相关数据，做出你家乡地区的洛伦兹曲线。

9. 你同意萨缪尔森对于收入分配不均等原因的分析吗？你对德国人和法国人的思想有什么评价？

10. 你认为应该怎样处理公平与效率的矛盾？为什么？

第七章 微观经济政策

本章将讨论市场制度的缺陷、混合经济、市场失灵等问题，以及针对这些问题的微观经济政策。

第一节 混合经济和市场失灵

一、混合经济

混合经济是萨缪尔森首先提出的概念。它描述和概括了现代西方工业国家普遍具有的特征。**混合经济的含义是指：现代经济社会是由政府经济部门（公共经济部门）和市场经济部门（私人竞争的市场经济部门）两部分组成的混合体**。该特征表明现代西方工业社会与 19 世纪的自由竞争的资本主义社会相比已发生了重大变化。19 世纪的西方工业社会是单纯的自由竞争的市场经济社会。政府不干涉社会经济事务，只是承担"守夜人"的职责。政府从经济社会征收一笔税款，用这笔税款供养政府的职能人员，养一支军队和警察，对外保护国家安全，对内维护社会秩序。除此以外，政府不干涉任何社会经济事务。自凯恩斯主义以来，政府逐渐承担起了管理和服务社会经济发展的责任，并形成了一个重要的公共经济部门。因此，现代西方经济社会已不是单纯的市场经济，而是两部分的混合体。

二、公共经济部门和市场失灵

公共经济部门是政府用纳税人（公众）的钱投资、管理并向公众提供公共物品和服务的经济部门。如公共的道路、桥梁、城市基础设施的投资建设，公共的电视、广播和信息传播系统，气象服务部门，国家和社会的安全服务部门

（军队和警察），环境的监测、保护和治理污染，公共资源的保护和开发，公共
教育和基础科学技术的研究开发，公共医疗服务等。

公共经济部门是非竞争的经济部门，或者说在该部门市场竞争机制不起调
节作用。也就是说，在该部门市场失灵了。混合经济意味着现代西方工业国家
已不是单纯的市场经济，或者说市场竞争机制的作用已不是涵盖整个经济社会
了，那么不受市场机制调节的公共经济部门的公共物品的生产效率该如何保证
呢？或者说，在公共物品的生产上，市场竞争机制不起作用，市场失灵了，公
共物品的生产效率问题就成了经济学家关注的重要问题。此外，还有私人市场
经济部门和公共经济部门的结合部产生的外部性问题（也称外部经济效果），在
这个领域，市场竞争机制也不起调节作用。因此，在公共物品的生产上，以及
公共经济部门与私人市场经济部门结合部产生的外部性问题上，市场失灵了。

三、市场制度的缺陷

市场竞争机制是有效率的，同时市场制度也是有缺陷的，归纳起来市场制
度有以下几点缺陷：

1. 垄断势力

优胜劣汰是竞争的法则，在市场竞争中胜者全得的规则使优胜者会自然走
向垄断。因此，垄断势力是市场经济系统内部自然产生的一种因素或势力；另
外，垄断又对市场竞争机制效率的发挥是一个限制，垄断势力越大，市场竞争
效率的损害和损失越严重。因此，垄断势力是市场制度自身的一个缺陷，因为
它损害了市场竞争效率的发挥。

2. 信息不完全性

微观经济学有一个完全信息假定，即在分析市场经济系统运作时，假定参
与市场运作的生产者或消费者在面临选择时，具有完全信息。比如，一个消费
者在购买物品时，假定他对所需购买的物品质量、性能、价格等多方面的信息
完全了解。完全信息的假定从方法论的意义上说，它是抽象分析方法的需要。
从理论意义上说它意味着，如果参与市场运作的各方具有完全信息，那么市场
系统将更有效率的运作。遗憾的是，市场经济系统从它产生的那天起直到今天，
参与市场系统的各方，生产者、消费者的信息都是不完全的。一方面是由于市
场系统每时每刻都在产生大量信息；另一方面，人们的认识能力是有限的，任
何一个生产者或消费者在有限的时间和各种条件限制下，都不可能完全了解与

他有关或有意义的所有信息。这种信息不完全性对市场系统运作的效率是一个限制或损害，因此，我们说信息不完全性是市场经济系统本身的一个缺陷。

3. 收入分配差距的扩大

市场竞争机制一方面会促进经济效率的提高，另一方面又会导致收入和财富分配差距的扩大和经济不平等。收入分配差距的扩大不仅会导致社会利益冲突，它还会导致有效需求不足和生产过剩，从而使经济效率遭到损失。因此，收入分配差距扩大也是市场经济系统本身产生的，是市场经济效率受到损害的一个缺陷。

4. 经济的周期波动（简称商业周期、经济危机）

市场经济系统运行的历史表明，它具有不稳定的、周期性波动的特征。市场经济系统运行的周期性波动或危机使社会财富和经济效率受到重大损失，这是市场经济制度的一个重要缺陷。经过一个多世纪的艰苦探索，尽管周期之谜至今还没有完全解开，但人类已认识到了造成经济周期波动的一些原因和机理，并通过财政和货币政策调节经济运行，以缓解经济波动的幅度，提高市场经济运行的稳定性。针对危机缺陷的一系列反危机的宏观经济政策是宏观经济学的主题。

市场经济系统的四个缺陷限制了市场竞争机制效率的发挥。

四、关于市场失灵的定义

在混合经济中公共物品的生产和外部性问题上，市场竞争机制不起调节作用，从而使经济效率受到损害；市场机制自身的四个缺陷也限制和损害了市场竞争效率的发挥。正是从市场效率受到损害和限制的意义上，西方学者把它称为市场失灵，并认为造成市场失灵的原因或因素有公共物品、外部性、垄断势力和信息不完全性。西方学者关于市场失灵的看法有两个缺陷：第一，在逻辑上，西方学者混淆了一个重要的界限，这就是在混合经济中，市场竞争机制起调节作用的范围和市场机制不起调节作用的范围。严格讲，在公共物品生产和外部性问题上，市场机制不起调节作用，只有在这个范围才可以讲市场失灵了。市场机制的缺陷只是限制了市场竞争效率的发挥，不能说市场机制完全不起作用。第二，西方学者对导致经济效率损失的因素看的不全面。公共物品和外部性，再加上市场机制的四个缺陷，导致经济效率损失的因素一共有六个，而西方学者只看到了四个。

从市场经济效率受到损害和限制的意义上，可以把市场失灵定义如下：**市场失灵是指市场竞争机制不起作用的经济领域，如公共物品、外部性，以及限制市场竞争机制作用的因素，如垄断势力、信息不完全、收入分配差距扩大、经济波动导致的经济效率损失的情况。**

由于这些因素所导致的经济效率的损失是市场经济系统自身无法克服的，所以需要针对这些因素制定一些微观经济政策，以完善市场制度的缺陷，提高经济效率。就是说，针对市场失灵的微观经济政策的目标是促进经济效率的提高，使市场经济系统更完善和有效率地运作。

下面讨论针对公共物品和外部性及市场经济系统三个缺陷的微观经济政策。

第二节　公共物品

一、公共物品的定义和特性

政府公共经济部门向公众提供的产品和服务称为公共物品。萨缪尔森给公共物品下的定义是：**"公共物品是指那种不论个人是否愿意购买，都能使整个社会每一成员获益的物品。"** 比如公共道路、桥梁、国防安全服务、气象预报服务等。这些物品和服务，不论每一个人是否愿意付钱购买，它都能提供方便和益处，是社会经济生活不可缺少的。为了深入理解公共物品的特殊性质，可以把它和私人物品作一下比较。萨缪尔森指出，**"私人物品恰恰相反，是那些可以分割，可以供不同人消费，而且对他人没有外部收益或成本（外部经济效果或负效果）的物品"。**[①] 通过比较，我们可以看到公共物品与私人物品相比有三个不同的特性：

第一，私人物品具有排他性，公共物品是非排他性的。 或者说，私人物品是可分割的，公共物品是不可分割的。就是说，私人物品可以按单位分割开来，只有购买者才能消费和享用，不购买的人是不能消费和享用的。公共物品是不可分割的，一旦提供，任何人都可以享用。例如气象预报，一旦广播，谁都可以收听。不论其是否付钱，而且不会因为某人享用了气象服务就排斥其他人享用。一条公路或城市公共设施，一旦建成，谁都可以享用，无法把它分割开来，

---

① 萨缪尔森、诺德豪斯：《经济学》第 16 版，华夏出版社，1999 年版，第 268 页。

按单位出售。

第二，私人物品具有竞争性，公共物品是非竞争性的。就是说，一方面，私人物品生产一定的数量要花费一定的成本，增加一个消费者消费一单位产品生产者就要增加一单位产品生产的边际成本。另一方面，公共物品的生产尽管也要花费成本，但公共物品一旦生产出来提供给公众消费，再增加多少消费者消费成本也不会增加。例如气象服务，气象预报一经广播，10个人享用可以，再增加1万个人享用也可以，并不增加气象服务的成本。

第三，私人物品没有外部性，公共物品具有外部性。

二、公共物品生产和消费的机制

由于公共物品的两个特性：非竞争性和不可分割性，公共物品和服务的收费十分困难。仍以气象服务为例，一方面，气象服务部门广播了气象预报以后，它不知道哪些具体的人享受了气象服务，该向哪些人收费；另一方面，如果向公众收费，人们会说我没有收听气象预报，不应该交费，尽管每个人都在收听气象预报。就是说，在公共物品的消费上，人们都想做免费搭车者。可见，在这种情况下，如果哪一个私人投资者投资一个气象站，他连成本也收不回来，只有破产。

综上所述，可以理解公共物品的生产和消费是一个非竞争的经济领域，在这个领域，市场竞争机制无法起到调节作用。或者说，在这个范围市场失灵了。正因为如此，私人投资者不愿意也不可能涉足这个领域。然而，在现代经济社会公共物品的生产和消费又是一个不可缺少的部门，该由谁来承担呢？责任自然落在政府身上。

建设一个气象服务系统、国防和警察系统，投资市政设施和公共道路等，都是要花钱的。既然无法收费，那么这些钱从哪里来呢？来自政府的税收。就是说，政府采取征税的办法一次性向公众征收了公共物品的服务费。因此，在现代政府的税收中有一部分是用于公共物品的生产和管理的；在公众交纳的税款中，也有一部分是享用公共物品服务的费用。**政府采取征税的办法向公众征收公共物品的服务费，然后用这笔费用投资和生产公共物品，并向公众提供公共物品和服务。这就是公共物品生产和消费的机制。**在这个机制中，政府成为公共物品的生产者和管理者，公众成为公共物品的消费者，市场竞争机制不起作用。

三、公共物品生产的效率

公共物品的生产如何保证以最小的成本和花费获得最大产出或社会效益呢？一方面人们关心政府在公共设施的投资上、在公共物品的生产上是否能精心安排、精打细算，不浪费纳税人的钱；另一方面，人们关心是否能享受到等值的公共物品的服务。

一些学者用虚假的供求曲线来分析公共物品生产的效率问题，这没有意义。到目前为止，人们还没有找到更好的办法来保证公共经济部门的效率，从可行性上讲，以下两个办法可以提高效率。

1. 成本—收益分析

政府在进行公共物品或公共项目的生产和投资上应参照市场机制 MC = MR 的收益最大化的条件，对公共物品的生产进行成本—收益分析。比如，政府如何来确定某项公共设施或物品是否值得生产以及应该生产多少呢？它首先应估算该项目所需花费的成本以及它可能带来的收益或社会福利，然后把二者加以比较。如果评估的结果是该公共物品的收益大于或至少等于其成本，它就值得生产。因为许多情况下，公共物品的收益或社会福利是无法用货币来衡量的，所以公共物品的收益评估是一项专门的技术，应由专家组成的专门机构进行。

2. 报告—监督机制

政府是用纳税人的钱进行公共物品生产的。因此，政府有责任向纳税人报告公共物品生产的资金使用情况以接受纳税人的监督。在重大公共投资项目上还应采取民意测验的办法让公众参与选择，以减少政府选择的失误率。这个机制在一些发达国家的政府部门已程度不同地建立起来和运作。

以上两个办法都还是被动的或间接的办法，由于公共物品的生产和消费领域缺乏竞争性，其效率问题仍是经济学关注的一个重要问题。

四、政府和公共选择

政府通过向纳税人征税，除了维持政府部门的运转，还要向纳税人提供公共产品和服务。随着经济社会发展的规模越来越大，政府的规模和承担的经济责任、提供的公共产品和服务的规模也越来越大。除了像公共道路、桥梁、公共安全等传统的公共品，又增加了公共医疗、公共教育、公共环境资源保护、基础科学的研究开发、增进社会平等的转移支付等。这样，政府的经济活动（税收和支出）占 GDP 的比重也越来越大。比如，第一次世界大战前，美国联邦、州和地方政府的收支只占 GDP 的 10%强，20 世纪 50 年代，占 20%左右。1996 年美国联邦、州和地方政府雇用的人员超过了 2000 万，占总人口的 7%左右；政府支出为 2.4 万亿美元，占 GDP 的比重达到 30%左右。①欧洲各国和日本由于建立了更广泛的社会保障制度，政府支出占 GDP 的比重比美国更高。我国的情况，2006 年，我国 GDP 总值达到近 20 万亿元，中央财政收支规模达到近 4 万亿元，占 GDP 总值的 20%左右，加上地方政府收支，我国政府收支规模已占 GDP 总值的 30%以上。我国的政府雇员是多少？这是个很复杂的问题。比如，2005 年 5 月 26 日《经济日报》在《我国公务员规模是否适度——访国家行政学院经济学部副主任王健》一文中，王健教授就认为，"美国、法国的政府公务员与财政供养人员数量相同，所以美国的'官民比'为 1∶12，法国为 1∶12。财政供养人员或曰广义公务员占总人口的比例：美国仍旧为 1∶12，法国为 1∶12。中国公务员数量大大超出发达国家。中国公务员'超标'近 20 倍"。但据人民网相关资料，中国的"公务员"，按照 2006 年 1 月 1 日实施的《公务员法》的界定，大体上是通常所说的"党政干部"，包括了"党、政、群"三大领域，即国家行政机关干部（近 650 万人）、党派机关专职干部和主要人民团体的专职干部之和，近三年规模约为 1100 万人。"财政供养人员"，包括了党政机关干部、事业单位干部、两者的工勤人员和退休人员、农村部分领补助的村组干部，目前规模约为 5000 万人，占总人口的 4%。依据"财政供养人员"占总人口的比例，我国有的学者认为，我国公务员的规模还远低于发达国家。

由于政府的规模和政府经济活动规模越来越大，对经济社会的效率和公平的影响也越来越大，以前经济学家的注意力主要致力于理解市场的运作，现在开始关注政府行为对经济社会的影响，这就产生了公共选择问题。约瑟夫·熊彼特在《资本主义、社会主义和民主》一书中开创了公共选择理论。萨缪尔森指出：规范性的政府理论研究政府为提高人民的福利应该采取哪些适当的政策。"但经济学家对政府就像对市场一样了解得很清楚。政府也会做出坏的决定或将很好的计划执行得很糟，正如存在垄断和污染这样的市场不灵一样，也存在政府干预导致浪费或不恰当的收入再分配这样的政府不灵。……有关政府不灵的深入研究，对于我们理解政府的局限性和确保政府计划适度或不造成浪费十分关键。"②一般来讲，公共选择问题关注以下几个主要问题：如何保证政府为公

① 迈克尔·帕金：《经济学》第 5 版，人民邮电出版社，2003 年版，第 353 页。
② 萨缪尔森：《经济学》第 16 版，华夏出版社，1999 年版，第 232 页。

共利益服务？如何选择适度的政府规模以及政府规模对社会经济效率的影响？如何在政府税收、政府规模和政府提供的公共产品服务之间选择一种有利于经济社会发展的恰当比例？等等。

　　如何保证政府为公共利益服务？政府本来就是社会公共利益的代表机构，政府的公共权力本来就是为公共利益服务的。但是，这只是从政府机构本身的性质上讲的。在市场经济条件下，每一个人都在追求自己的利益，政府也是由一些人组成的，这些人不可能生活在真空里。如果进入政府机构的人不是为了追求公共利益，而是为了追求自己或小团体的私利，这个社会就很可怕了。例如，2007年3月23日，中央电视台12频道法制栏目报道了山东淄博市罗村镇政府的抗法事件。10多年前，罗村镇政府将一条村镇公路交给承包人修建。路建好后，罗村镇政府拖欠工程款150多万元十几年不还，逼得承包人破产，农民工长期拿不到工资，有的农民工已经死亡。罗村镇政府并不是没有能力偿还工程款。罗村镇政府年收入1000多万元，镇政府盖了豪华办公楼，镇长、书记配有豪华专车。当承包人起诉到淄博市法院，法院执行局到罗村镇政府强制执行时，镇政府竟然纠集20多人暴力抗法。这一事件典型地说明了一旦政府被一些追求自己或小团体私利的人所控制，而且政府权力不受制约，就会对经济社会造成严重的后果。

　　再比如，我国公民普遍关注的行路难问题。公路本是政府用纳税人的钱修建的，具有纯粹的公共品性质，理应让纳税人无偿使用。贷款修路只是资金融通方式的变通，因为贷款最终还是用纳税人的税款偿还的，它不能掩盖公路是纯粹的公共品性质，也不能成为收费的理由。美国全国的高速和普通公路都是不收费的，因为用纳税人的钱修建的公路再向纳税人收费是不公正和非法的，纳税人是不答应的。公路的养护费用通过汽油税收取，用路多就用油多，用油多交纳的公路养护费也多，这对社会各方面都是最公平合理的制度。我国的公路由交通部垄断经营，交通部把纳税人的钱修建的公共品变成了本部门的"私产"，不仅重复向纳税人征收养路费，过路还要征收过路费。有些城市的市政部门也不甘落后，你交通部门征收养路费和过路费，我就可以对城市的道路桥梁征收道桥费，中国公路征费名目之多，为世界之最。2009年，中央政府下决心实行了费改税的改革，这表明政府也在进步。

　　以上事例说明，在市场经济社会中政府也会出现不灵，因为进入政府的人员也可能犯错误，也可能追求自己的私利。实际上，在西方发达市场经济国家早期，上述情况都出现过，有些情况甚至严重得多，有些地方政府无法无天甚至变成了带有"黑社会"性质的利益集团。正因为如此，西方学者认为，选择一种有效的机制，制衡政府的权力，保证政府有效地为公共利益服务是重要的。

如何选择和控制适度的政府规模？这个问题之所以是公共选择理论的一个重要问题，是因为如果政府规模过大，就要征收过多的税收，就要加重纳税人的负担和损害市场经济效率；如果政府规模过大，政府的税收就只能维持政府机构的运转，而无力给社会提供公共品和服务，社会将面临公共品和服务短缺的困扰，这同样会损害社会经济利益。

多大的政府规模才是适度的这是一个很复杂的问题。从西方学者的争论来看，自由主义学者由于反对政府过多干预经济，总是认为政府规模过大；主张政府干预经济的凯恩斯主义的经济学家则认为政府规模应该与社会经济发展规模和政府承担的公共服务规模相适应。从西方发达市场经济国家一百年的发展历史来看，随着社会经济规模的扩大和政府承担的公共服务的规模扩大，政府规模也存在扩大的趋势。但这有一个条件，就是政府规模要与政府承担的公共服务的规模相适应才是适度的。不能只看政府雇员占总人口的比例。以上面提供的材料为例，我国有的学者依据我国政府雇员占总人口的4%（这个数据并不完全准确），就认为我国公务员的规模还远低于发达国家。这个看法不是很科学的，因为它忽略了政府承担的公共服务的规模这个条件。尽管我国的社会主义市场经济体制改革已经进行了30年，政治体制的改革却远远滞后，政府的服务观念和职能的转变还远远没有完成，更不要说政府的公共服务的规模了。我国政府现在做的事情和西方发达市场经济国家一百年前政府做的事情差不多。做这些事情，占总人口1%的政府规模已经是很大的政府规模了，更不要说占总人口的4%。

例如，一方面，我国政府官员多，无事做的现象十分普遍，已经引起社会上下的高度关注；另一方面，我国公民看病难、上学难、行路难、住房难成了一个普遍的社会问题。诸多难表明政府提供的公共品和服务严重不足和短缺。比如，政府公共财政投入，公路交通方面只占公路建设资金的15%，医疗方面只占医疗机构运行费用的20%，教育方面只占学校经费的50%，住房方面公共财政没有投入，反而要征收高额的税费和土地金。那么，公共品和服务为什么严重不足和短缺呢？因为政府财政首先要维持政府机构的运转，才有余力提供公共品和服务。那么，公共财政余力不足可以增加税收呀，税收要考虑经济社会的承受能力，税收过重会损害企业和纳税人的生产积极性，从而损害社会经济效率。这就是政府规模、公共服务和社会经济发展的矛盾。如何解决这个矛盾是公共选择的一个重要课题。如果不能较大幅度提高税收，又要解决公共品和服务严重不足的矛盾，一种选择就是缩小政府规模。因此，我国许多经济学家认为，政府机构改革已经成为我们社会主义市场经济改革进一步发展的"瓶颈"，应该按照市场经济的要求精简政府机构和人员，建立小政府、大社会的社会管理机制。所以，公共选择仍然是我们面临的有着十分重大的现实意义的问题。

第三节　外部性问题及对策

一、外部性或外部经济效果的含义

外部性是指一个经济单位或人的经济活动对外部，即其他人，社会造成的影响所产生的经济损失或经济利益，不予赔偿或没有得到补偿的情况。萨缪尔森给外部性下的定义是：**外部性是一个经济机构对他人福利施加的一种未在市场交易中反映出来的影响。**

什么是未在市场交易中反映出来的影响呢？在市场经济中，两个私人厂商之间，如果 A 厂商的经营给 B 厂商造成损害或经济损失，B 厂商就会要求 A 厂商给予赔偿，而 A 厂商也会按照市场约定俗成的规则（造成多大损失给予多大赔偿）给予赔偿。在厂商和消费者之间或两个私人消费者之间也是如此。因此，在市场经济部门中，私人经济单位之间相互对福利或利益的影响都会在市场交易中得到反映（即补偿）。所以，**市场经济部门内部或私人物品可以说不存在外部性问题，是有效率的。** 如果一家企业向天空排放废气，造成空气污染，给周围居民的生活质量造成损害，情况又怎样呢？因为天空是公共的资源，谁都可以利用，所以企业也无需向任何人赔偿这种损失（在环境保护法实施以前，情况就是这样）。比如，某企业是某城市空气污染的大户，由于空气污染，该市市民每年要额外得许多疾病，花许多冤枉的医疗费。但如果找该企业要求赔偿，该企业会说我是向天空排放烟尘的，我又没有把烟筒伸到你们家窗户里，你凭什么让我赔偿呢？这就是企业对周围居民福利造成的损害未在市场交易中反映的情况，这就产生了外部性问题。可见，**外部性问题是私人经济部门和公共经济部门之间（或结合部）以及公共经济部门内各经济单位之间产生的问题。在这个范围内市场机制不起作用或失灵了。**

外部性有多种形式，有些是正的（也称外部经济），有些是负的（也称外部不经济）。例如，企业向公共的河流排放有害废水，杀死鱼类，污染河流，但企业却无需向任何人赔偿这种损失，这就造成外部不经济；贝尔发明了电话，使我们无数人受益，但我们并没有向贝尔付钱，贝尔的发明就造成了外部经济。

二、外部性的非效率

1. 外部不经济对社会效率的损害

外部不经济最典型的例子就是对公共环境和资源的污染和损害，人类的经济活动本身就是不断地污染环境和消耗资源。只是一方面在早期由于人口稀少，经济活动的规模也小，这种污染是大自然自身的净化功能可以承受的。随着人口增长，经济活动规模日益扩大，污染的规模超过了大自然的承受能力，环境问题就成了人类关注的严重问题。另一方面，公共的河流、大气、海洋、森林是人们共有的生活环境和资源，谁都可以利用，谁都可以损害而无需赔偿，正是这种外部性的无效率加剧了公共环境和资源的恶化趋势。

私人企业的有害废水、废气在没有限制的条件下是不会处理就排放的。因为处理这些废水、废气是要花费私人成本的。而企业这样做实质上是把本该由私人承担的治污成本推给了社会。环境污染的日益严重，损害了公众的生活质量，公众就会要求政府治理污染。治理污染是要花钱的，这被称为社会成本，这个成本如果由政府出，等于由纳税人即公众出，这显然是不公平的。然而，经济学家关心的不仅是是否公平，而且还关心这样做对社会经济资源配置和利用效率的影响。因为厂商对环境造成的损害如果不受到追究、补偿和付出代价，它就不会停止损害。而政府不断地花钱治理污染，就意味着无休止地增加纳税人的负担和把社会经济资源不合理地分配和浪费，这就会导致资源配置和利用的无效率和无谓的损失。显然避免这种无效率的损失就要按照市场规则，由污染者承担治理污染的成本。

2. 外部经济的社会效率的损失

外部经济最典型的例子是技术发明。技术发明作为一种资源和公共品一样，是一种不可分割的资源。人人都可以享用和受益，而又不需支付发明的成本。因为技术发明的成本很昂贵，但复制却很低廉。在这种情况下，如果不采取一些措施保护发明人的权益和使发明人的成本得到补偿，就会损害技术创新的积极性和效率。因此专利权保护法和知识产权的保护就是为了避免这种外部经济的非效率。

外部性的非效率另一个典型表现就是公共经济部门和私人经济部门之间的非市场交易行为。政府部门每年要从市场经济部门采购大量物品。采购者个人是用公共部门的钱为公共部门采购物品，他个人没有利益。但这种采购权，却可以为个人谋取利益。售卖者是市场经济的私人企业，它是为个人谋取利益的。他知道如果给采购者个人一些好处就可以高价推销质次的物品。价格和质量是相对的，质次是相对于高价而言的，并非是质量低劣不能用的物品。在这种非市场的交易行为中，得到好处的是采购者个人，受损害的是公共经济部门的公共利益和效率，这是公共经济部门成本高、效率低的一个重要原因，这也是国有企业效率低下的一个致命原因。为了避免这种低效率，许多国家政府采取了集中、统一、公开招标的方式进行政府采购，对公共投资项目进行公开招标等，既降低了成本、提高了效率，又防止了腐败。这种招标采购方式的实质是用市场办法规范公共经济部门的行为。

三、针对外部性问题的对策

外部性的这种非效率是由于市场机制不起作用导致，矫正这种非效率应该按照市场制度边际成本＝边际收益的效率原则制定相应的政策进行调节。为此，经济学者提出以下政策建议：

1. 使用税收、罚款和津贴的办法

对于造成外部不经济的企业，政府应采取罚款或征税的办法，追究其经济赔偿责任。例如，上述造成大气污染的例子，政府应该向污染者征税或罚款，其数额要等于治理污染所需的费用。就是说，要让污染者承担治污所需的成本，从而使污染者的边际收益和边际成本相等。这样，企业就会明白，任何给社会或他人造成损害都是要付出代价或成本的，为了避免私人成本的上升，企业就会千方百计减少污染，停止损害，从而避免社会经济资源无效率的配置和浪费，就像市场竞争机制调节的那样。现代的环境保护法就是依据这一原则制定的，它规定了各种废气、废水的排放标准，超标准排放就要受到严厉的处罚和巨额罚款，这种措施也被称为对企业的社会管制，尽管这一措施还有许多问题有待研究，但它大大减少了厂商对环境的污染及政府治理污染的费用，也就大大减少了资源的浪费。

政府用环境保护法规对企业进行社会管制的办法是政府命令而非市场办法的观点是不对的。这个办法实质上是让政府作为公共环境和资源的监护人向私人企业部门宣布公共环境和资源的利益不得侵犯，侵犯了就要赔偿，如此而已。就像私人经济部门中私人企业之间约定俗成的市场规则一样，侵犯了别人的利益就要赔偿。当然，在许多情况下，零排放是不可能的，所以要制定合适的排放标准。至于罚款数额是多少才合适、怎样计算，是否能精确做到边际收益正

好等于边际成本，这都是不重要的。许多污染的损害价值是无法用货币来衡量的，私人经济部门中的一些损害也是无法用货币来衡量的，比如精神损害。所以，损害就要赔偿就是市场办法，大致差不多就可以了，要把排放标准、税收数额计算的那么精确，还要做到边际收益正好等于边际成本，就有点不太现实。

对于造成外部经济的企业或个人，政府则可以采取津贴的办法给予补偿。比如上例的技术发明，除专利法、知识产权保护法规以外，政府还应对有重要发明和创新的人给予特殊津贴，以补偿他们对社会作出的贡献。

2. 使用规定财产权的办法：科斯定理

科斯认为，在许多情况下，产生外部性问题是由于财产权不明确，如果国家采取规定或明确财产权的办法，市场机制就会起调节作用。有些外部性问题就不会发生。例如，一条公共河流的污染，由于河流是公共的资源，谁对它也没有财产权。因此，谁都可以向河流排放污水而不受到追究，这就必然导致河流的污染日益严重。如果国家将河流的财产权分段赋予流经地段的当地政府，或水资源开发利用公司之类的单位，那么上游的污染者必然会受到下游被损害者的追究和赔偿要求，就像市场机制在产权明确的私人经济单位之间的调节那样，其结果必然是有效率的。因此，科斯认为，**只要财产权是明确的，并且其交易成本为零或者很小，则无论在开始时将财产权赋予谁，市场均衡的最终结果都是有效率的。这被称为"科斯定理"。**或者可以这样说，在有产权和低交易成本的情况下，就没有外部性。比如私人市场经济部门中的情况，交易各方考虑了所有的成本与利益。对于科斯定理还需要强调一点的是，科斯认为，产权归谁并不重要，只要明确产权，市场机制就会起调节作用，其结果必然是有效率的。科斯定理当然只适用于可以明确产权的情况，比如河流、湖泊等。一些无法明确产权的情况，如上例的空气，则适用上述的成本等于收益的原则。

3. 公开、竞价、招标的办法

矫正公共经济部门或企业与私人经济部门的非市场交易行为的关键是在采购和销售等关键环节上采取公开、竞价、招标的办法避免个人行为，强化企业行为。这样不仅会避免非市场交易行为，防止腐败，而且会避免该行为对价格体系的干扰和造成价格扭曲。这一点对于提高社会主义市场经济国家的效率，特别是国有企业的效率，防止政府腐败尤为重要。竞价、招标办法的关键是公开、透明，禁止暗箱操作。

四、环境经济学和资源经济学

外部性问题尽管涉及许多方面的问题，比如知识产权的保护、公共经济部门和私人经济部门之间的非市场交易行为等，但是，外部性问题更关注的是公共的环境和资源的保护问题。哈佛大学生物学家威尔逊说："环境保护……将人类视为一种紧密地依存于自然界的生物物种。……地球上许多重要的资源正在枯竭，大气的质量在恶化，世界的人口膨胀到了危险的程度，自然生态系统这一健康环境的源泉正在不可逆转地退化……每当这个严峻的现实及其后果困扰于心的时候，我的困惑就禁不住会激进的无以复加：人类是不是要自杀？"

威尔逊的这段话涉及两个问题：公共资源和环境的保护。这两个问题又是联系在一起的，资源的掠夺性开采必然导致环境的破坏。

1. 环境经济学

把环境保护称为环境经济学是因为如果只是发现环境日益恶化，要求政府作为公共环境的监护人保护环境，阻止私人生产的外部性破坏环境，那还只是环境保护，不能称为环境经济学。随着人类知识的积累，人们发现环境保护的目标不是简单地让政府阻止污染就能实现的。必须权衡环境保护的成本和利益，这就涉及经济学的问题。这样，环境保护问题也就成了环境经济学。它探讨的核心问题是环境保护的成本和利益的权衡。

比如，环境问题产生于工业化进程中的空气、水和土地的污染。以空气污染为例，空气污染涉及臭氧层空洞、酸雨、烟雾、温室效应（全球变暖）等。科学家认为，臭氧层空洞是空调、塑料泡沫制品、工业溶剂如除臭剂、杀虫剂等喷雾剂排放氯气的结果。臭氧层空洞使得不断增多的紫外线辐射到地球表面，引起皮肤癌、白内障和免疫系统失调。全球变暖是由于道路交通和发电等排放的二氧化碳造成的。还有的科学家认为，大部分气温上升发生在 1940 年之前，牛和其他牲畜引起的沼气，以及电冰箱排出的一氧化二氮也引起气温升高。尽管对于全球变暖的原因科学家们还在争论，但是科学家们一致认为，全球变暖将对全球生态系统和人类生存环境造成严重威胁。还有空气中的悬浮物（烟雾）是由于工业和汽车排放的废气造成的。一些科学家认为，这些悬浮物会引起癌和其他疾病，严重损害人们的健康。

显然，如果要完全阻止这些污染，就要停止工业化进程，彻底改变人们的生产方式和生活方式，回到农耕时代去。显然这不可能。任其污染，人类的生存环境会受到威胁。那么，唯一的选择是治理和控制污染。治理和控制污染是要花费成本的，这意味着要将一定的经济资源用于保护环境，而放弃将这些资源用于增加收入的其他项目。当然，高质量的环境会提高我们的生活质量，比如少生病，延长寿命等，也会给人们带来利益。特别是随着人们收入水平的提高，对高质量环境的需求也越来越大。这就涉及治理、保护环境的成本，即放弃的收入与得到的利益之间的权衡问题。

如何评估污染的成本呢？污染的形式多种多样，其危害有近期的，也有长远的。其范围有小范围的，也有大到全球的。开始，经济学家们认为评估污染的成本就要能够确定污染危害的货币价值。比如，有效率的排污费应该依据社会边际成本等于社会边际收益来确定，这样就必须计算出污染危害的货币价值。但是，经过各种努力，许多类型的环境危害是无法计量其货币价值的。实际有效的评估污染成本的方法不是计算污染危害的货币价值而是计算治理污染的成本。比如，治理一吨废水的成本是多少？限制排放一立方米废气导致产出损失多少？运走和处理一吨垃圾的费用是多少？等等，这是可以精确计算的。可以依据污染的各种情况选择多种方法：

（1）**政府管制**。政府管制就是政府通过征税、罚款、征收排污费等方法来限制和治理污染。这种方法的经济学原理就是让污染者承担治理污染的成本。比如，征收一吨废水的排污费要等于处理一吨废水的成本，对石油泄漏、化学品泄漏的污染罚款要等于处理和清洁这些污染的成本等。当然，也可以适当超过治污成本以对污染者加强制约和激励。比如美国1980年通过的《环境反应、补偿和责任综合法案》允许环境保护局对产生泄漏但没有帮助清除的厂商征收3倍的损害赔偿金。可以说，几乎对所有污染的外部性，政府都可以依靠直接管制加以控制。这会大大减少环境的污染。比如美国1970年的《空气洁净法》将二氧化碳、二氧化硫等三种主要污染废气的规定排放量降低了90%。尽管政府管制有显著的效果，但经济学家还是相信只有使排污费、罚款的征收依据社会边际成本等于社会边际收益的原则，治理污染才是有效率的。萨缪尔森认为，"进一步的研究还表明，由于使用命令—控制管制法，实现环保目标的成本已经在不必要的增加"。[①] 所以经济学家们还是在探索有效的市场办法，以提高治理污染的效率。

（2）**市场办法**。市场办法可以有两种选择。

第一种是明确产权。依据科斯定理，只要有产权存在，不管将产权赋予谁，市场均衡的结果都是有效率的。因此，对于具有外部性的公共的河流、湖泊等环境项目，凡是能明确产权的，都将产权明确，并赋予相关单位。这样，市场

机制就会自动起调节作用，就像产权明确的私人品一样，是有效率的。

第二种是可交易的排污许可证。即政府提出减少排放的政策目标，假设政策目标是减少 100 吨二氧化硫的排放，将这个目标分解到该地区所有排放二氧化硫的厂商，每个厂商要减少 4 吨的排放。政府发放排污许可证，并且这个许可证可以在厂商之间交易。由于不同厂商减少排放的成本不同，比如，炼铜厂减少一吨二氧化硫的排放，需要花费 300 元，发电厂只需要 100 元，这种成本差别就创造了有趣的经济机会。这两个厂减少 8 吨排放的总成本是 $300 \times 4 + 100 \times 4 = 1600$ 元。由于炼铜厂减少排放的成本比较高，炼铜厂会向发电厂购买 4 吨的排污许可证，自己不减少排放。由于发电厂减少排放的成本比较低，它如果将 4 吨排污许可证以每吨 200 元的价格卖给炼铜厂，自己减少 8 吨的排放，没有任何成本损失。在这个交易中，两个厂都得益，每个厂都减少了 400 元的成本损失。对社会来讲，社会实现了减少 8 吨的排放目标，而且成本是 $100 \times 8 = 800$ 元，治理污染的社会成本减少了一半，社会也得益。布拉德利·希勒教授指出，可交易的污染许可证制度更加充分地利用了市场激励，它的主要优势在于它们对最小化治污成本的控制激励。"可交易的污染许可证从 1992 年首次出现以后，已经成为污染控制的一种通行机制。1996~1997 年期间有 500 多万张许可证在市场上公开交易。并且许可证市场已变得日益有效率，具有看得见的'投标'与'喊价'、经纪专家和低交易成本。许可证的价格也在稳步下降，表明公司发现了控制污染的更廉价的方法。它们不一定拥有冶炼厂或发电厂，但它们现在能够把其污染控制技术卖给最高的出价者。随着许可证市场的扩大，环境工程厂商盈利机会已经增加。这大大提高了生产率并减少了 25%~34% 的环境保护成本。"[①]

由于明确产权和可交易的污染许可证这两种市场办法能够满足治理污染的社会边际成本等于社会边际收益的原则，所以经济学家更关注这两种办法的普及及运用，以提高环境保护的效率。

2. 资源经济学

资源经济学主要关注些什么问题呢？依据萨缪尔森的研究，**首先，**什么是重要的自然资源？萨缪尔森认为，它们包括土地、水和大气，所以自然资源和环境的含义一样，都是另一种形式的生产要素，它们是为人类服务的。**其次，**经济学将自然资源分为可分割资源（比如土地、石油、矿产、森林等）和不可分割资源（比如空气、海洋等）。不可分割资源是一种具有外部性的资源，会出

---

① 布拉德利·希勒：《当代经济学》，人民邮电出版社，2003 年版，第 484 页。

现严重的市场失灵。经济学家认为可分割资源是没有外部性的。如萨缪尔森认为，在一个运行良好的竞争性市场，我们能够期望可分割资源将被有效地标价和分配。**最后**，经济学又将资源分为可再生资源和不可再生资源。不可再生资源是指供给量既定，不可能短期再生的资源，比如煤、石油及各种矿藏。可再生资源是指它们的效用能够有规律地补充，只要管理得当，它们就能产生无穷无尽的效用的资源，比如太阳能、河水、森林、耕地（指耕地的不断再生植物的能力，不是指土地数量）。对于这两种资源经济的利用，可再生资源比较简单，只要能够明智地不断地获得可再生资源的效用就可以了。对不可再生资源的经济利用，环境学家认为，由于这些资源是不可再生、数量有限的，应当加以保护，为子孙后代留些资源，这样才能实现可持续发展。经济学家认为，不可再生资源尽管数量有限，但不是必不可少的，所有的资源都有替代品。一种资源用尽了，市场价格机制会引导技术进步并开发出替代品。所以关键在于如何更经济合理地利用不可再生资源。持这种观点的经济学家用资源价格变动趋势来证明他们的观点，"技术变化和新发明带来的降价影响抵消了消耗带来的涨价影响。例如，铜制电话线已经被更便宜、原材料更丰富的光纤电缆所取代。这种变化发生在大多数的自然资源领域"。① 而且，萨缪尔森认为，自然资本（资源）和其他形式的资本之间是存在替代关系的。

萨缪尔森的观点是有根据和有道理的，也是值得思考的。不过对于不可再生资源的利用，还是应该谨慎的。美国只有 3 亿人口，还把煤、石油等矿产资源封存和保护起来，留给子孙后代使用。我国有 13 亿人口，人均资源占有量是非常低的，但我们现在还在大量出口这些宝贵的不可再生资源。比如，晋煤新闻中心 2007 年 1 月 15 日关于 "我国主要能源产品进出口贸易统计" 称：

"多年来，煤炭一直是我国的优势矿产，也是最重要的能源出口产品之一，其出口量和出口额持续增长，在世界上占有重要地位。2005 年我国煤炭出口量8462.74 万吨，是 1990 年的 3.55 倍，年均增长 10.6%，占当年石油、天然气和煤炭出口总量的 77.7%，占当年世界煤炭出口量的 10%。2004 年以来，由于国内能源供应紧张，对煤炭的需求增长强劲，导致我国煤炭出口量持续减少，而进口量不断增加。煤炭一直是我国出口创汇的主要产品，1990 年以来，累计净出口额达 352 亿美元，2005 年净出口额为 48.7 亿美元。从我国石油出口情况来看，2005 年我国石油的出口目的地有 114 个国家或地区，比 1993 年增长165.1%。我国石油出口以东亚及周边国家或地区为主，出口量占我国石油出口总量的 76%，比 1993 年降低了 11.3 个百分点，而我国对其他各地区的石油出

---

① 萨缪尔森、诺德豪斯：《经济学》第 16 版，华夏出版社，1999 年版，第 267 页。

口比重均有不同程度增长。同时，随着我国经济的高速增长，对石油产品的需求量也不断增大，加上受国内供应能力的制约，我国石油对进口的依赖程度进一步提高。1991 年我国成品油开始出现净进口，1993 年我国石油有了净进口，到 1996 年我国开始了原油的净进口，至此我国石油产品全面净进口，而且进口量持续增加。"

从这个统计数据中看到，我国对不可再生资源的利用缺乏战略性的思考和保护。当然，在经济比较落后时期，主要靠出口煤炭等能源产品换取宝贵的外汇。现在，我国已有充足的外汇储备，而且受到人民币升值的压力，巨额外汇储备在日益贬值。我们还有什么理由要出口这些宝贵的不可再生资源来创汇呢？2003 年我国开始的新一轮经济强劲增长，能源紧张引起社会关注，石油实现了净进口。但煤炭的出口仍然十分巨大。现在确实到了对我们的能源政策进行战略思考的时候了，国家应该禁止煤炭、石油等不可再生资源的出口，制定资源环境保护法规保护我们的不可再生资源。

第四节　反垄断政策

一、反垄断政策的依据和问题

市场竞争自然会产生一些垄断势力，即在竞争中获胜的企业随着规模的扩大自然会走向垄断，但垄断又会对市场竞争效率造成损害。因此，西方学者认为，为了提高经济运行的效率，政府应采取反垄断政策和限制企业规模的办法来限制垄断因素的发展，提高市场的竞争程度和经济效率，这就是反垄断政策的依据。

企业在竞争中走向或形成垄断的方式主要有两种：一种方式是企业间以协议或口头默许的方式，在产品价格、销量（市场份额）等方面达成联合，以垄断市场，这种方式也称为卡特尔式的企业联合垄断，是企业在竞争方式上采取不正当竞争行为形成的联合垄断。另一种方式是企业通过兼并（外部扩张）和企业自身实力的增长（内部扩张）从而占据或垄断一个行业大部分市场份额的情况，这种企业扩张并占据市场统治地位的垄断方式被称为康采恩式的企业集中垄断。在反垄断政策的早期，人们没有注意区分这两种不同方式的垄断，只是笼统地反垄断，特别是反对康采恩式的企业集中垄断，即在企业结构上反垄断。这就产生了一个问题，难道在竞争中发展壮大就是罪过吗？就应该受到管制的待遇？这是否违背了自由竞争的原则呢？这确实是一个矛盾。这个矛盾使西方国家反垄断政策的司法实践经常左右摇摆。

另外，垄断既然是市场竞争发展的一个趋势，这自然应该有它的道理，它是否是生产社会化的一种形式呢？比如在今天的美国，和众多小厂商并存的是1000 家大公司垄断和领导着美国主要的行业和产业的生产。这些大公司在生产上更注意计划性和协调，由于公众持股比例的增大，资本社会化程度也在提高，公司在生产目标和行为方式上都发生了一些重要的变化，[①] 当然这一趋向的性质还不宜过早下结论，还有待观察和思考。

二、反垄断政策的实践和矛盾

为了限制垄断因素，提高市场竞争程度，西方各国都程度不同地制定了反垄断法或反托拉斯法。但是，由于早期的反垄断法律没有注意区分这两种不同方式的垄断，并且与自由竞争原则相冲突，反垄断政策的实践是在矛盾中发展的。这里我们以美国为例，作一简单介绍。

从 1890 年到 1950 年，美国国会通过一系列法案反对垄断。如谢尔曼法（1890）、克莱顿法（1914）、联邦贸易委员会法（1914）、罗宾逊—帕特曼法（1936）、惠特—李法（1938），等等。这些法律规定，限制贸易的协议或共谋垄断或企图垄断市场、兼并、排他性规定、价格歧视，不正当竞争或欺诈行为等都是非法。例如谢尔曼法规定：任何以托拉斯（联合）或其他形式进行的兼并或共谋，任何与他人联手或勾结起来限制洲际或国际的贸易或商业活动的合同，均属非法。克莱顿法修正和加强了谢尔曼法，禁止不公平竞争，宣布导致削弱竞争或者造成垄断的不正当做法为非法。联邦贸易委员会法规定：建立联邦贸易委员会（FTC）作为独立的管理机构，授权防止不公平竞争以及商业欺骗行为等。

这些反垄断法律只是表达了政府反对垄断、鼓励竞争的意向和决心以及一般原则，对于许多具体的经济活动没有明确的概念来界定其合法还是非法，因此，反垄断法的实施和操作是在理论和实践的矛盾中发展的。

在反垄断的早期，人们更关注企业结构造成的垄断，结构性反垄断的司法实践却处在两难选择的矛盾中。经济理论认为垄断主要产生于企业的结构，即大企业集团独占一个行业或产业大部分市场份额的情况，因为这种企业或产业

[①] 加尔布雷思：《新工业国》，商务印书馆，1980 年版。

结构限制和排斥竞争。因此在结构上反垄断就要解散垄断组织，限制企业规模。谢尔曼法颁布后，美国反垄断的第一次浪潮是着力于解散垄断组织。比如，1911 年美国最高法院命令美国烟草公司和美国标准石油公司等 40 多家大垄断公司分别肢解为若干独立的小公司。再如，现代著名的美国电话电报公司被肢解的案件：1983 年以前美国电话电报公司（贝尔系统）垄断了美国电信业务的 80%~90%，1984 年被肢解为 7 个独立的电话公司。再就是当代轰动全美的微软公司涉嫌垄断案。

　难道企业发展壮大就有罪吗？这也确实从法理上说不过去。例如，1920 年美国钢铁公司（摩根集团）在其高峰时，垄断了美国钢铁市场 60% 的市场份额，但美国最高法院认为，企业规模大小本身并不构成违法问题。然而 1945 年美国铝公司案件则相反，美国铝公司占有 90% 的铝市场份额，但它们达到这一步的手段都是合法竞争，然而法院却判决美国铝公司违法，认为哪怕是合法获得的垄断权力，也会引起经济病态，应当判罪。再就是现代著名的、历时最久的美国国际商用机器公司（IBM）案件。1967 年政府指控 IBM 公司垄断了 76% 的市场份额，IBM 顽强抗诉，此案久拖不决，直到里根政府上台，1982 年此案撤销，不了了之。结构性反垄断司法实践的矛盾，一方面和经济思想潮流的变化有关，例如 20 世纪 80 年代经济自由主义兴起，里根政府撤销了许多企业管制措施，企业又掀起了大规模的兼并浪潮；另一方面也确实是由于理论与实践的矛盾，例如，经济理论认为，垄断会维持高价格，但有的实践表明，集中程度高的产业比集中程度低的产业价格下降更快。

　上述种种矛盾，根源于反垄断政策与自由竞争原则的矛盾。美国人在这种矛盾的实践中思考，力图使反垄断政策与自由竞争原则统一起来。特别是经济全球化时代的到来，使美国人的反垄断思想和法律观点发生了重大变化：一是限制企业规模或结构性反垄断既违反自由竞争原则又不利于美国企业参与国际市场的竞争。而且大企业集团雄厚的经济实力是新技术、新发明开发研究的条件，大企业一般是技术创新的承担者，那么"杀掉这种下金蛋的鹅就是愚蠢的"。二是实践表明，只要大企业之间不勾结，就存在激烈的竞争，就是有效率的，只有企业的勾结行为才损害市场竞争效率，才是应该受反垄断法限制的。基于上述认识，美国最新的反垄断思想认为，企业在竞争中发展壮大是不违法的。或者说，反垄断法不再限制企业规模的扩大，而是注重在企业竞争行为上反对不正当、不公平竞争行为。

三、美国最新的反垄断法律观点

美国最新的法律观点认为，下述企业不正当竞争行为为非法：

1. 竞争性企业之间规定价格、限制产量和瓜分市场的协定

这实际上是指传统的卡特尔式的企业联合垄断行为。这表明美国最新的反垄断法律观点从理论上区分了企业在竞争中走向或形成垄断的两种方式，不再认为康采恩式的企业集中为非法。即企业在合法竞争中从小到大从而占有一定的市场份额不再是非法，只有竞争性企业的联合垄断行为才是非法。

2. 低价倾销（即企业以低于其成本的价格销售产品）也称掠夺性定价

企业以低于其成本的价格销售产品，实际上就是企业以自杀的竞争方式掠夺其竞争对手的市场份额。这是大企业打败小企业经常采用的一种不正当竞争方式。但是，在国际市场竞争中，由于不同国家经济发展水平差距较大，不同国家生产要素的价格和产品成本差距也较大。发展中国家低成本、低价格的产品进入发达国家的市场，经常对发达国家的市场造成冲击，发达国家经常怀疑发展中国家存在低价倾销行为。比如，我国"入世"后几年间，产品遭遇了900多起国际上的反倾销诉讼和调查就属于这种情况。在这种情况下，只要企业产品价格不低于企业正常成本就不属于低价倾销的不正当竞争行为。

3. 捆绑销售

购买者只有购买 A 商品企业才出售 B 商品，这是常见的企业推销滞销商品的一种方式。这种方式从企业的角度讲是一种不正当竞争的方式；从消费者的角度讲是对消费者选择权的一种限制，对消费者是不公平的。

4. 价格歧视

企业对不同顾客按不同价格出售相同商品。这种情况就是常见的企业以"会员价"、"内部价"的方式促销商品，这种行为很明显是对消费者权益的侵犯，对消费者是不公平的。因此是不公平的竞争行为。

以上行为都是企业不公正、不公平竞争的行为，不公平竞争对市场参与者公平交易的权利和市场机制的效率造成损害，因此被认为非法。由于美国在经济上和经济学发展上在世界具有领导地位，美国最新的反垄断法律观点也被世界所接受。

四、反垄断法的宗旨和意义

反垄断法的宗旨是保护和鼓励公平竞争，以提高市场经济运行的效率，公正地维护市场参与者的合法权益。只有一个公平自由竞争的市场，才是一个完善的高效率运转的市场，这也是各市场经济国家的共识。但是，由于历史的、社会的原因，垄断因素并不仅仅产生于企业联合垄断，社会权力、政治权力都会造成市场垄断，损害市场公平竞争和市场参与者的合法权益。因此，排除各种垄断势力和因素，建设一个公正、公平、自由竞争的市场是各市场经济国家都坚决实行反垄断政策的目的和意义。

例如，我国由于历史和体制的原因，交通、石油、通信、建筑、医疗、教育等行业都是由政府部门垄断经营的。这些行业提供的产品和服务有的具有纯粹的公共品性质，如交通部门；有的具有纯粹的私人品性质，如石油、通信、建筑部门；还有的具有半公共品半私人品性质，如医疗、教育部门。随着市场化、企业化的改革，中央政府也想了许多办法加快这些部门的改革，促进这些部门的竞争，提高这些部门的效率。但是，由于部门利益的驱使，这些部门在某种程度上维持着垄断经营。这种垄断经营造成了诸多社会问题。

石油、通信和住宅是现代公民的基本生活资料，具有纯粹的私人品性质。在我国传统的计划体制中，这些产品和服务都是由能源部、信息产业部、建设部垄断经营和管理的。随着市场化、企业化的改革，政府也想了许多办法促进这些部门的竞争，提高这些部门的效率。比如，为了打破汽油市场中石化独家垄断的局面，政府又组建了中石油等其他油品供给公司，试图促使企业之间展开竞争，形成汽油市场合理的市场价格。但是，中石油和中石化分家后，中石油每公升汽油的价格只比中石化低了 1 角钱以示"竞争"，几个月后，就恢复了原价，与中石化保持相同的价格，联合起来共同垄断了中国的油品市场。能源部几家企业的联合垄断经营导致中国油品市场的价格只升不降，说是和国际油价接轨，国际市场油价升它也升，国际市场油价降它不降反而升。2006 年，国际市场油价上升到每桶 70 美元，中国的汽油价格也上升到创纪录的每公升 5 元人民币，比食用油都贵了。可是，国际市场油价下降到每桶 50 美元，中国的汽油价格仍然维持每公升 5 元人民币的高价不降，石油公司还说，即使这个价格我们还在亏损，就是说，石油公司要扭亏为盈，汽油价格还要涨。2006 年国家拿走了石油公司 300 亿元的超额垄断利润，可这都是中国纳税人的权益啊。这里看到垄断是如何侵犯消费者权益的。因此，不深化能源部门的企业体制改革，打破能源部几家企业的联合垄断，中国的消费者只能感叹买车易、养车难。

　　通信部门的情况与石油部门大同小异。尽管国家为了促进通信行业的企业竞争，形成通信市场合理的市场价格做了许多工作，比如组建了中国联通、中国电信、中国网通、中国移动等众多的公司。但是，在信息产业部的统一政策和领导下，中国的通信市场仍然是企业联合垄断经营的局面。信息产业部不顾中国消费者多年的质疑和抗争，在通信产品和服务上至今维持高价格，而且是巧立名目（比如，收了装机费还收月租费）变本加厉地维持垄断价格只升不降，获取超额垄断利润。美国公民的收入平均是中国公民收入的 30~40 倍，而中国公民支付的各类通信产品和服务的价格平均是美国公民支付价格的 5~7 倍。可见我国完善社会主义市场经济的道路还任重道远，特别是反垄断的任务异常艰巨。

　　问题最多的还是建筑市场。尽管经过多年的市场经济改革，我国建筑行业已经形成了一批数量可观的民营建筑企业，但是，由于土地的国家所有制，由于城市不许居民私人集资建房，建筑资源和项目仍然控制在建设部及相关政府部门手里。建设部及相关政府部门对建筑资源的垄断，导致了民营建筑企业之间的竞争，主要不是在竞争如何降低建筑成本，为居民提供物美价廉的住房产品上，而主要是在如何从政府相关部门拿到土地资源和建筑项目上竞争。这种竞争必然导致回扣之风和非市场交易行为的大量存在，并且形成了建筑行业的潜规则。这种资源垄断和回扣等非市场交易行为不仅产生腐败，而且严重扭曲了我国住房市场的价格。因为建筑商花出去的每一分钱，最终都是由消费者埋单的。这导致我国住房价格高于正常建筑成本几倍甚至 10 倍以上。2006 年，在消费者住房难的呼声中，国家和政府下大力气整顿建筑市场的秩序，希望把不正常的住房价格降下来，但收效甚微。这难道真是市场的力量吗？《山西晚报》2007 年 1 月 17 日题为"合作建房戳穿商品房暴利窗户纸"的评论指出："据《中国工商时报》昨日报道：深圳首例个人合作建房者们将于春节期间搬进新房了，这些建成后的成品房纳税后的每套总价约为 7.5 万元，即均价约为 1623 元/平方米，而附近销售中的商品房均价都在 6000 元/平方米以上。报道称，这将成为个人合作建房组织在全国范围内最先崛起的样板房。"这个报道可以说非常典型地说明了我国建筑市场的暴利和黑洞有多大，也为我们解决住房难问题指出了希望。政府应该排除各种干扰，积极支持个人合作建房组织或公民个人合作建房，这是解决畸形建筑市场问题的有效途径，也是解决住房难这一重大民生问题的有效途径。我国媒体已经注意到了个人合作建房组织或公民个人合作建房的最大阻力来自建筑商和地方政府中的官商勾结，这是问题的要害所在。所以，地方政府是否能积极支持和帮助个人合作建房组织或公民个人合作建房是对地方政府是否关注民生、是否坚决反腐败的一个考验。

　　以上分析说明了反垄断政策的宗旨和意义，建设一个完善的市场经济社会离不开政府的反垄断政策。2006 年我国政府提出要加快反垄断法的出台，我们期望它尽快出台，并希望它能解决我国市场的反垄断问题，促进我国社会主义市场经济的完善和发展。

第五节　信息不完全性及对策

一、信息不完全性的含义

西方经济学有一个完全信息的假定，即假定消费者和生产者对于他们面临选择的有关经济情况都拥有完全的信息。例如，当一个消费者购买物品时，假定他对物品的价格、质量、性能等多方面情况完全了解。这个假定从方法论的意义上讲，它是抽象分析的需要；从理论意义上讲它意味着，如果参与市场运作的各方都拥有完全的信息，市场系统将更有效率地运作。

但市场系统从它产生那天起参与市场运作的各方的信息都是不完全的，因此，可以说信息不完全性是市场系统本身具有的一个特点，或者说是一个缺陷。

这个缺陷从哲学的角度看是不可避免的。一方面，市场系统本身是不断发展的，每时每刻都有大量的新产品、新技术、新信息产生；另一方面，参与市场运作的各方了解信息的认识能力又是有限的。在当今的信息时代，任何一个生产者或消费者都不可能完全了解每一个新信息对自己生活的意义。出于无奈，有的学者提出人们只需了解有用信息，不需要了解完全信息。

综上所述，可以将信息不完全性的含义概括如下：**由于市场系统和人们认识能力本身的限制，参与市场的各方在许多情况下对于他们面临选择的有关经济信息的了解总是有限的，不完全的。**这种信息的不完全性对市场效率会产生不利的影响。

信息不完全性对市场效率的不利影响的例子很多，在实际经济生活中经常看到一个谣传会引起消费者错误的购买决定和价格的异常波动，价格的异常波动又给生产者一个错误的市场信号；厂商广告中的不实、夸大之词常常引起消费者上当受骗。而有些保健品也确实对一些人有效果，另一些人使用则没有效果；消费者经常由于对他所需购买的物品的性能、质量等信息不了解而放弃购买决定等。

二、针对信息不完全性的对策

为了消除或减轻信息不完全性对市场效率的不利影响，政府应该采取的对策是建立规范市场运作的一些法规和制度措施。

1. 质量标准

各国政府对各类产品的生产都制定了质量标准体系，其中有行业标准、国家标准、国际标准等。这种质量标准制度一方面对厂商的生产行为是个规范，厂商不得以不规范生产的伪劣产品欺骗消费者；另一方面也是对社会和消费者的一个产品质量的保证和承诺。厂商执行的标准越高，越能受到消费者信任。消费者在选择产品时，不需要了解产品质量方面面的信息，只要了解该产品执行的是哪类质量标准。一般来讲，行业标准是产品必须达到的最低质量标准，达不到这个标准就是不合格的伪劣产品；国家标准是在一国范围要求该产品达到的技术质量标准，它比行业标准要高；国际标准是在世界范围各国都接受的标准，也是最高的标准。消费者在选择产品时，了解了产品执行的质量标准，就会对产品质量有一个基本的判断和信任，这就大大减少了消费者由于信息不完全造成的购买决策的障碍。

2. 消费者权益保护法规

消费者权益保护法规是规范市场交易行为的法规。各国的法规大同小异，但基本原则是：厂商不得隐瞒应该向消费者提供的有关产品信息，不得向消费者提供虚假的产品信息来误导消费者。消费者由于虚假信息的误导而造成的损失，厂商负有赔偿责任等。因此消费者权益保护法规的意义在于规范市场交易行为，消除由于信息不完全造成的市场交易障碍，提高市场交易的效率。消费者要学会运用消费者权益保护法规保护自己的权益，最重要的是在购买产品时特别是重要耐用品时，一定要索要和保存购物发票，这是消费者权益受到损害时寻求法律保护的凭证。

3. 委托—代理问题

在许多企业中，物业的所有者、业主由于对物业经营的方方面面的信息和知识不足，因而将物业委托给在这方面具有较多信息和专业知识的物业经理经营。这就是由于信息不完全或信息不对称（业主的信息不如物业经理的多）产生的委托—代理问题。

由于业主的信息比物业经理的少，监督物业经理的代价高昂，而且在许多情况下，业主不可能对物业经理实行完全有效的监督，这就使物业经理追求自己的利益和目标成为可能，甚至以不惜牺牲业主的利益为代价，在这种情况下，就会使企业的经营效率受到损失。因此，信息不完全性和代价高昂的监督如何影响代理人的行为，什么样的机制可以使物业经理具有为业主利益工作的动力，从而保证企业的效率是委托—代理问题讨论的实质问题。

从经济人的利益原则讲，每个人都在追求自己的最大利益，业主的目标无疑是使他的物业利润最大化，代理人即物业经理的目标是什么呢？如果物业经理只是拿固定的报酬或工资，那么取得一点利润可以给业主交代就可以了，追求最大利润与他的关系不大，即物业经理不会以追求最大利润为目标。这种目标上的差异必然影响企业的效率。因此从利益原则上讲，要使物业经理为业主的利益目标工作，就要设计一种激励机制使物业经理按一定比例分享利润的增长部分。由于物业经理分享的只是利润增长中的一部分，业主的利益也在增长，而且这样一来，业主的目标也就成为物业经理的目标，企业才能是完全有效率的。激励机制的设计是管理学的重要课题，而且有许多不同情况下的设计方案，理论经济学只是说明原则，即利益原则是激励机制的核心。

第六节　反贫困和福利政策

市场竞争机制会扩大收入分配的差距，收入分配差距的扩大会导致严重的社会利益冲突，损害经济社会的效率。只有改善收入分配的不平等程度，缩小收入分配的差距和消除贫困，才能促进经济社会的稳定发展。19世纪末和20世纪初，西欧一些国家的政府首先承担起了这一责任，他们认为政府对人民的基本福利负有责任。政府的这一新的观念和职能被认为是西方福利国家或福利政策的起源。

一、福利政策的目标和内容

发达市场经济国家福利政策的基本目标：一是对国民提供基本的生活保障；二是改善收入分配的不均等程度，增进社会经济平等。

现代西方工业国家一般都根据本国的经济发展水平规定了国民的最低收入水平或最低生活水平标准（贫困线），对达不到这一收入标准的低收入或无收入

的孤寡老人、残疾人、妇女、儿童、失业者等贫困人口由政府给予程度不同的
福利补助或救济金，以保障国民的基本生活和儿童的正常发育。

福利补助的形式多种多样，如公共养老金、食品补助、住房补助、现金补
助、失业保险、医疗补助或保险等。

政府的福利政策支出来自纳税人的税收，因此政府资助贫弱人口的福利支
出是和国民收入再分配的税收政策相联系的。

二、税收政策

个人累进所得税政策对于缩小收入分配差距，为政府的福利政策提供资金
来源起着重要作用。下面以美国为例，介绍西方的个人累进所得税政策（见表
7-1）。

表 7-1　1976 年美国个人所得税累进税率

单位：美元

①个人净收入	②个人所得税	③平均税率（%）③＝②÷①	④纳税后可支配的收入④＝①－②
1500 以下	0	0	1500
2000	70	3.5	1930
3000	215	7.2	2785
4000	370	9.3	3630
5000	535	10.7	4465
10000	1490	14.9	8510
20000	3960	19.8	16040
50000	16310	32.6	33690
100000	44280	44.3	55720
200000	109945	55.0	90055
400000	249930	62.5	150070
1000000	669930	67.0	330070
10000000	6969930	69.7	3030070

资料来源：萨缪尔森：《经济学》第 10 版，上册，第 237 页。

从表 7-1 中看到，收入越高，个人所得税率累进越高，纳税后个人可支配
收入的差距大大缩小了。另外，政府的税收收入是施行福利补助政策的重要资
金来源。由此可以理解现代西方政府是如何利用税收政策和福利政策来调节国
民收入的再分配，增进经济平等的。

另外，也可以看到如此高的个人所得税率对人们投资和生产的积极性是有

影响的，投资和生产的积极性下降就会使经济效率受到损害。20 世纪 70 年代美国个人累进所得税率达到历史最高，其中最高税率达到 69.7%，这意味着一个美国家庭，如果年收入在 10000000 美元，就要交 700000 美元的所得税。这对人们的投资和生产积极性确实有很大的影响。进入 20 世纪 80 年代，随着提高效率，改进福利政策的呼声高涨，里根政府采取了一系列减税政策，到克林顿政府个人累进所得税的最高税率降到 39%，同时对高收入家庭加征 10% 的特别税。布什政府又进一步提出减税计划，该计划最高税率将降到 33%。当然，最高税率下降，其他税率也累进下降。在美国政府降低税率促进人们的投资和生产积极性、提高效率的同时，美国的经济学家则在考虑改进福利政策，使福利政策的设计既要有利于救助贫困人口、增进经济平等，又要有利于促进他们积极工作，增进社会经济效率。福利政策改进的一个典型方案就是负所得税方案。

三、福利改革：负所得税方案

在西方国家中，福利政策尽管对帮助穷人，改善收入不平等，消除贫困起到了积极的作用，但从实践中看，福利政策的一个负效果是对经济效率的损害。对经济效率的损害不仅在于过高税率影响了人们投资和生产的积极性，而且由于广泛的福利培养了人们的惰性。福利政策本身的一些缺陷也使一些能参加工作的穷人放弃参加工作。比如，一个接受福利补助的父亲，如果有一个报酬数百元的工作机会，那么接受这个工作就会使他损失数千元的救济金。因为一旦参加工作，有了收入，福利补助就取消了，所以权衡之下，还是不工作为好。这种情况的普遍存在无疑是对社会经济效率的一种损害。而且纳税人也对政府有意见，他们认为，他们纳的税款资助了一些能工作而又不参加工作的人。

因此，如何既向贫困人口提供补助，又能鼓励他们积极工作，西方学者提出了一个两全的方案：负所得税方案。

负所得税的含义是，对于处于贫困线以下的家庭被认为是没有能力纳税的，他们应该得到政府的补助。这种补助是一种相反方向的赋税，即负所得税。而负所得税方案与单纯的福利补助政策不同的是，在福利政策下，一个人即使得到一个劣等的工作，也会马上失掉一切补助，负所得税方案则鼓励穷人积极参加工作，改善自己的经济状况，即使他们通过自己的努力挣到 1000 元，甚至 100 元收入，也会提高自己的纳税后收入。表 7-2 说明了这一方案的思想内容，表中的数字是假定的，它可以根据一国的贫困线或最低收入水平线而修改。①

---

① 该表说明引自萨缪尔森：《经济学》第 10 版，下册，第 240 页，该表假定的贫困线水平为 6000 美元。

表 7-2　可能的负所得税方案

单位：美元

私人挣到的收入	税款的代数值纳税为+，得到补助为-	纳税后的收入
0	-3000	3000
2000	-2000	4000
4000	-1000	5000
5000	-500	5500
6000	0	6000
7000	+500	6500

表 7-2 表达的思想是，如果公民个人挣到的收入为 0，他可以到政府相关部门领取 3000 美元的补助，即他纳的是负所得税，纳税后的个人可支配收入为 3000 美元。如果他积极寻找工作，挣到 2000 美元收入，但还在贫困线水平以下，他还可以到政府相关部门领取 2000 美元的补助，他的纳税后的个人可支配收入增加到 4000 美元。就是说，积极工作可以增加自己的纳税后的个人可支配收入。挣到 6000 美元收入，达到贫困线水平，既不纳税也不需要补助，个人挣到的收入超过 6000 美元，就开始纳正税，超过的越多，个人累进所得税率累进得越高，个人纳的正税也累进增加。

萨缪尔森说："负所得税规定最低收入水平，同时保护积极性和管理效率，收入高于规定的贫困线，人们自然要随着收入的增加而多纳税，收入低于贫困线，则应得到转移支付，即实际上的负所得税，应该注意，第三栏的数字表明积极性受到保护，个人努力挣钱总是有助于提高个人实际得到的净收入。"

可见，该方案既有利于兼顾公平又有利于提高效率，是对单纯的福利补助政策的一个重要改进。经济学家的研究成果得到政府的采纳。20 世纪 90 年代美国联邦所得税以所得税抵免的方式（即负所得税）对低收入者进行补助，同时又鼓励低收入者积极工作。但是该方式补助的只是参加工作的人，对于无能力参加工作的贫困人口的福利问题则需要不同的福利补助方式。

四、医疗保健和改革

给国民提供基本的医疗保健服务是西方发达市场经济国家福利政策的一项重要内容，从 20 世纪初期开始西方发达市场经济国家就程度不同地建立起了惠及全民的公共医疗保健体系。但是随着西方工业社会进入富裕社会，医疗保健需求日益增加，医疗保健业也就成为近十年发展最快的一个行业。由于医疗保健品或服务兼有公共物品和私人物品的双重性质或特点，医疗保健业的一些资源浪费和经济效率问题成为西方经济学关注的福利改革的热点问题。

　　医疗保健业的公共品性质表现在流行传染病的防治、医药、生命科学的研究，良好的医疗条件关系到公众的健康水平和社会劳动生产力水平的提高。国民健康水平又是福利国家的一项重要标志。正是由于这一性质，政府介入了医疗保健业，承担起了向国民提供基本的医疗保健服务的责任，特别是向无收入或低收入人群提供的医疗服务成为社会福利的一项重要内容。

　　医疗保健业的私人品性质表现在医疗、保健产品和服务又是成本昂贵、资源有限、可分割的、竞争性很强的行业。增加一个消费者享受医疗服务就要增加一单位医疗成本。如果社会成员都不计成本地将医疗保健品和服务当作免费品来享用，那么，无病保养，小病大治的情况就会发生，这被称为道德风险。实践表明，这种道德风险导致了医疗费用和成本迅速上升，以致达到纳税人和社会都承担不起的地步。这种情况表明稀缺的医疗资源没有被有效率地利用，存在着巨大的浪费，这是现代西方社会政府提供的免费医疗陷入困境和医疗福利改革呼声高涨的原因。

　　医疗保险业的情况也不尽如人意，医疗保险是消费者向保险公司缴纳一定的医疗保险金（有全额、大额等之分），当消费者有病治疗时，则由保险公司支付医疗费用（也有全额或大额之分），这被称为第三方支付，这种机制的问题是，一方面第三方支付仍然会产生道德风险问题，甚至会加剧道德风险，因为消费者治疗费用没有花够他投保的金额，他会有一种吃亏的感觉。另一方面，由于消费者与保险公司的信息不对称，会导致保险公司的逆向选择，消费者对自己的健康状况的信息是最清楚的，而保险公司并不清楚，因此保险公司在制定保险费率时为了预防大病风险，一般都根据平均成本来定保险费率，即费率都比较高。这被称为逆向选择。这种逆向选择对消费者产生的影响是，二十几岁年轻人投保的人数越来越少，因为他们认为，年轻时期生病的概率很小，支付如此高的保费是不值得的，等到四五十岁的高生病期再投保。随着高龄人群投保人数的增加，保险公司的风险更大，保险费率更要提高。这种逆向选择的循环使医疗保险费成了低收入者支付不起的费用。这就失去了医疗保险保证公众健康的作用。

　　以上说明了医疗保健业的双重性质以及道德风险、信息不对称、逆向选择所产生的高成本、低效率，资源浪费严重，纳税人和社会不堪重负的问题。由于上述原因，医疗保健业的改革成为当代西方社会和经济学界关注的热点。改革的思路和难点在于：既然医疗保健产品和服务具有双重性质，那么医疗保健业应该设计和建立政府和市场相结合的运行机制。在医疗保健业要搞清楚哪些是政府管理的范围，即政府向公众提供哪些医疗保健公共品的服务；哪些是市场机制调节的范围，在这个范围，公众要承担一定的医疗成本。**改革的目标是，**

既要公平地向公众提供基本的医疗保健服务，保证国民的健康水平，又要使稀缺的医疗资源有效率地利用，避免浪费和无谓的损失。根据这一目标，发达市场经济国家对自己的国民医疗保健体系进行了改革。尽管各国的改革措施略有差异，但基本精神是，依据医疗保健品的双重性质，政府承担起了向国民提供基本的医疗保健服务的责任，保证国民的基本健康需要，特别是向无收入或低收入人群提供的医疗服务成为社会福利的一项重要内容。同时，利用市场供求机制，充分调动一切医疗资源，满足社会不同收入成员的各种医疗服务需要。

医疗保健服务关系到国民的基本健康和生存需要，也是我国社会主义市场经济发展中面临的一个重大社会问题。为了更好地借鉴发达市场经济国家的经验，下面介绍欧洲和日本的医疗保健业改革。

1. 欧洲国家的社会医疗保障制度改革

欧洲是社会医疗保障制度的发源地。在欧洲各国，把国民的健康和医疗保健服务看成是公民基本的生存和社会权利，认为国家应该承担起公民的基本医疗保健服务。在这一理念指导下，早在20世纪上半期，欧洲各国都程度不同地建立起了惠及全民的社会医疗保障制度，这也是欧洲国家福利政策的重要内容。20世纪90年代，欧洲各国开始的社会医疗保障制度改革主要是由于以下两方面原因：

一方面，随着欧洲进入富裕社会，人们对医疗保健服务的需求日益增强。同时，人口老龄化日益加剧，欧盟国家65岁以上老人占总人口的比例将从1995年的15.5%上升到20%；医保福利使医患双方缺乏费用制约；再加上道德风险、逆向选择等因素使医疗费用迅速上升，达到国家和社会承担不起的地步。

另一方面，随着经济全球化和国际间竞争日益激烈，国家和企业的压力越来越大。从微观上讲，过高的、法定的企业医疗保险缴费增大了企业运营成本和产品价格，从而使产品和企业的国际竞争力下降。从宏观上讲，过高的医保福利导致政府支出和税收增加，最终恶化企业的经营条件和该国的投资环境。最后，欧洲各国政府财政赤字和公债余额已经十分巨大，按财政政策安全线标准，政府财政赤字和公债余额必须控制在年GDP的3%和60%以内，这在客观上抑制了国家在医保方面增加财政投入的可能。

在此情况下，20世纪90年代，欧盟开始医保改革。改革的目标是，在国家承担公民的基本医疗保健服务的前提下，节省费用和提高服务效率、质量两大目标并举。在改革的制度安排方面，一方面抑制不合理的需求。例如，尽可能减弱由于医患双方严重信息不对称造成的供方诱导需求；同时，建立一种抑制需方过度需求的约束机制，比如提高患者支付比例。另一方面，从供给方面，在医疗保健服务单位引入竞争机制，建立促进降低成本、改善服务、提高效率的激励机制。

2. 日本社会医疗保障制度改革

日本社会医疗保障制度面临和欧洲国家相同的问题，为解决医疗费用不断上升，社会不堪重负的问题，日本的改革措施有以下几项：

（1）老年医疗费改革。长期以来，日本 70 岁以上老人看病，无论实际花费多少，本人每次只交 530 日元，而且一月内已交过 4 次，其后无论看几次病都可免费。由此形成一些老人没事就到医院看医生的习惯，针对这一现象，日本政府决定对老年医疗费实行个人负担 10% 的新措施。

（2）对医院实行医疗费用承包制或定额制。

（3）对药费实行国家统一定价，医疗基金按国家定价报销的制度。日本也是药费占医疗费比例较高的国家。日本全国有 400 家民营制药企业，医疗机构为了牟利，尽可能压价购买药品，同时，医生尽可能给患者多开药。为改变这一局面，日本实行对国家认可的 12000 种药品实行国家统一定价，如一片抗生素 100 日元，医疗机构无论多少价格购买，医疗基金都只报 100 日元。

（4）对医院和诊所进行分工和调整。日本有 9000 家医院和 90000 家诊所。由于人们普遍迷信大医院，造成医疗资源和费用的浪费。为了改变这一状况，医疗改革将进一步划分医院和诊所的功能。当参保者患普通病时，先要到诊所治疗，诊所医生认为需要到大医院治疗时，由医生出具介绍信方可到大医院就医。这样既可减少医疗费用浪费，也可使大医院集中精力治疗大病。

第七节　微观经济学的总结

整个微观经济学理论分析的逻辑结构可以用图 7-1 表示。

首先，把微观经济学对市场经济系统各个环节的理论分析联系起来思考一下，就会感到市场经济系统确实是人类社会的一个奇特的创造。

理论经济学要揭示市场经济系统的本质和运行规律，就要运用抽象分析的方法，因此，经济学假定：一是参与市场运作的各方，即消费者和生产者都是理性的追求自身最大利益的经济人；二是参与市场运作各方都具有完全信息；三是产品市场和要素市场都是没有任何干扰和变形的完全竞争市场。在上述假定条件下，经济学就能透过混乱的表面现象，揭示市场系统内在的、本质的运

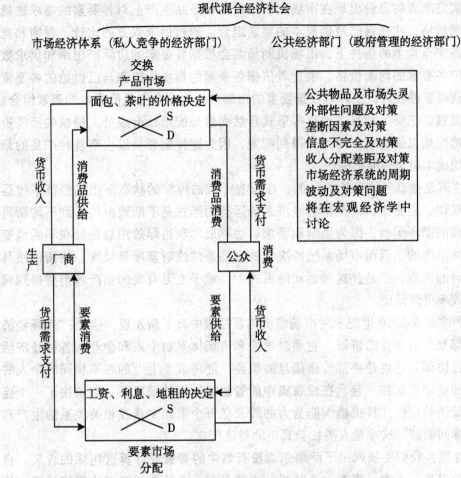

图7-1　微观经济学理论分析结构

行规律。

　　在产品市场上，消费者依据对各种产品效用的评价决定自己愿意支付的需求价格，选择自己效用最大化的消费品组合，他们做到这一点不需要数学公式，只需要理性和经验即可。生产者依据消费者对各种产品的需求数量和需求价格决定生产什么产品和以怎样的成本组合来生产这些产品，即怎样生产。他们做到这一点，也不需要生产函数和成本函数的计算，只需要理性和经验即可。经过供求双方的比较，权衡和竞争，在完全竞争的条件下，市场机制最终会使生产者以最低的平均成本提供成千上万种产品的供给，消费者以最低的价格获得各种消费品。稀缺的资源得到最有效率的利用，社会福利或效用达到最大化。

　　在市场经济系统循环的下部，即要素市场上，消费者以要素供给者的身份提供劳动、资本、土地、技术等要素的供给，并决定自己的供给价格；生产者以要素需求者的身份出现在市场上，根据各种产品生产上对各要素的需求数量和需求价格，选择自己最低成本的要素组合。通过供求双方的比较、权衡和竞争，在完全竞争的条件下，市场机制最终会根据各要素的边际产出率和供求数量决定各要素的均衡价格，消费者依据各要素的市场价格和自己供给的各要素数量获得各种收入；生产者依据要素的市场价格决定自己最低成本的要素组合。社会财富以工资、利息、地租等形式自然而然分配给社会成员。稀缺的经济资源自然而然以最有效率的方式得到配置，因为这种配置是以生产各种产品的最低平均成本组合为前提的。

这就是微观经济学所揭示的，在没有干扰的纯粹的状态下市场经济系统运行的规律。还要指出的是市场经济系统运行的形式是不断地由均衡到不均衡再到均衡的循环运动。因为供给和需求、边际成本和边际效用总是处在不断地变动和调整中的，因而市场系统所决定的交易条件或财富度量尺度：均衡价格具有相对的性质，正是在这种运动的形式中，成千上万自发的生产和消费得到调节，效率得到保证。

萨缪尔森在 20 世纪末对市场经济体系探索中有了新发现，他说："市场经济是一部复杂而精良的机器，它通过价格和市场体系对个人和企业的各种经济活动进行协调。它也是一部传递信息的机器，能将成千上万的各不相同的个人的知识和活动汇集在一起。**在没有集中的智慧或计算的情况下**，它解决了一个连当今最快的超级计算机也无能为力的涉及亿万个未知变量或相关关系的生产和分配等问题。""这才是人类社会真正的奇迹所在。"[1]

这里，我们要强调一下萨缪尔森**没有集中的智慧或计算**这句话的含义。自瓦尔拉以来，人类一直有一个梦想，这就是有一个社会智能机构能够计算出均衡价格、最大产量、最大效用以及整个经济社会的均衡等。萨缪尔森的研究认为，人们不可能计算出市场。事实证明这是一个连当今最快的超级计算机也无能为力的事情，这是市场机制自行调节和解决的。正如在效用理论一章中指出的，作为供求均衡一方的需求，其基础是效用，而效用是一个基于人们心理评价的、无法把握其变动的东西。一方面，效用不能在不同消费者之间进行比较，有人爱吃鸡，有人看见鸡就恶心，你用什么样的函数能计算出这些人的效用最大化呢？更重要的是另一方面，即使一个消费者能够对各种商品的效用的大小进行评价和比较，但是，一个消费者对各种商品的偏好和效用评价的变动频率是相当快的。今天你认为这套服装特别漂亮，明天你看到一套更漂亮的服装，马上对这套服装效用的评价大大贬值。今天你在一家餐馆吃牛排感到很好吃，

---

① 萨缪尔森、诺德豪斯：《经济学》第 16 版，华夏出版社，1999 年版，第 21 页。

明天到另一家餐馆吃驴肉感到更香，使你不再光顾牛排馆。这种变化每时每刻都在发生，而且只在我们心中，别人谁也无法知道，只有通过我们实际的购买行为才能表现出来。而一旦形成实际的购买行为，就形成了实际需求的变动和均衡价格的决定，还要你计算什么？你如果想计算出一般均衡价格，你必须事先知道亿万人心中对亿万种商品效用评价的变动，这可能吗？马歇尔早就说过，经济学家不能衡量人们心中情感本身，而效用正是这种无法衡量的情感。我们也已经指出，**市场从它产生的那天起，就具有世界市场的性质。成千上万个商品价格的均衡过程以及它们之间相互影响的一般均衡过程起初是在地域的范围进行，然后是在一国的范围进行，最后，这个均衡过程要在全球范围进行。**在今天的经济全球化时代，已经看到了这个过程。如此巨大的一个均衡过程，而且是亿万个已知或未知变量时刻处在调整中的动态过程，特别是人类的欲望和需求是一个时刻处在变动中的东西。面对一个如此巨大和动态的市场，人类的计算能力确实太苍白了。即使以后人类发明了更先进的计算机，要想计算出60亿人心中情感的变动，也是一件不可思议的事情。因此，可以理解，市场机制的调节比任何计算都更实际和有效率，这是人类社会真正的奇迹所在。

市场经济这部自主运动的复杂精良的机器，它的**调节机制**是什么呢？或者说，在市场经济中，一个经济社会生产什么产品？为谁生产产品？怎样生产产品？这些问题是怎样解决的呢？**是市场供求机制形成的均衡价格自行调节和解决的。**生产什么产品？厂商依据市场价格信号的引导。一种产品价格上升，意味着该种产品的社会需求增加和厂商获利机会的来临。厂商会自动将资源转移到该种产品的生产上。一种产品价格下降，意味着该种产品的社会需求减少，继续生产会导致产品的积压和资源的浪费。厂商会自动将资源转移出该种产品的生产。为谁生产产品？厂商依据消费者的货币选票。就是说，谁支付货币购买产品，厂商就为谁生产产品。这样，厂商的产品才有销路才能获利，消费者也才能得到自己需要的产品。怎样生产产品？以最好的技术和最低的成本生产产品。因为，消费者是追求以最低的花费获得最大的效用的。你如果不能以最好的技术和最低的成本向消费者提供质优价廉的产品，其他厂商就会取代你，你就会被市场淘汰出局。

市场经济这部自主运动的复杂精良的机器，它的**动力机制**是什么呢？**是参与市场竞争和运作的各方对自身利益的追求。**厂商追求利润最大化，工人追求收入最大化，消费者追求效用最大化。厂商要得到自己的最大利润，就必须为社会和他人提供最好的产品和服务。工人要得到自己的最大收入，就必须为社会和他人提供最好的工作质量和数量。消费者要得到自己的最大效用，就要求厂商必须提供最低价格的优质产品和服务，并依据自己的既定收入，在各种商品和服务的性价比中比较和权衡，以获得自己满足的最大化。在这种追求中，社会利益在人们不知不觉的情况下得到了最大限度的促进。每个人都在追求自己的利益，但有一只看不见的手却引导他们在不自觉中最大限度地促进了社会利益。这就是调节市场的自然秩序。

人类对市场经济体系的认识和探索经历了两个多世纪才达到今天的水平。同时，全世界现在有 70% 的人口接受了市场经济制度。在兴奋之余，不能忘记最先发现市场这只看不见的手的亚当·斯密。萨缪尔森在他的《经济学》第 10 版中评价斯密的这一发现时说："亚当·斯密最伟大的贡献在于他在经济学的社会世界抓住了牛顿在天空的物质世界所观察到的东西，即自行调节的自然秩序。斯密所传达的福音是，你认为，通过动机良好的法令和干预手段，你可以帮助经济制度运转，事实并非如此，利己的润滑油会使齿轮奇迹般地正常运转，不需要计划，不需要国家元首的统治，市场会解决一切问题。"

斯密由于他的伟大发现而兴奋的忘乎所以，当然人类的认识也是逐步深化的，在斯密那个时代，有这个发现已是很伟大了，不可能一发现一个新事物就把它认识的完全、彻底。经过两个多世纪的探索，人类今天对市场经济体系的认识比亚当·斯密时代要深刻、全面得多了。

市场经济体系除了自行调节的高效率外，它还是有缺陷的。或者说，微观经济学一方面证明了市场制度是有效率的，另一方面也指出市场制度是有缺陷的。比如，垄断势力的产生会降低市场竞争程度，损害市场效率；信息不完全性，会损害市场的运行效率；收入分配差距的扩大会导致社会成员严重的利益冲突、损害经济效率；外部性的污染问题会威胁人类的生存环境，损害经济效率；周期性的经济危机和波动会导致社会财富和资源的重大损失，损害经济效率。这些缺陷是市场经济系统自身产生的，又是自身不能克服的。所以，需要政府制定相应的微观和宏观经济政策来规范和调节市场经济的运行，排除障碍，促进市场经济系统更有效率的运行。

此外，在现代社会，市场经济体系并不能覆盖全部社会经济生活。公共经济部门是现代经济社会的一个重要经济部门，又是市场竞争机制调节不到的一个范围，这就产生了公共物品和外部性问题，因此，需要政府承担起管理和服务社会经济发展的责任。

基于上述认识，在世纪之交，经济学对政府的职能做了新的界定，在过去"守夜人"的职能上又增加了新的经济职能。总的原则是，在市场竞争机制能充分起作用的范围，不需要政府做什么，政府只需要做市场机制做不了的事情。如以法律手段克服市场机制的缺陷、帮助市场机制更有效率的运行和增进经济平等；管理好公共经济部门，提高效率，保护公共环境和资源，为社会经济发展服务；以适当的政策手段缓解和消除市场经济系统的波动幅度，促进国民财富的稳定增长等。

世界各国有不同的历史和文明，但是市场经济社会却有着相同的发展规律，这就是经济社会发展的一般规律。凡是走市场经济道路的国家，不管它具有怎样不同的文化，都遵循了这些相同的发展规律，遇到了相同的社会问题。西方理论经济学中科学合理的思想成果正是先走市场经济道路的国家对市场经济社会一般发展规律、对市场经济社会发展中遇到的矛盾和问题以及解决这些矛盾和问题的探索和经验的总结。这些思想成果对于后走市场经济道路的国家来说，具有宝贵的借鉴意义。我国的社会主义市场经济的改革和发展已经进行了 30 年，在取得巨大经济增长和成就的同时，发达市场经济国家早期遇到的社会矛盾和问题在我国都出现了：收入两极分化和社会分裂；垄断和社会腐败；环境污染和资源掠夺性开采；社会良知丧失和教育腐败；等等。这些问题是政府的失误吗？不是，是经济学家失职。经济学家如果能抛弃意识形态的偏见，如果能客观地借鉴现代经济学成熟的思想成果，那么在改革初期，经济学就能预见到我国市场经济的发展将会遇到怎样的社会矛盾和问题，应该给政府提出怎样的预防措施和制度安排建议，就可能避免走弯路，就可能避免出现这些严重的社会矛盾和问题，社会主义市场经济就可能发展得更完善、更顺利。

本章总结和提要

市场经济制度除了资源配置的高效率外，也是有缺陷的。本章针对市场失灵和缺陷问题说明了相应的微观经济政策。学习本章重点要理解在公共物品、外部性领域市场机制为什么不起作用？垄断势力、信息不完全、收入分配差距扩大、经济危机等怎样损害了市场效率？经济学家为了弥补市场制度的缺陷提出了哪些微观经济政策？这些政策是否促进了市场制度更有效率的运行？是否还有更好的政策和办法？

思考题
1. 你如何理解市场失灵的含义？
2. 仔细分析公共品和私人品的区别，思考一下公共品的生产为什么没有效率？
3. 公共选择理论主要探讨什么问题？有什么重要意义？
4. 请用你观察到的事例说明外部性的含义。
5. 什么是环境经济学和资源经济学？

6. 你对美国最新的反垄断法律观点有什么评价？

7. 反垄断政策的宗旨和意义是什么？

8. 信息不完全性的含义是什么？你购物索要和保存购物发票吗？

9. 反贫困和福利政策产生的背景、内容和意义是什么？

10. 你认为负所得税方案对于提高社会公平和效率有意义吗？为什么？

11. 请仔细研究本章对微观经济学的总结，理解市场奇迹的含义。

主要参考书目

1.《马克思恩格斯选集》第一、二、三卷，人民出版社，1972 年版。

2.《马克思恩格斯全集》第 26 卷 I、第 24 卷、第 13 卷、第 25 卷，人民出版社，1972 年版。

3. 杜尔哥：《关于财富的形成和分配的考察》，商务印书馆，1961 年版。

4. 吴斐丹、张草纫：《魁奈经济著作选集》，商务印书馆，1979 年版。

5. 托马斯·曼：《英国得自对外贸易的财富》，商务印书馆，1959 年版。

6. 亚当·斯密：《国民财富的性质和原因的研究》上、下卷，商务印书馆，1972 年版。

7. 李嘉图：《政治经济学及赋税原理》，商务印书馆，1962 年版。

8. 萨伊：《政治经济学概论》，商务印书馆，1963 年版。

9. 马尔萨斯：《政治经济学原理》，商务印书馆，1962 年版。

10. 李斯特：《政治经济学的国民体系》，商务印书馆，1961 年版。

11. 门格尔：《国民经济学原理》，上海人民出版社，1959 年版。

12. 罗尔：《经济思想史》，商务印书馆，1981 年版。

13. 马歇尔：《经济学原理》上、下册，商务印书馆，1964 年版。

14. 凯恩斯：《就业、利息和货币通论》，商务印书馆，1963 年版。

15. 克拉克：《财富的分配》，商务印书馆，1959 年版。

16. 萨缪尔森：《经济学》第 10 版，上、中、下册，商务印书馆，1982 年版。

17. 王亚南主编：《资产阶级古典政治经济学选辑》，商务印书馆，1979 年版。

18. 弗里德曼：《论通货膨胀》，中国社会科学出版社，1982 年版。

19. 多恩布什、费希尔：《宏观经济学》，中国人民大学出版社，1997 年版。

20. 小宫隆太郎等：《日本的产业政策》，国际文化出版公司，1988 年版。

21. 沈越：《德国社会市场经济评析》，中国劳动社会保障出版社，2002 年版。

22. 科斯：《企业、市场与法律》，上海三联书店，1990 年版。

23. 萨缪尔森、诺德豪斯：《经济学》第 16 版，华夏出版社，1999 年版。

24. 艾哈德：《来自竞争的繁荣》，商务印书馆，1983 年版。

25. 马克思：《资本论》第一、二、三卷，人民出版社，1975 年版。

26. 冯·哈耶克：《通往奴役之路》，中国社会科学出版社，1997 年版。

27. 加尔布雷思：《经济学和公共目标》，商务印书馆，1980 年版。

28. 熊彼特：《资本主义、社会主义与民主主义》，商务印书馆，1979 年版。

29. 恩格斯：《反杜林论》，人民出版社，1972 年版。

30. 斯蒂格利茨等：《东亚奇迹的反思》，中国人民大学出版社，2003 年版。

31. 斯蒂格利茨：《经济学》，中国人民大学出版社，1996 年版。

32. 布拉德利·希勒：《当代经济学》第 8 版，人民邮电出版社，2003 年版。

33. 威廉·大内：《Z 理论》，中国社会科学出版社，1984 年版。

34. 埃里克·伊兹拉莱维奇：《当中国改变世界》，中信出版社，2005 年版。

35. 罗伯特·劳伦斯·库恩：《他改变了中国——江泽民传》，世纪出版集团、上海译文出版社，2005 年版。

36. 迈克尔·帕金：《经济学》，梁小民译，人民邮电出版社，2003 年版。

37. 木志荣：《中国私营经济发展研究》，厦门大学出版社，2004 年版。

38. 福克纳：《美国经济史》，王锟译，商务印书馆，1964 年版。